Liana Castelfranchi Vegas

ITALIEN UND FLANDERN

DIE GEBURT
DER RENAISSANCE

Belser Verlag Stuttgart und Zürich

Die Deutsche Bibliothek – CIP-Einheitsaufnahme
Vegas, Liana Castelfranchi:
Italien und Flandern: d. Geburt d. Reanaissance / Liana Castelfranchi Vegas.
[Aus d. Ital. von Ingrid Koch-Dubbers]. –
2. Aufl., Sonderausg. –
Stuttgart; Zürich: Belser, 1994.
Einheitssacht.: Italia e Fiandra nella pittura del quattrocento <dt.>
ISBN 3-7630-2307-0

Druck: Druckerei Uhl, Radolfzell
Printed in Germany
ISBN 3-7630-2307-0

Inhalt

Vorwort

Dieses Buch ist das Ergebnis langjähriger Forschungsarbeit, die mit zwei im Jahr 1966 in der Zeitschrift „Paragone" erschienenen Artikeln begonnen hat. In einem dieser Artikel wurde aufgezeigt, daß es im Lauf des 15. Jahrhunderts einen kontinuierlichen Austausch zwischen der flämischen und der italienischen Malerei gegeben hat. Zunächst wurde lediglich ein kurzer Überblick über diese Kontakte gegeben und vereinzelte Hinweise, die sich bei einigen italienischen und ausländischen Kunsthistorikern fanden, zusammengetragen. Seit jener Zeit, kann man sagen, hat mich dieses faszinierende Thema mit seinen mannigfaltigen Aspekten nicht mehr losgelassen. In einer im Studienjahr 1977/78 durchgeführten Lehrveranstaltung nahmen diese ersten Erkenntnisse deutlichere Konturen an und ließen sich auch historisch untermauern.

Bei den Beziehungen zwischen Italien und Flandern liegen die Dinge ganz anders, als bei denjenigen zwischen der flämischen Malerei und anderen europäischen Schulen, bei denen der flämische Einfluß deutlicher zutage tritt. In Italien war es keineswegs so, daß die flämische Malerei die historische Entwicklung entscheidend beeinflußt oder die Ausdrucksweise bestimmt hätte, eben weil Italien seinerseits im 15. Jahrhundert einen eindrucksvollen Höhepunkt seiner Malerei erlebte, der durch ein völliges Umdenken hinsichtlich der Wiedergabe der Wirklichkeit in der Malerei gekennzeichnet war.

Insofern ist es besonders bemerkenswert, daß aus Italien die ersten und auch die meisten Aufträge an flämische Maler ergingen. Sie wurden keineswegs nur von Adeligen, sondern auch von Kaufleuten erteilt, und zwar in einem derartigen Ausmaß, daß man geradezu von einer Modeerscheinung sprechen kann. Aus Italien stammen auch die ersten historischen Dokumente des 15. Jahrhunderts über die flämische Malerei, die voll des Lobes sind. Die unmittelbare Kenntnis flämischer Werke übte auf zahlreiche italienische Maler – insbesondere die großen Meister des Quattrocento – eine starke Faszination aus, die sich in einer Bereicherung der malerischen Umsetzung der Wirklichkeit widerspiegelte.

Dieses Streben nach Wiedergabe der Wirklichkeit ist, wie man weiß, beiden Schulen gemein; bekannt ist auch, daß der für die flämische Malerei typischen sorgfältigen Erkundung analytischer Realitäten, die sich auf der Oberfläche der abgebildeten Dinge vollzieht, vor allem in der Toskana eine Umsetzung dieser Realität mit Hilfe der genauen Wiedergabe von Raum und Form sowie deren gelungenen Synthese gegenübersteht.

Man kann also sagen, daß damals zwischen diesen beiden Malerschulen nördlich und südlich der Alpen eine Brücke geschlagen wurde. Besonders kennzeichnend ist der bereits zu Vasaris Zeiten bekannte Fall des Antonello da Messina. Dieser „zweisprachige" italienisch-flämische Maler gelangte hinsichtlich der für die flämische Malerei typischen Detailfreudigkeit zu höchster Vollendung und verstand es zugleich, diese mit einer nicht minder vollendeten Klarheit italienischer Raum- und Formgestaltung zu verbinden. Die von ihm erzielte Synthese war echt und kam von innen heraus und war nicht lediglich bedingt durch den Einsatz des von den Flamen verwendeten technischen Mittels der Ölfarbe, wie Vasari uns glauben machen möchte. Und selbst Piero della Francesca wie auch Giovanni Bellini waren von dieser durch das Licht überhöhten Vision der Dinge fasziniert und übernahmen sie als wertvolle Bereicherung ihrer bereits hochentwickelten Ausdrucksmittel. Doch außer bei diesen großen Meistern haben sich die flämischen Einflüsse auch indirekt bei der Vielzahl weniger bedeutender Künstler ausgewirkt und als nordische Komponente in der Malkultur ganzer Regionen Eingang gefunden.

Das Hauptanliegen der vorliegenden Arbeit sehe ich darin, erstmals in einem historischen Überblick die Vielzahl dieser Berührungspunkte aufzuzeigen und zu systematisieren. Ich will also versuchen, die historischen Hintergründe für die Ausbreitung des flämischen Stils in Italien durch die Darstellung des zeitlichen Ablaufs, der Umstände und der Querverbindungen zu klären, und zwar ausgehend vom ersten, gegen Mitte des 15. Jahrhunderts in Neapel entstandenen Brückenkopf über den zwischen 1465 und 1475 erreichten historischen Höhepunkt, der durch enge Kontakte zwischen Piero della Francesca, Antonello da Messina und Giovanni Bellini sowie flämischen Meistern gekennzeichnet war, bis hin zum zweiten Höhepunkt flämischer Präsenz in Ligurien und deren Auswirkungen auf die Lombardei während des ausgehenden 15. Jahrhunderts und dem beginnenden 16. Jahrhundert. Es geht also darum, die zweite Jahrhunderthälfte des italienischen Quattrocento buchstäblich „im Lichte" der flämischen Malerei neu aufzuarbeiten.

Liana Castelfranchi Vegas

Italien und Flandern

ERSTES KAPITEL

Masaccio und van Eyck:
Zwei Ansätze zur Wiedergabe
der Realität

Das langsame, überaus eindrucksvolle Ausklingen der Gotik in dem auf dem Gebiet der Kunst wahrlich internationalen Europa zog sich bis in das dritte Jahrzehnt des 15. Jahrhunderts hin, als nördlich und südlich der Alpen Jan van Eyck und Masaccio in einzigartiger Gleichzeitigkeit durch ihre Malerei eine neue Vision der Wirklichkeit eröffneten, mit der das Zeitalter der Gotik seinen Abschluß fand.

Bekanntlich läßt sich über Fragen der Periodisierung, d.h. welcher Zeitpunkt für den Beginn einer neuen Epoche anzusetzen ist, beliebig diskutieren. In unserem Fall bestehen allerdings keine Zweifel daran, daß in dem Jahrzehnt zwischen 1420 und 1430 innerhalb weniger Jahre eine Wende eintrat und ein Punkt erreicht wurde, der ein Zurück nicht mehr zuließ, auch wenn die in der Malerei erzielten Errungenschaften in dem sich unmittelbar daran anschließenden Zeitabschnitt zunächst nicht allgemein aufgegriffen werden sollten.

Der Tatsache, daß sich hier eine historische Wende vollzogen hatte, war man sich nördlich und südlich der Alpen keineswegs in gleichem Maße bewußt. Im Falle Masaccios kann man sagen, daß sich die Zeitgenossen darüber sehr wohl im klaren waren; dafür spricht beispielsweise das große Lob, das ihm wenige Jahre nach seinem Tode Leon Battista Alberti in der Vorrede zu seiner Abhandlung *De pictura* (1436) ausgesprochen hat. Van Eyck hingegen wurde vielfach (zuletzt von Huizinga[1]) als der letzte große Meister des ausgehenden Mittelalters angesehen, mit welchem ihn sein detailfreudiger und lebendiger Realismus verband.

Entsprechende Divergenzen bestehen hinsichtlich des Begriffs Renaissance: In Italien wird er seit Vasaris Zeiten für die Kunst des 15. Jahrhunderts verwendet, während er in den Niederlanden der Malerei des frühen 16. Jahrhunderts[2] vorbehalten blieb, einer Malerei also, die sich italienischen Einflüssen gegenüber aufgeschlossen zeigte, womit sich bereits die internationale Verbreitung des Manierismus ankündigte. Die flämischen Maler des 15. Jahrhunderts erhielten merkwürdigerweise in Italien den noch in unseren Tagen gebräuchlichen Namen „Primitive". Er ist vermutlich zurückzuführen auf die von Vasari übernommene alte evolutionistische Unterscheidung van Manders zwischen dem „altmodernen" Stil, der durch Jan van Eyck begründet worden war, und dem „modernen" Stil, der auf den vorwiegend in Italien zu Beginn des 16. Jahrhunderts erlangten wissenschaftlichen Erkenntnissen fußte.

Wie hat nun die Kunstgeschichtsschreibung unserer Zeit auf diese phänomenalen Vorgänge reagiert, die man in künstlerischer Hinsicht als Brüder und chronologisch fast als Zwillinge bezeichnen könnte? Auf der einen Seite war die faszinierende Blüte der Frührenaissance in der Toskana in den Augen der italienischen Kunsthistoriker derart einmalig und unverwechselbar, daß sie der gleichzeitig jenseits der Alpen vor sich gehenden Entwicklung weniger Aufmerksamkeit schenkten. Das dabei von den Italienern zugrundegelegten kritische Filter der „Form" und der „Perspektive" wirkte sich negativ auf das Verständnis der formalen Ausdrucksmittel der Flamen aus. Als Beispiel sei hier nur der große Kunsthistoriker Cavalcaselle angeführt, der als Italiener im Jahre 1857 eine Geschichte der flämischen Malerei[3] geschrieben hat, welcher zwar erstmals moderne philologische Kriterien zugrundelagen, dennoch war sein Urteil noch ganz von der italienischen Renaissance geprägt. So brachte er wiederholt sein Bedauern über die Mängel der Perspektive und der Proportionen zum Ausdruck, die in seinen Augen den Wert der flämischen Bilder schmälerten.

Auf der anderen Seite gelangten die bedeutendsten ausländischen Kunsthistoriker, die sich mit der flämischen Malerei befaßten, zu der Auffassung, es handele sich hierbei um eine eigenständige Kunstrichtung. Ihnen ist offensichtlich nicht die außergewöhnliche Dynamik und infolgedessen die enorme Ausstrahlung entgangen, die in der ersten Jahrhunderthälfte für die flämische Malerei kennzeichnend war und die ihren Höhepunkt in Frankreich, Deutschland und in Spanien fand, wo sich ein franko-flämischer, ein deutsch-flämischer beziehungsweise ein ibero-flämischer Stil herausbildete. Erst seit kurzer Zeit hat man begonnen, dieses Phänomen in seinen historischen Dimensionen zu begreifen, das heißt in seiner Auffächerung in diverse Traditionen, die sich in unterschiedlichster Weise und zum Teil auf Umwegen über ganz Europa verbreiteten.

Es ist bezeichnend, daß noch vor nicht allzulanger Zeit Ausstellungen zum Thema Flandern-Italien oder Flandern-Europa nur recht bescheidene Erfolge zeitigten und in stilkritischer Hinsicht[4] eindeutig unausgereift waren. Namentlich die Beziehungen zwischen Italien und Flandern wurden aufgrund der bereits erwähnten Vorurteile verzerrt dargestellt und waren zudem fast ausschließlich auf das 16. Jahrhundert beschränkt, so daß die großen Werke der italienischen und der flämischen Malerei des 15. Jahrhunderts letztlich voneinander isoliert präsentiert wurden, da man sie zwei getrennten Kulturkreisen zugeordnet hatte. Erst in jüngster Zeit ist in Italien die Frage nach flämischen Einflüssen auf die italienische Malerei des 15. Jahrhunderts vermehrt zum Gegenstand gezielter Untersuchungen gemacht worden. Allmählich zeichnet sich also der besondere Charakter der Beziehungen zwischen diesen absolut eigenständigen und in sich geschlossenen Kunstrichtungen ab. Während man also bezüglich der anderen Regionen davon ausgehen kann, daß dem flämischen Einfluß eine entscheidende Rolle zukommt bei der Entstehung eines neuen, nicht mehr als gotisch zu bezeichnenden Stils (auch wenn dieser nur schwerlich der Renaissance zuzurechnen ist), liegen im Fall Italien-Flandern die Dinge völlig anders. Einerseits tat die flämische Malerei offensichtlich der Originalität der neuentwickelten Ausdrucksformen der italienischen Malerei keinen Abbruch; man kann also nicht sagen, daß sie deren Entwicklung in ganz andere Bahnen gelenkt hätte. Andererseits stellte natürlich der Umstand, daß die flämischen Werke aufgrund der weitverbreiteten Sammelleidenschaft in Italien aus eigener Anschauung bekannt waren, viele der großen Meister des Quattrocento vor ein neues Problem. Dieses Problem bestand nicht vorwiegend und schon gar nicht ausschließlich in der Technik der Ölmalerei, wie gemeinhin angenommen wurde, sondern ging sehr viel tiefer.

Es stellte sich nämlich die Frage, wie sich jene unglaubliche Mannigfaltigkeit und Leuchtkraft der Dinge wiedergeben und zugleich mit der für die italienische Malerei typischen Einheit von Form und Raum in Einklang bringen ließ.

Nach Oberitalien, insbesondere in die Lombardei, gelangte der flämische Stil mit seiner typisch „nordischen" Stimmung vor allem auf dem Wege über Ligurien. In diesen Gebieten hat die Entwicklung der Malerei im 15. Jahrhundert infolgedessen einen ganz anderen Verlauf genommen, als dies für die Malerei in Mittelitalien kennzeichnend war.

Im folgenden soll nun der Versuch unternommen werden, diese bislang weitgehend unerforschte Entwicklung in ihrer Chronologie aufzuarbeiten, den Spuren der flämischen Malerei in Italien zu folgen und festzustellen, wo und auf welche Weise sich in den mehr als fünf Jahrzehnten ihre Wege mit denen der italienischen Malerei des Quattrocento kreuzten. Zuvor jedoch wollen wir uns den Ursprüngen dieser Entwicklung zuwenden und uns mit der außerordentlich großen Geschlossenheit befassen, die charakteristisch ist für den Malstil jener beiden Maler, die zu Recht als die großen Meister der neuen Malkunst des 15. Jahrhunderts in Italien und in Flandern bezeichnet werden: Die Rede ist von *Masaccio* und von *Jan van Eyck.* Die organische Geschlossenheit ihres Malstils ist bedingt durch eine ganz bestimmte Art und Weise, die Wirklichkeit zu „sehen", wodurch sich letztlich jede besonders hochentwickelte und ausdrucksfähige Stilrichtung auszeichnet.

Es geht uns also darum, die Ausgangspunkte dieser beiden Methoden malerischer Umsetzung zu ermitteln, die zentralen Probleme der Wirklichkeitsdarstellung herauszuarbeiten, kurz: Die unterschiedlichen Ansätze und übereinstimmenden Bestrebungen beider Maler sowie deren faszinierende Dialektik aufzuzeigen, die reich an erstaunlichen Parallelen ist, an verblüffenden Ähnlichkeiten, an Konvergenzen und Divergenzen, an Techniken und Verfahrensweisen (die zwar untereinander durchaus Unterschiede aufweisen, aber vielfach in gleicher oder ähnlicher Absicht eingesetzt werden) sowie an unterschiedlichen stilistischen Substraten,

die dennoch in ein und denselben historischen Prozeß eingebunden sind.

Wenden wir uns zunächst dem allgemeinen kulturhistorischen Hintergrund dieser beiden Phänomene zu. Die Vorstellung, Florenz habe dem revolutionären Sturmwind der Erneuerung Tür und Tor geöffnet, ist aufgrund neuerer Untersuchungen weitgehend revidiert worden. In Wirklichkeit war es wohl so, daß der von Brunelleschi ausgehende Impuls zu tiefgreifender Erneuerung, der sich alsbald sowohl bei Donatello als auch bei Masaccio bemerkbar machte, zu einer Zeit in Erscheinung trat, da andere Künstler wie etwa Masolino und vor allem Ghiberti (ganz zu schweigen von der großen Zahl der „Internationalisten", wie beispielsweise Parri Spinelli oder der „Maestro del Cassone Adimari", die keineswegs der Renaissance zuzurechnen sind) höchstes Ansehen genossen und sich nicht über einen Mangel an Aufträgen beklagen konnten.

Man denke nur daran, daß nach Longhis Aussage diejenigen, die Masaccios Werke zu Gesicht bekamen, ganz unterschiedlich reagierten und entweder „überwältigt", „sprachlos", „gleichgültig" oder auch „verunsichert" waren, was darauf hindeutet, daß „sich selbst in Florenz die sogenannte Renaissance nur sehr viel langsamer und unter erheblich größeren Schwierigkeiten durchgesetzt hat, als man gemeinhin annimmt"[5]. Noch ist in gewissen Kreisen die Tatsache wenig bekannt, daß Brunelleschi, der bereits seit den dreißiger Jahren des 15. Jahrhunderts, nach dem frühen Tode Masaccios, in seinem Werk zu neuen Horizonten vorgestoßen war, es mit einer Umwelt zu tun hatte, die, wie Gombrich feststellte und auch Antal[6] bereits intuitiv erkannte, wieder verstärkt zu einer antikisierenden Form der Spätgotik tendierte. Das heißt also, es erfolgte eine partielle Rückkehr zu den Ausdrucksmitteln eines Lorenzo Monaco oder eines Gentile da Fabriano, mit anderen Worten, zum Stil der Jahre 1410-1430. Erst Domenico Veneziano und Piero della Francesca sollten dann wieder an die zuvor schon einmal eingeschlagene Richtung anknüpfen, und auch sie stießen in ihrer Umwelt nur auf geringes Verständnis.

Wir haben, als wir in großen Zügen jene Zeit schilderten, da Masaccio in Florenz in Erscheinung trat, ganz bewußt darauf verwiesen, daß damals die Situation durch ein Nebeneinander von Alt und Neu gekennzeichnet war und daß es keineswegs so war, wie bisher allgemein angenommen wurde, daß eine Avantgarde von Künstlern unversehens die Oberhand gewonnen hätte. Auf diesen Sachverhalt haben wir deshalb mit Nachdruck hingewiesen, weil die Situation in Florenz trotz aller Unterschiede doch Parallelen zu jener aufweist, in der sich van Eyck befand, als er das bewirkte, was wir als seine geniale und zugleich bedeutsame „Reform der Malerei" bezeichnen könnten. Diese Charakterisierung ist insofern berechtigt, als er an die überkommenen Traditionen anknüpfte, ganz im Gegensatz zu dem von Meistern wie Brunelleschi und Masaccio vollzogenen eindeutigen, geradezu als revolutionär zu bezeichnenden Bruch.

Kennzeichnend für das Vorgehen Jan van Eycks ist das hohe Maß an Kontinuität in historischer und stilistischer Hinsicht sowie bezüglich der Verwendung jener Ausdrucksmittel, die für die vorhergehende Generation typisch waren und die man noch keineswegs vergessen hatte. Bekannteste Vertreter dieser bemerkenswerten Generation franko-flämischer Miniatoren und Maler waren Broederlam, Malouel und vor allem die Brüder von Limburg. Van Eycks frühe Arbeiten auf dem Gebiet der Miniaturmalerei sind also besonders aufschlußreich, worauf in neueren und neuesten Untersuchungen immer wieder zu Recht hingewiesen wird[7]. In diesem scheinbar ungebrochenen „Kontinuum" vollzog sich nun im Schaffen van Eycks eine historische Wende, die ebenso gravierend, ebenso weitreichend war wie jene, die zur gleichen Zeit Masaccio in Florenz bewirkte.

Es ist freilich nicht zu übersehen, daß das Florenz Masaccios grundlegende Unterschiede aufwies

gegenüber der Umgebung, in der van Eyck am Hof Philipps des Guten, Graf von Flandern und Herzog von Burgund, lebte. Bereits vor Philipp dem Guten, der mit dem prunkvollen Hof Karls V. in Paris wetteiferte, hatte Herzog Johann von Bayern trotz geringerer verfügbarer Mittel ähnliche kulturelle Aktivitäten entwickelt, nachdem es ihm gelungen war, in den Besitz der Grafschaft Holland zu kommen und er im Jahre 1419 seine Residenz nach Den Haag verlegt hatte. Für diesen Johann von Bayern (den Bruder des verstorbenen Grafen Wilhelm VI. von Holland, Zeeland und Hennegau) arbeitete Jan van Eyck zwischen 1422 und 1424 an dem berühmten Turiner Stundenbuch, wie aus heute allgemein als zuverlässig angesehenen Quellen hervorgeht, so daß sich der alte Hinweis Summontes als zutreffend erwiesen hat, daß „Maestro Johannes ... prima fé l'arte di illuminare libri, sive ut hodie loquimur miniare"[8].

Die Geschicke dieses Stundenbuches waren bekanntlich wechselvoll. Ein erhalten gebliebenes Fragment daraus gelangte nach Turin und wurde dann mit einer Anzahl anderer Blätter aus der Sammlung Trivulzio in Mailand vereint. Derzeit gibt es nur zwei Miniaturen, die mit Sicherheit van Eyck zuzuschreiben sind und die 1904 den Brand in der Turiner Bibliothek überdauert haben: die *Geburt Johannes des Täufers* und die *Totenmesse*. Drei weitere, die sicher von Jan van Eyck stammen, sind uns anhand von Photographien bekannt, die Durrieu im Jahre 1902 vom gesamten Manuskript anfertigen ließ. Anhand dieser wenigen erhaltenen Blätter läßt sich immerhin ermessen, inwieweit van Eyck die Tradition der Miniaturmalerei um Neuerungen bereichert hat, die von ganz und gar persönlicher Intuition geprägt sind und geradezu eine Umwälzung darstellen.

In den „bas de page" *Geburt Johannes des Täufers* (Abb. 2) und *Gebet des Fürsten* (Abb. 1) eröffnen sich unseren Augen Ausblicke in eine Landschaft, die uns durch das sanfte Spiel des Lichtes bezaubern und in der Ferne Wasserläufe und Schlösser erkennen lassen, während sich im Vordergrund regenfeuchte

Auen auftun, in denen die abgebildeten Menschen eine untrennbare Einheit mit der Natur bilden.

Aufgrund der hier angesprochenen wesentlichen Neuerungen, die eine radikale Veränderung des Raumgefühls verraten, läßt sich van Eyck wohl am eindeutigsten von seinen unmittelbaren Vorgängern, vermutlich auch von seinen Werkstattmeistern, den Brüdern von Limburg, unterscheiden. Gerade ein Vergleich zwischen den bezaubernden Blättern des Stundenbuchs von Chantilly (in denen sich ebenfalls weitläufige Landschaften auftun, wo sich über Wäldern und bestellten Feldern Schlösser erheben) und dem Turiner Stundenbuch van Eycks

führt die innovatorische Kraft des letzteren besonders deutlich vor Augen.

Die kleinen Gestalten von Johannes dem Täufer und Christus scheinen ebenso aus der grünen und blauen Landschaft emporzuwachsen, wie die unvergeßlichen Figuren im „bas de page" des Gebetes des Fürsten. Die dort am Rande abgebildeten, deutlich gegen den teils bewölkten, teils klaren Himmel abgehobenen Reiter auf ihren ruhig dastehenden Pferden, neben ihnen auf regennassem Felde einige Gestalten, am Horizont die Dorfkirche, all das sind, soweit sich dies anhand der fotografischen Reproduktion erkennen läßt, zeitlose Darstellungen.

1. Jan van Eyck, *Das Gebet des Fürsten,*
f. 69ᵛ des *Turiner Stundenbuches* (zerstört).
(Ehemals) Turin, Museo Civico.
2. Jan van Eyck, *Geburt des Täufers* und *Taufe Christi,*
f. 93ᵛ des *Turiner Stundenbuches.* Turin, Museo Civico.

16

e uentre matris mee uocauit me dns
nomine meo. et posuit os meu sicut
gladium acutum sub tegumento
manus sue protexit me posuit me

3. Masaccio, *Der Zinsgroschen*. Florenz, S. Maria del Carmine, Brancacci-Kapelle
4. Jan van Eyck, *Die Anbetung des Lammes*. (Detail des *Polyptychons des Mystischen Lammes*.) Gent, St. Bavo

5. Jan van Eyck, *Madonna des Kanzlers Rolin* (Detail). Paris, Louvre
6. Jan van Eyck, *Blühende Sträucher und Pflanzen* (Detail des *Polyptychons des Mystischen Lammes*.) Gent, St. Bavo

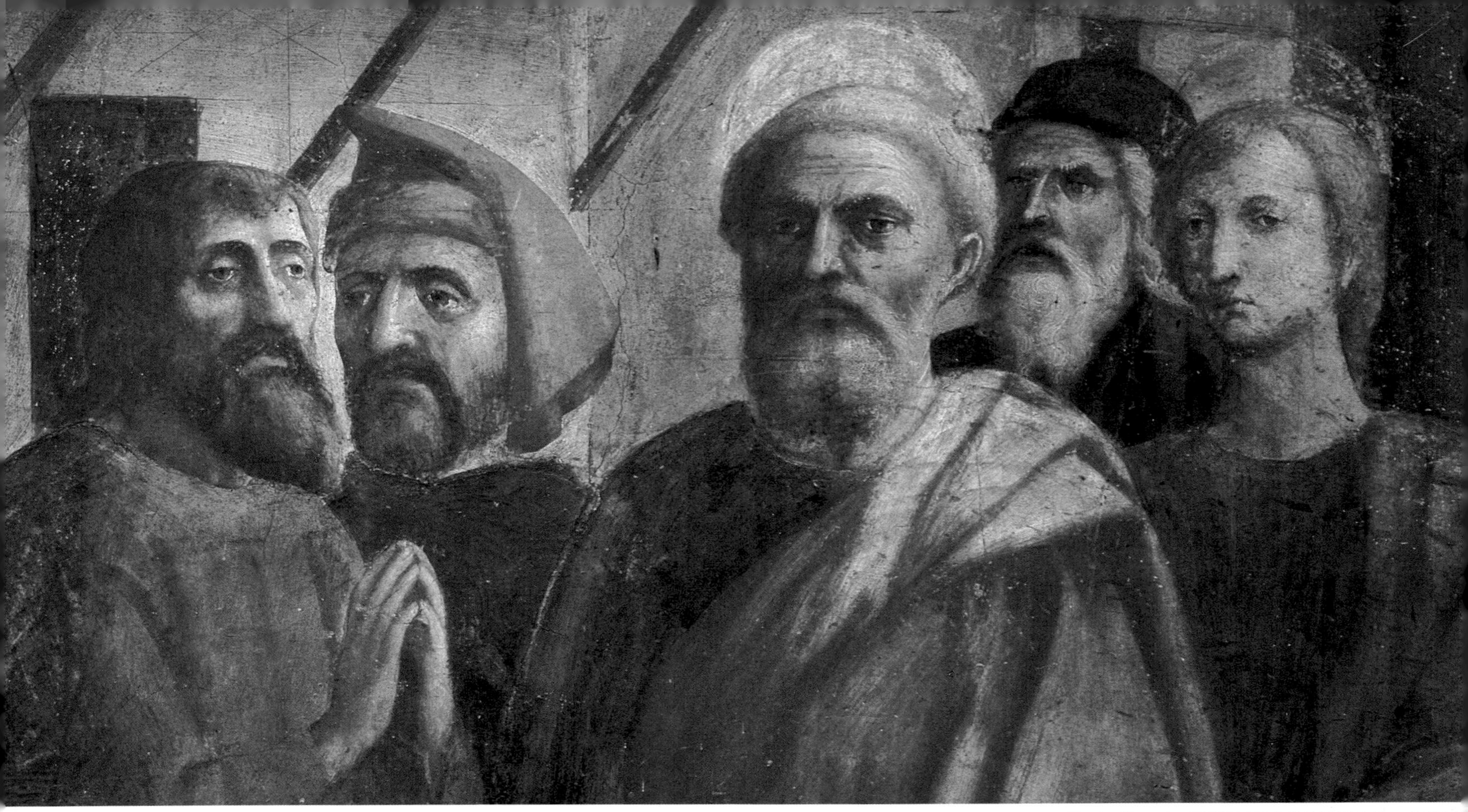
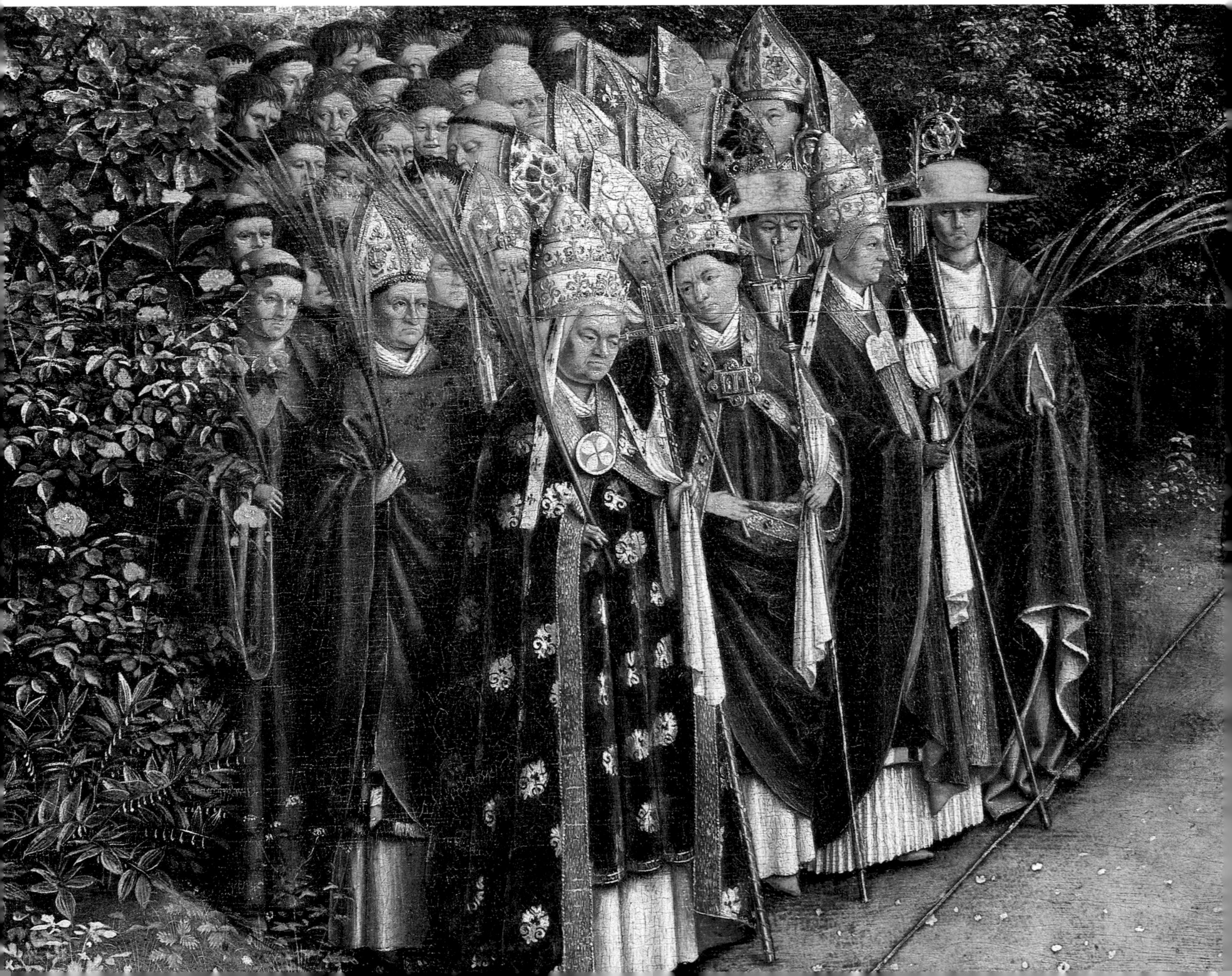

Masaccio, *Die Schattenheilung durch Petrus* (Detail). Florenz, S. Maria del Carmine, Brancacci-Kapelle
Jan van Eyck, *Zug der Heiligen.* (Detail des *Polyptychons des Mystischen Lammes*.) Gent, St. Bavo

9. Masaccio, *Die Dreifaltigkeit* (Detail). Florenz, Santa Maria Novella
10. Jan van Eyck, *Zeichnung für das Bildnis des Niccolò Albergati*. Dresden, Kupferstichkabinett

Auf den folgenden Seiten:
11. Masaccio, *Anbetung der Könige,* Berlin, Staatliche Museen
12. Jan van Eyck, *Madonna des Kanonikus van der Paele.* (Detail des *hl. Donatianus*.) Brügge, Groeningemuseum
13. Domenico Venziano, *Altar von Santa Lucia in Magnoli.* (Detail des *hl. Zenobius*.) Florenz, Uffizien

14. Jan van Eyck,
*Polyptychon des Mystischen
Lammes.*
Die Außenflügel.
Gent, St. Bavo
15. Jan van Eyck,
Adam.
(Detail des *Polyptychons
des Mystischen Lammes.*)
Gent, St. Bavo
16. Masaccio,
Adam.
(Detail der *Vertreibung
aus dem Paradies.*)
Florenz, S. Maria del
Carmine

17.   Jan van Eyck, *Madonna in der Kirche.* Berlin, Staatliche Museen

18. Masaccio, sog. *Madonna del solletico*. Florenz, Palazzo Vecchio

19. Fra Angelico, *Das Jüngste Gericht*. (Detail aus dem *Paradies*.) Florenz, Museum von S. Marco
20. Fra Angelico, *Die Begegnung des hl. Nikolaus mit dem Gesandten des Kaisers*. Rom, Pinacoteca Vaticana

21. Jan van Eyck, *Die Arnolfini-Hochzeit*. London, National Gallery

22. Jan van Eyck, *Die Verkündigung.*
Washington, National Gallery of Art,
A. W. Mellon Collection

Vor diesen Abbildungen sollte man lange verweilen und sich die von Segelbooten durchfurchten Meereswogen der *Seefahrt des Heiligen Julian und der Heiligen Martha,* die fackelerleuchtete nächtliche Szene der *Gefangennahme Christi* genau ansehen, und zwar nicht nur, um die ihnen innewohnende poetische Stimmung und die von diesem reizenden Mikrokosmos ausgehende Faszination zu erleben, sondern auch um zu erkennen, worin die eigentliche Neuerung der Modulation des Lichts besteht, das die weitläufige Landschaft durchdringt und ihr einen Wahrheitsgehalt verleiht, wie man dies noch nie zuvor gesehen hat. In dieser Landschaft treten Figuren auf, die durch den Einsatz von Licht und Schatten plastisch hervortreten und mit ihr zu einer ebenfalls nie dagewesenen Einheit verschmelzen.

In den Jahren 1422-1424 trat Masaccio mit dem *Triptychon San Giovenale* (Uffizien) und mit dem Bild *Die Heilige Anna Selbdritt* (Uffizien) erstmals in Erscheinung. Beide Werke sind in Gemeinschaftsarbeit entstanden[10] und zeigen mehr noch als man bisher geglaubt hat, daß Masaccio direkt an jene alte florentinische und toskanische Tradition anknüpfte, die sich im Grunde genommen bereits überlebt hatte, nämlich an die Tradition des Altarbildes oder des Altarpolyptychons mit goldenem Hintergrund. Ausgehend von dieser überkommenen Tradition gelang es Masaccio, ebenso wie van Eyck, eine neue Richtung in der Malerei einzuschlagen und den Formen eine kraftvolle Ausstrahlung zu verleihen, durch die eine neue Auffassung von der menschlichen Gestalt zum Ausdruck kam, die zugleich eine strenge innere Konzentration verrät. Hier zeichnet sich also eine neue Humanität ab, die keine Spur jener fast etwas bigotten Sprödigkeit der zahllosen Madonnen verschiedener Meister wie Gerini oder Jacopo di Cione erkennen läßt, noch die getragene Eleganz eines Masolino oder eines Lorenzo Monaco.

Kann man daraus schließen, daß bei Masaccio und van Eyck der innovatorische Impetus, den sie innerhalb einer noch gültigen Tradition entwickelten, im wesentlichen der gleiche war, daß sich beide in der gleichen Richtung bewegten auf der Suche nach einer konkreten und greifbaren Wirklichkeit? Dies ist eine schwierige Frage, auf die wir im folgenden eine Antwort zu geben suchen werden. Zunächst sei lediglich darauf hingewiesen (obgleich es fast paradox anmutet), daß im Gegensatz zu Masaccio, dessen großer Vorläufer Brunelleschi mit seiner Entdeckung der Perspektive eine Bresche geschlagen hatte, die überhaupt erst die künstlerischen Neuerungen des frühen 15. Jahrhunderts und insbesondere Masaccios ermöglichten, van Eyck sich wie ein einsamer Forscher allein auf den weiten Weg der Entdeckung der Wirklichkeit gemacht hat.

Die von van Eyck bewirkten Neuerungen erscheinen umso bemerkenswerter, wenn man bedenkt, daß er viele Jahre hindurch in einer aristokratischen Umwelt wirkte, in die er vollständig eingebunden war. Zunächst war er als „valet de chambre" in Brügge und im herzoglichen Palast zu Brüssel tätig, dann als Gesandter sowohl in geheimen Missionen, die ihn in ferne Länder führten (1429-1430), wie auch in offizieller Mission, etwa im Jahre 1429, als er nach Portugal fuhr, um die Vermählung Philipps des Guten mit Prinzessin Isabella auszuhandeln[11].

Diese aristokratische Welt findet allerdings in seinen Bildern nur im verschwenderischen Reichtum der kirchlichen Würdenträger ihren Niederschlag, die mit herrlichen Juwelen und kostbaren Stoffen angetan sind, welche uns einen Einblick in das Leben bei Hofe vermitteln. Eben diese unglaubliche Fülle prunkvoller Gegenstände ist es, die van Eyck Gelegenheit bietet, die Suche nach der visuellen „Wahrheit" eines Details immer weiter voranzutreiben, und genau hier liegt der Schwerpunkt im Schaffen van Eycks, das wahre „Geheimnis" seiner Malerei.

Die meisten Werke van Eycks wurden übrigens für bürgerliche Auftraggeber ausgeführt, beispielsweise für den Schöffen Joos Vyd, der die Kosten für die Vollendung des *Mystischen Lammes* von Gent übernahm. Dem bürgerlichen Stande gehörten auch die Auftraggeber Masaccios an, da in Brügge wie in Florenz die Kaufmannschaft die damalige „Wohlstandsgesellschaft" repräsentierte und die Beziehung zwischen Auftraggeber und Künstler, den wenigen uns überkommenen Aufzeichnungen zufolge, von den gleichen kommerziellen Transaktionsformen gekennzeichnet war.

Der eigentliche Unterschied besteht in einem vollständig anderen „soziokulturellen Hintergrund". So erlangte in Florenz der Künstler im Gefolge des Humanismus, an dessen Blüte er teilhatte, eine ganz neue Würde. In diesem Zusammenhang erscheint mir wiederum die Schilderung Vasaris über das zerstörte Fresko von der Konsekration der Chiesa del Carmine aufschlußreich. Der dort abgebildete feierliche Zug der „cittadini in mantello e cappuccio"[12], in dem Künstler, Kaufleute und Gelehrte vertreten sind, macht deutlich, daß es Masaccio darum ging, die reale Gesellschaft seiner Zeit darzustellen und ihr zugleich durch die Auswahl der abgebildeten Persönlichkeiten einen idealen Wert beizumessen. Oder man denke an die geradezu provokante Idee, bei der *Anbetung der Könige* (Berlin, Staatliche Museen, Abb. 11) in dem unscheinbaren Zug, in dem nichts exotisch oder gar luxuriös anmutet, zwei Angehörige des bürgerlichen Standes abzubilden, eben besagte „cittadini in mantello e cappuccio". Der zwischen Künstlern, Humanisten und Gelehrten bestehende enge Kontakt, der ein neues Charakteristikum der florentinischen Kultur des frühen Quattrocento darstellt (es sei hier nur an die Zusammenarbeit zwischen Brunelleschi und dem Mathematiker Paolo del Pozzo Toscanelli erinnert), bestätigt die Tatsache, daß der Künstler in der Gesellschaft eine neue Stellung erlangt hatte: Dessen war sich der junge Masaccio zweifellos bewußt.

Doch zurück zu unserem eigentlichen Thema. Das Streben nach Wiedergabe der Wirklichkeit stellt also, nördlich wie südlich der Alpen, die „mäeutische" Kraft der neuen Kunst dar; die zentrale Frage lautet: Wie ist diese Wirklichkeit beschaffen, wie wird sie jeweils erfaßt? Der Realismus Masaccios ist, wie Previtali[13] feststellt, ein Realismus der „Struktur", also ein synthetischer Realismus, dessen einheitsstiftende Grundlage und spezifisches Merkmal die perspektivische Sicht der Wirklichkeit selbst darstellt. Die leidenschaftliche Suche Masaccios nach einer essentiellen Realität ist untrennbar verbunden mit einer Vision der rational verstandenen Realität selbst, einer Realität von Form und Raum, die fest in die Einheit der Perspektive eingebunden ist. Und es besteht wohl kein Zweifel, daß eine derartige Auffassung von der Realität auf einem Primat des Geistes beruht, der für die toskanischen Künstler des frühen Quattrocento kennzeichnend ist, und überdies in enger Verbindung mit einer im wesentlichen „laizistisch" und rational orientierten Kultur zu sehen ist.

Desgleichen ist unbestritten – und diese Erkenntnis ist inzwischen Allgemeingut geworden und wird immer wieder ins Feld geführt – daß wir es im Gegensatz hierzu bei van Eyck mit einer analytischen Realität zu tun haben. Van Eyck geht nämlich von einer ganz anderen Vision der Wirklichkeit aus, von der Erscheinungsweise der „Dinge", so wie diese sich dem Auge des Betrachters darbieten. Und je schärfer und geschulter das Auge ist, umso stärker richtet sich das Augenmerk bei der Analyse auf die Oberfläche. Bei van Eyck erscheint die Abbildung der wie durch eine Linse mikroskopisch genau eingefangenen „Natur" nur aufgrund einer eingehenden Betrachtung des Mikrokosmos möglich zu sein, die diesen in jedem noch so minimalen Aspekt noch verdichtet, die ein „Mehr" an Natur letztlich durch stetiges Hinzufügen weiterer Details und Phänomene dieser Realität erzielt. Dieser visuelle Vorgang hat offensichtlich seine genaue Entsprechung in der Maltechnik, durch welche die Vision umgesetzt wird, eine Technik, die man gemeinhin mit „Ölmalerei" umschreibt und die bei Vasari als großes Geheimnis bezeichnet wird. Wir sind uns heute durchaus nicht mehr so sicher wie Vasari, daß das

Geheimnis der Malerei van Eycks in dem „Medium" Ölfarbe liegt, deuten doch alle Laboruntersuchungen auf eine Technik hin, die eben darauf beruht, mehrere Schichten transparenter Farben nacheinander aufzutragen, um auf diese Weise die Oberfläche der Dinge genau wiederzugeben[14].

Bei Masaccio hingegen ist die gemalte Wirklichkeit wohl das Ergebnis eines geistigen Synthesevorgangs, eines bewußten Verzichts auf alles Überflüssige, oder, wenn man so will, einer strikten Eliminierung all dessen, was Landino im Hinblick auf das Werk Filippo Lippis als „anmutig" und „dekorativ" bezeichnet hat[15]; diese Charakterisierung trifft sicherlich für einen Großteil der florentinischen Malerei jener Zeit zu.

Angesichts dieser zwischen Masaccio und van Eyck bestehenden grundlegenden Divergenzen von geradezu philosophischen Dimensionen, die den globalen Aspekt der „Vision" der Realität und der zu ihrer Umsetzung geeigneten Mittel umfaßt, verbieten sich meiner Meinung nach stilkritische Wertungen, wie sie unter anderem von namhaften ausländischen Wissenschaftlern wie Meiss oder Sterling[16] versucht wurden, die darauf abzielten, mögliche Parallelen aufzuzeigen, Vergleiche anzustellen und Anleihen zwischen der florentinischen und der flämischen Kunst zu postulieren.

Wenn man von einer „auffälligen Parallelität" zwischen beiden Ansätzen spricht (Meiss), so kann diese Einschätzung, wörtlich genommen, ebenfalls zu Mißverständnissen führen, sofern man sich nicht klarmacht, welche enormen Unterschiede die Umsetzung einer Weltsicht bedeutet, die ich in Bezug auf van Eyck mit „sub specie pulchritudinis" und in Bezug auf Masaccio mit „sub specie mentis et hominis" umschreiben würde.

Wenn also, um ein Beispiel anzuführen und weniger im Abstrakten zu bleiben, Meiss auf das parallele Streben nach einem „neuen Naturalismus" hinweist, der durch das Licht bewirkt wird, „das mehr noch als die perspektivische Darstellung der Linien, jene

große Errungenschaft der Malerei des 16. Jahrhunderts, eine Errungenschaft darstellt, welche Masaccio und van Eyck miteinander verbindet... "[17], so spricht er damit eindeutig eines der zentralen Probleme im Zusammenhang mit der großen Wende an, die sich im 15. Jahrhundert in der Malerei vollzogen hat, auf die wir noch zu sprechen kommen werden. Das von ihm angeführte Beispiel ist jedoch wenig hilfreich, ja geradezu unverständlich, da in ihm die berühmte *Arnolfini-Hochzeit* (London, Abb. 21) und die Predella mit der *Kreuzigung Petri* (Berlin) von Masaccio einander gegenübergestellt werden.

Gerade anhand dieser beiden Werke läßt sich besonders deutlich zeigen, daß einerseits das Licht jeweils eine ganz ähnliche Rolle spielt, daß jedoch andererseits die Interpretation des Raumes wesentliche Unterschiede aufweist: Im flämischen Beispiel ist er als Interieur, im italienischen dagegen als dreidimensionale Realität dargestellt, welche die Figuren einschließt. Handelt es sich aber um einen Außenraum, so wird sich dieser bei einem Flamen eindeutig wie eine Landschaft ausnehmen, während er für einen toskanischen Maler allenfalls „Natur" darstellt, anders gesagt, eine strukturierte, perspektivische Anordnung natürlicher Elemente. Bleiben wir bei allgemein bekannten Beispielen. Man vergleiche nur die wunderschöne grüne Aue mit ihrer unglaublich üppigen und mannigfaltigen Vegetation und den von verschiedenen Seiten heranziehenden Festzügen, die sich auf das *Mystische Lamm* (Abb. 3, 6, 8) von Gent zu bewegen, mit der in Masaccios *Zinsgroschen* (Florenz, Chiesa del Carmine, Abb. 4) dargestellten, feierlich um Christus gescharten Runde, die mit den sich im Hintergrund erhebenden kahlen Hügeln zu verschmelzen scheint. Auch wird es bei Masaccio niemals vorkommen, wie dies bei van Eycks *Madonna in der Kirche* (Berlin) der Fall ist, daß das Innere einer Kirche mit einer derartigen Vielzahl perfekt wiedergegebener Details ausgeschmückt ist, es sei denn, er schreibe ihnen symbolischen Gehalt

36

zu. Der einzige uns erhalten gebliebene architektonische Innenraum Masaccios, die *Dreifaltigkeit* (Abb. 9) in der Kirche Santa Maria Novella (Florenz), ist als feierliches mathematisches Theorem, als Quintessenz des perspektivischen Systems, praktisch als Entsprechung zu der absoluten Wahrheit des abgebildeten Dogmas konzipiert. Unvergleichlich ist schließlich auch die phänomenale topographische Präzision der Landschaft, die sich hinter dem *Kanzler Rolin* (Abb. 5) bei der nach ihm benannten *Madonna* (Louvre) eröffnet. Ähnliche Weiten sollten sich in Italien erst im *Malatesta-Diptychon* von *Piero della Francesca* (Uffizien) auftun, und dort haben wir es tatsächlich eindeutig mit einer italienisch-flämischen Querverbindung zu tun.

Die Exaktheit der Darstellung weiter Landschaften bei van Eyck hat durch die Jahrhunderte hindurch nicht aufgehört, die Fachwelt in Staunen zu versetzen. Bereits Mitte des 15. Jahrhunderts merkte Bartholomaeus Facius an: „. . . die winzigen Gestalten, die Berge, Haine, Weiler und Burgen sind mit solcher Sorgfalt gemacht, daß man glauben möchte, sie seien fünzigtausend Schritt voneinander entfernt"[18], und Panofsky hat das Wunder van Eyck mit der Infinitesimalrechnung verglichen („Diese Technik stellt eine Homogenität aller sichtbaren Formen her, so wie die mathematische Berechnung eine Kontinuität aller numerischen Größen erzielt"). Darüber hinaus stellt er fest, daß „das Auge van Eycks wie ein Mikroskop und ein Teleskop zugleich arbeitet", daher rührt die „simultane Realisierung und gewissermaßen die Vereinigung zweier unendlicher Universen". Er führt weiter aus, hierin liege das „Geheimnis, das die Italiener faszinierte und das sie stets täuschte"[19]. In Wirklichkeit sollte die „simultane Realisierung" der Flamen niemals die großartige Vereinigung von Form und Raum erreichen, die ihrerseits das große Geheimnis des italienischen Quattrocento darstellte.

Wenn Longhi in seinem ganz und gar italienischen Kommentar allerdings meint: „Es sei dahingestellt, ob die Italiener nicht besser beraten waren nicht auf diese Täuschung hereinzufallen, die zwar beeindruckend sein mag, aber zu nichts führt"[20], so stellt sich doch die Frage, ob die „Täuschung" van Eycks – die Umsetzung jeglichen Details einer Landschaft in einen Mikrokosmos der sichtbaren Welt – nicht in künstlerischer Hinsicht ebenso ihre Berechtigung hat, wie die streng gegliederten, für die Ewigkeit konzipierten Räume bei Massaccio, bei dem die Formen stets durch die Zuordnung zur „Sehphyramide" ihren Platz erhalten. Dieser Raum ist mathematisch genau kalkuliert und kommt im Grunde genommen in der Natur so nicht vor.

Es ist darauf hingewiesen worden, daß van Eyck zumindest von der *Perspectiva communis* von Peckam[21] Kenntnis gehabt haben muß, und somit von einer Einteilung des Raumes auf rudimentärer mathematischer Grundlage. Châtelet hat zu Recht von einem „Realismus des Raumes" gesprochen und auf die Einheit verwiesen, die kennzeichnend ist für die Außenseite der Flügel des Polyptychons von Gent (Gebälk, architektonisch gestaltete Einrahmungen, Schattierungen). Doch die poetisch anmutende Genialität van Eycks, der stets mit der kalkulierten und überaus sensiblen Empirie seiner Maltechnik vorgeht, liegt nicht nur in seiner Fähigkeit, die illusorische Realität der Dinge zu erfassen, sondern vielmehr darin, diese durch die minutiöse Wiedergabe der lichtschimmernden Textur der Oberflächen noch zu intensivieren. Sie liegt nicht so sehr in der (typisch nordischen) Liebe zum analytischen Detail der Wirklichkeit, sondern in deren unglaublich treuer Wiedergabe mit Hilfe der auf den verschiedenen Oberflächen spielenden Lichter. Auch dort, wo der Pinsel einmal nicht mehr die letzten Feinheiten der Dinge wiederzugeben vermag, gelingt es dank dieses Licht- und Schattenspiels, das durch die Vielzahl der übereinander aufgetragenen Farbschichten und die Abtönungen erzielt wird, dennoch stets, das sich kräuselnde Wasser oder die üppige Vegetation einer Wiese zu evozieren.

Diese unglaublich analytische, geradezu an Illusionismus grenzende Wiedergabe der Realität kann, so meint Gombrich[22], auch mit Vorbehalt betrachtet werden, als Zeichen einer „bürgerlichen" Kultur oder vielleicht sogar Unkultur. Insbesondere ein Italiener wird nur schwerlich bereit sein, diesen beiden Ansätzen zur Wiedergabe der Realität gleichen formalen und poetischen Wert zuzugestehen: Auf der einen Seite der liebevollen Erscheinung der mannigfaltigen Oberfläche der einzelnen Details, die auf eine phänomenologisch und empirisch orientierte Mentalität hindeutet, und auf der anderen Seite dem für eine vernunftorientierte Mentalität kennzeichnenden Willen, die Wirklichkeit „nel pugno di cristallo della prospettiva" (Longhi) zu sehen.

Es ist soeben die bemerkenswerte Ansicht von Meiss zitiert worden, in der Malerei des 15. Jahrhunderts sei die Entdeckung des Lichts von noch größerer Bedeutung gewesen, als die Entdeckung der Linearperspektive. Dieses Thema ist in einer Untersuchung von E.H. Gombrich[23] in ganz anderer und durchaus überzeugender Weise angegangen worden. Besagte Untersuchung stellt einen völlig neuen Beitrag zur kritischen Auseinandersetzung um die Beziehungen zwischen Italien und Flandern dar. Gombrich führt darin aus, daß sich zwar für die Toskaner die neue Tendenz zur Wiedergabe der Wirklichkeit tatsächlich an der Intuition ablesen läßt, mit der die auf mathematischen Gesetzen beruhende Dreidimensionalität des Raumes gestaltet wird, daß jedoch für Masaccio in dieser dreidimensionalen Wiedergabe des Raumes offensichtlich die Beleuchtung des Raumes *inbegriffen* war, mit deren Hilfe der wahrgenommene Eindruck, der Sinn für die Oberflächenstruktur der Dinge zum Ausdruck gebracht wurde. Das ist es, was ein Toskaner die Wiedergabe des „Lichtscheins" (lume) nennen würde (eine Bezeichnung, die von Cennini über Alberti bis hin zu Leonardo verwendet wurde). Für van Eyck bestand die große Neuerung nicht so sehr in diesem *lume,* sondern, um es mit Leonardo zu sagen, in dem

Glanz *(lustro),* also jener Verstärkung der Leuchtkraft der Bildflächen, durch welche sich die ganz besondere Qualität, die unverwechselbare Textur erschließt. Mit anderen Worten: Dort, wo das Licht dank der Maltechnik diese evokatorische Kraft erlangt, wird der Stoff tatsächlich zum Stoff, die Haut zur Haut und die Felsen werden zu Felsen.

Wir stimmen völlig mit Gombrichs Auffassung überein, daß diese sozusagen optische Exploration das Charakteristikum der flämischen Malerei darstellt, daß die Analyse der Realität einhergeht mit der Analyse der luminosen Textur der Dinge; und, so möchten wir vor allem hinzufügen, daß die Analyse der Realität, die im wesentlichen mit Hilfe des Lichts erfolgt, der Realität ihren gehaltsästhetischen Anspruch nimmt und ihr den Rang einer poetischen *Form* verleiht.

In seiner Untersuchung der *Madonna des Kanonikus van der Paele* von van Eyck (Brügge, Groeningemuseum) stellt Gombrich fest, daß das Schimmern der Juwelen, das Aussehen der Brokatstoffe, die weiche Oberfläche des Teppichs und die sonstigen Details, daß also das geradezu magische Evozieren von Stoffen und Oberflächen aller Art „einzig und allein durch Spiegelungen hervorgerufen wird, weil sich van Eyck völlig dessen bewußt ist, daß das Schimmern durch Spiegelungen bedingt ist"; so kann man an einigen Stellen erkennen, wie sich der rote Mantel der Madonna in der Rüstung des Heiligen Georg widerspiegelt[24].

Das eigentlich Neue, das wahre Geheimnis des flämischen Illusionismus liegt also im Grunde genommen darin, daß eine überaus reiche Abstufung von matten bis glänzenden Lichteffekten in die Malerei eingeführt wird, die lediglich auf der Lichtverteilung beruht. Dieses von Gombrich eben als *lustro* bezeichnete Stilmittel ist gerade deshalb so ausdrucksstark, weil es die Textur der Dinge zum Ausdruck bringt, und zwar nicht nur derjenigen mit glänzender, sondern auch derjenigen mit matter Oberfläche.

Der Unterschied zwischen dieser fast nicht wahrnehmbaren Wiedergabe und der Verteilung des Lichts in der flämischen und in der toskanischen Malerei läßt sich kaum besser verdeutlichen als anhand des von Gombrich so treffend gewählten Beispiels: Er vergleicht die Figur des Heiligen Donatianus in van Eycks *Madonna van der Paele* (Abb. 12, 13) mit der des Heiligen Zenobius in Domenico Venezianos *Altar von Santa Lucia in Magnoli* (Uffizien). Beide Figuren weisen hinsichtlich der Edelsteine, der Dalmatika, der Mitren und anderer Details gleichfalls eine Vielzahl sorgfältig beobachteter Einzelheiten auf. Das Verblüffende an dieser Gegenüberstellung ist die täuschende Ähnlichkeit. Der bekannte nordische Einschlag bei Domenico Veneziano scheint sich hier auf den ersten Blick in überzeugender Weise zu bestätigen und in seiner Detailfreudigkeit mit der Goldschmiedekunst und den Stoffen der Flammen zu wetteifern. Schaut man jedoch genauer hin, weist beim Heiligen Zenobius von Domenico Veneziano jedes noch so geringe Detail gerade so viel Licht auf, wie erforderlich ist, um die Form hervortreten zu lassen beziehungsweise das, was Berenson als „tastbare Werte" bezeichnet hat. Der Einsatz des Lichts bei Domenico dient, um die Terminologie Gombrichs zu gebrauchen, der objektiven Illuminierung der Wirklichkeit, dem *lume,* nicht dem *lustro.* „Den florentinischen Malern muß das flackernde Spiel der Reflexe auf der Oberfläche der Dinge wie ein konfuses Durcheinander vorgekommen sein, dem sie in ihrem Bestreben nach Wiedergabe der Form keine Beachtung geschenkt haben[25]."

Nachdem wir uns eingehend mit der Rolle beschäftigt haben, die das *Licht* für die Flamen bzw. die *Form* für die Florentiner gespielt hat, wollen wir uns nun weiteren Aspekten zuwenden, die sich zum Teil daraus ableiten lassen, zum Teil eine Ergänzung darstellen, und die für die beiden unterschiedlichen Ansätze zur Wiedergabe der Realität charakteristisch sind. Ich denke beispielsweise an die Haltung, die Masaccio und van Eyck gegenüber dem Individuum einnehmen. Nach Auffassung von Meiss[26] hat van Eyck in manchen seiner Bildnisse von Masaccio dessen Fähigkeit zur Gestaltung von Volumen und Raum übernommen, insbesondere in dem großartigen Bildnis *Der Mann mit dem Turban,* das 1433 entstanden ist und in der National Gallery in London hängt. Ich bin dagegen der Auffassung, daß die Darstellung des Individuums bei *van Eyck* unmittelbar zu einem *Bildnis* wird, und zwar aufgrund ganz bestimmter, minutiös ausgearbeiteter Charakteristika, die ihm Einzigartigkeit und Unverwechselbarkeit verleihen, während bei *Masaccio* das Individuum unweigerlich zu einem idealen Repräsentanten der Humanität, das heißt zu einem *Typus* gerät.

Damit soll natürlich nicht die Ausdruckskraft in der Physiognomie der Figuren Masaccios in Abrede gestellt werden, die sich beispielsweise bei den Armen und den Aposteln, die in der *Schattenheilung durch Petrus* (Brancacci-Kapelle, Abb. 7) den Heiligen Petrus umgeben. Jeder von ihnen wirkt wie eine imposante Gestalt aus einem Drama. Doch für Masaccio sind sie zugleich Repräsentanten einer neuen, wiedergeborenen Humanität, deren Archetyp Christus selbst ist. Dies kommt im *Zinsgroschen* bei den um Christus versammelten Aposteln deutlich zum Ausdruck.

Auch die beiden mit Sicherheit von Masaccio stammenden Bildnisse im eigentlichen Sinne, die uns als einzige überkommen sind, nämlich die der Stifter des Freskos *Die Dreifaltigkeit* in der Kirche Santa Maria Novella, weisen zwar fast so etwas wie eine individuelle, einmalige Physiognomie auf, mit Details, wie sie sonst bei Masaccio eigentlich nicht zu finden ist; die Darstellung ihrer Profile wirkt jedoch derart streng, daß man beinahe den Eindruck haben könnte, diese Figuren seien einzig und allein als Bestandteil des strengen dreidimensionalen Bildaufbaus konzipiert worden.

Niemand wird van Eyck absprechen können, „der Vater der flämischen Bildnismalerei" zu sein: Er mustert seine Figuren mit unermüdlich forschendem Blick und erzielt in ihren Gesichtern die gleiche Intensivierung der Wirklichkeit oder eine übernatürliche Ausstrahlung, wie er sie in jedem Aspekt der Realität anstrebt, und prägt ihnen mit unsichtbarem Stempel den Ausdruck der Gleichmut und der Ruhe auf, der gleichfalls Kennzeichen einer neuen Humanität ist, die sich auf subtile Weise von derjenigen unterscheidet, die wir selbst vor Augen haben.

Dieser Prozeß der, wie man sagen könnte, „Desensibilisierung" des Menschen läßt sich an den subtilen Unterschieden ablesen, die zwischen der als Entwurf für das Bildnis des *Kardinals Albergati* (Dresden, Abb. 10)[27] dienenden Zeichnung und dem Bildnis selbst (Wien) bestehen. In dem Portrait hat sich über das greise Antlitz des gütigen alten Mannes eine Patina der Würde gelegt (man beachte auch die glattere Linienführung der Nase), derer wir gar nicht so gewahr würden, wäre uns nicht die Zeichnung bekannt.

Das soeben bezüglich der Bildnisse Gesagte gilt auch für die menschliche Gestalt. Unzählige Beispiele ließen sich aus der geradezu grenzenlosen Vielfalt menschlicher Gestalten anführen, die in dem feierlichen Zug abgebildet sind, der auf dem Polyptychon des Mystischen Lammes zu sehen ist. Wir wollen uns aber auf einen Vergleich zwischen van Eycks Adam (Abb. 15) in eben jenem Polyptychon von Gent und dem des Masaccio in der *Vertreibung aus dem Paradies* (Abb. 16) in der Brancacci-Kapelle beschränken. Es läßt sich kaum in Worte fassen, welche enorme Vitalität der Adam van Eycks ausstrahlt, jene fast lebensgroße, nackte, männliche Gestalt, die aus dem Halbschatten der Nische ans Licht tritt. Eindrucksvoll, teilweise in unerbittlicher Schärfe, wird das Spiel der Muskeln, die beim Heraustreten des Körpers aus der Nische aktiviert werden, physiologisch genau nachgezeichnet, und selbst der unbändige Schopf und manche unscheinbaren Details, wie etwa die sonnengebräunte Haut des Handrückens, verfehlen nicht ihre Wirkung.

Wesentlich ärmer an unverwechselbaren Kennzeichen ist dagegen der *Adam* Masaccios, der gemäß der typisch klassischen Synthese von Idealem und Realem konzipiert ist. Bei ihm nivelliert das auf ihn fallende Licht jedes Detail und hemmt ihn in seiner Geste der Verzweiflung. Man könnte also fast sagen, daß van Eyck das imaginäre „Bildnis" eines Adams aus Fleisch und Blut schaffen wollte und Masaccio dessen humane Wirklichkeit, obgleich beide in Adam die menschliche Kreatur in ihrer konkreten physischen Realität sahen. Zweifellos ist bei Masaccio diese physische Realität gekennzeichnet durch eine höheres Maß an Menschenwürde, die auf die Entstehung einer neuen Werteordnung hindeutet, in deren Mittelpunkt der Mensch steht. Es wäre jedoch eine unzulässige Vereinfachung und überdies ein Anachronismus, wollte man bezüglich der Zeit zwischen 1420 und 1430 von einer „laizistischen" Kultur im heutigen Sinne sprechen und dabei deren ethisch-religiösen Gehalt außer Acht lassen.

Hier kommen wir nun auf ein weiteres Unterscheidungsmerkmal zu sprechen, das hinsichtlich der Malerei van Eycks im allgemeinen kaum Beachtung findet. Bei ihm war die Malerei nämlich, im Gegensatz zu derjenigen Masaccios, auf ganz natürliche Weise religiös. Sie gehörte noch einer Kultur an, in der die Kunst noch ganz im Dienste des Glaubens stand. Doch der geniale van Eyck verstand es, auf unnachahmliche Weise Realismus und transzendente Vision miteinander zu vereinen. Daher rührte die große Freude, die van Eyck zum Ausdruck bringen wollte, eine geradezu mystische „Jubilatio", oder, anders gesagt, eine Vision der Natur, die wunderbare Anzeichen für die Präsenz des göttlichen Schöpfers aufweist; und das natürliche und zugleich übernatürliche Licht ergründet und erhellt die unendlichen Aspekte dieser Präsenz. Die von jeder noch so geringen Einzelheit der Wirklichkeit ausgehende Anmut und Lebenslust wirken wie ein dem Schöpfer gebührender Lobgesang. Das ganze Polyptychon von Gent und insbesondere die Anbetung des Mystischen Lammes sind gekennzeichnet durch diese einzigartige Verbindung von natürlicher Schönheit und übernatürlicher Realität.

Hinzu kommt noch der hohe symbolische und allegorische Gehalt, den alle Bilder van Eycks aufweisen und der ihn noch mit der großen mittelalterlichen Tradition verbindet. Bekannt ist der Einfluß, den die von Geert Groote in den letzten Jahrzehnten des 14. Jahrhunderts gegründete religiöse Erneuerungsbewegung der *Devotio moderna* auf van Eyck ausgeübt hat. Diese Bewegung mit ihrem Aufruf zur Innerlichkeit und Buße hatte damals gerade ihren Höhepunkt erreicht. Weniger bekannt und doch bedeutender ist die religiöse Aussage van Eycks, seine „docta pietas", die im allgemeinen als Erbe des fast als präcalvinistisch zu bezeichnenden strengen Rigorismus des Rogier van der Weyden angesehen wird. Mit dem Ausdruck „docta pietas" beziehe ich mich auf die subtilen symbolischen und theologischen Anspielungen in den Gemälden van Eycks, auf die in den jüngsten ikonologischen Untersuchungen immer wieder besonders hingewiesen wird.

Wenden wir uns nochmals der Bilderwelt des Polyptychons von Gent zu und gehen den aufschlußreichen Beobachtungen nach, die ihr vor kurzem ein so profunder Kenner wie A. Châtelet[28] gewidmet hat. In der Tat ist in diesem Polyptychon die Komplexität und die Subtilität der allenthalben festzustellenden Anspielungen nicht minder bemerkenswert, als die reichhaltige Ikonographie dieses Monumentalwerkes mit seinem zweifachen Bilderzyklus bei geöffneten und bei geschlossenen Flügeln. Man beachte beispielsweise die Rahmung der Darstellungen auf der Außenseite der Flügel, die wie eine Steinimitation wirken, während diejenigen auf der Innenseite vergoldet sind. Erstere bilden Rahmen für die Gestalten der irdischen Welt, letztere für die Welt des Paradieses. Weiterhin ist allein schon die Tatsache aufschlußreich, daß die über der Verkündigungsszene abgebildeten Propheten und Sibyllen in

der Tat wie polychromierte Skulpturen aussehen. Sehr viel weniger augenfällig ist jedoch die Tatsache, daß auch die Bildnisse der beiden Stifter (Joos Vyd mit seiner Gemahlin: zwei Porträts von ergreifendem Realismus) hier nicht als Porträts von Personen fungieren, sondern als „gemalte Äquivalente polychromierter Ex-Voto-Skulpturen", dies erklärt auch deren Anordnung in Nischen gemäß einer ikonographischen Tradition, die auf das Hohe Mittelalter zurückgeht. Welcher kunstsinnige Mensch unserer Zeit wüßte nicht diese ständige Ambivalenz zwischen Wirklichkeit und Fiktion zu würdigen?

Auch die häufige Darstellung des *Spiegels* in der Malerei van Eycks und anderer flämischer Meister ist im Kontext dieser faszinierenden Ambiguität zu sehen. Dabei wird der Spiegel als optischer Kunstgriff eingesetzt, um eine innerhalb des Bildes eigentlich nicht sichtbare Blickrichtung freizugeben. Bereits Facius wies voll Bewunderung darauf hin, daß in dem nicht mehr erhaltenen Bild *Frauen im Bade* von Jan van Eyck „von einer dieser Frauen nur Antlitz und Vorderseite zu sehen sind; er aber hat in einem Spiegel auch die Rückansicht festgehalten"[29].

In der berühmten *Arnolfini-Hochzeit* (London, Abb. 21) zeigt der Spiegel im Hintergrund des Raumes das, was sonst nicht zu sehen wäre, da es sich außerhalb des Bildes, und zwar vor den abgebildeten Personen befindet. Dank der ikonographischen Deutung Panofskys[30] wissen wir, daß wir es in dieser Szene nicht einfach nur mit dem Doppelporträt der Arnolfini zu tun haben, sondern daß hier jener Augenblick festgehalten ist, in dem Giovanni Arnolfini und Jeanne de Chenany mit erhobener Rechten ihren Ehebund besiegeln („fides levata"). Dabei ist die Wirklichkeit, welche die beiden Protagonisten umfängt und die sich dem Auge als trautes Heim einer bürgerlichen Familie, als eine „tranche de vie" jener Zeit darbietet, reich an symbolischen Anspielungen: Die brennende Kerze weist auf die göttliche Präsenz hin, der Hund ist das Symbol der Treue; selbst die auf dem Boden liegenden Holzpantinen, ein regelrechtes Stück „nature morte“, gemahnen an das Gebot, das Gott auf dem Berge Sinai Moses gegenüber aussprach, er möge sich seiner Sandalen entledigen, da dies ein heiliger Ort sei. Diese Aufzählung ließe sich natürlich noch weiter fortsetzen.

Auch Brunelleschi hat sich im Florenz des frühen 15. Jahrhunderts beim Malen seiner berühmten kleinen, leider nicht mehr erhaltenen perspektivischen Tafelbilder des Kunstgriffs bedient, Ausschnitte der Wirklichkeit mit Hilfe von Metallspiegeln einzufangen. Übrigens wurde das Verfahren, die Wirkung eines gemalten Bildes mittels eines Spiegels zu überprüfen, von Alberti in seiner Abhandlung „De pictura“ empfohlen (…“wie gut gemalte Dinge im Spiegel Anmut annehmen“). Es ist jedoch nicht zu übersehen, daß dem Spiegel in den angeführten Fällen eine unterschiedliche, ja geradezu gegensätzliche Bedeutung zukommt. Während bei Alberti der Spiegel zur Kontrolle und zur Korrektur und bei

Brunelleschi zur Überprüfung der perspektivischen Darstellung des Raumes eingesetzt wird, kann er bei van Eyck ganz unterschiedliche und recht subtile Bedeutungen annehmen. Vor allem ist er dadurch, daß er die Wirklichkeit widerspiegelt, gleichzusetzen mit der Malerei „tout court“, die eben als „Spiegel der Realität“ zu verstehen ist, und zwar in jenem Sinne, auf den Vincent de Beauvais (13. Jahrhundert) mit folgenden Worten anspielt: „Vitrum propter transparentiam melius recipit radios“, das heißt, die Malerei vermag ebenso wie der Spiegel das Licht zu intensivieren und das Licht seinerseits vermag die Wirklichkeit zu intensivieren. Dementsprechend erschien der Spiegel praktisch als Symbol für das Auge des Malers. Die Tatsache, daß der Spiegel so häufig vorkommt, mag entweder mit der wichtigen Rolle zusammenhängen, die das Wort „speculum“[31] in der Kultur des Mittelalters spielte, wo es als *summa,* als Inbegriff des auf einem bestimmten Gebiet vorhandenen Wissens verstanden wurde

23. Jan van Eyck,
Polyptychon des Mystischen Lammes.
(Detail der *Madonna.*)
Gent, St. Bavo.

(etwa der *Speculum Majus* bei Vincent de Beauvais und der *Spiegel des ewigen Heils* bei Ruysbroek). Diese Tatsache kann aber auch mit der weitverbreiteten Vorstellung von der Schöpfung als dem Spiegel, dem Ebenbild des Schöpfers zusammenhängen.

Die in van Eycks Bildern vorkommenden architektonischen Elemente und sonstigen Stilmittel verraten eine geradezu theologische Gelehrsamkeit; so stellt etwa in der *Verkündigung* (Washington Abb. 22) die raffinierte Kryptographie auf dem Steinboden eine Präfiguration des Lebens Christi dar, und es besteht eine aufschlußreiche Zuordnung der Tierkreiszeichen zu den Gestalten der Jungfrau und des Engels[32]. Die lobenden Worte, die Facius über van Eyck geäußert hat („litterarum nonnihil doctus"), sind keineswegs als ein obligates Lob zu verstehen, sondern vielmehr als Hinweis auf van Eycks umfassende und profunde literarische und somit auch philosophische, allegorische und theologische Kenntnisse. In einem anderen Fall, nämlich bei der *Madonna des Kanonikus van der Paele* (Brügge) dient die geradezu exzessive Kleinteiligkeit der wirklichkeitsgetreuen Wiedergabe selbst unbedeutendster Einzelheiten der indirekten Darstellung einer außerhalb des Bildes in Erscheinung tretenden Vision. Ihr wendet nicht nur der zutiefst ergriffene Kanonikus seinen Blick zu, sondern auch der Heilige Georg, der sich in einer überraschten Gebärde, die nicht ohne Ironie ist, den Helm abnimmt[33]. Auch der Kanzler Rolin in der *Madonna des Kanzlers Rolin* (Louvre) wendet seinen Blick einer Erscheinung außerhalb des Bildes zu.

Man denke schließlich auch an den symbolischen Gehalt und die theologische Aussage jenes kostbaren kleinen Juwels, das die *Madonna in der Kirche* (Berlin, Abb. 17) darstellt, ein Frühwerk van Eycks, das nur wenig größer als eine Miniatur ist: Die bezaubernde, grazile Gestalt der Madonna steht in dem wie ein architektonischer Reliquienschrein wirkenden Kirchenschiff. Die zwischen der Gestalt und der Architektur bestehende Harmonie bringt die Identität von Jungfrau und Kirche, von Mater Dei und Mater Ecclesiae zum Ausdruck. Und das von Norden her in die Kirche eindringende Licht ist, wie Panofsky[34] bemerkte, nicht das der wärmenden Sonne, sondern das der Sonne der Gerechtigkeit, der immateriellen göttlichen Präsenz.

Verglichen mit diesem lieblichen Anblick voll aristokratischer Anmut, dieser grazilen, mit leichtem Hüftschwung dargestellten Gestalt kann man sich kaum etwas Gegensätzlicheres vorstellen, als die sogenannte *Madonna del solletico* (Abb. 18) von Masaccio (Palazzo Vecchio). Der Vergleich ist noch aufschlußreicher, wenn man bedenkt, daß die beiden Bilder praktisch zur gleichen Zeit entstanden sind (1426) und überdies auch das Tafelbild Masaccios, das offensichtlich für einen privaten Auftraggeber gemalt wurde, ein ungewöhnlich kleines Format aufweist. Die Hand der Madonna berührt den Hals des Kindes mit einer Gebärde, die von Longhi als „Kitzeln" (solletico) interpretiert wurde (daher der Name „Madonna del solletico")[35] und seiner Meinung nach auf eine „neue, humane, diesseitige Orientierung" hindeutet. Die zarte Gestalt der in ihren faltenreichen Umhang gehüllten Madonna, ihr versunkener Blick und die schmalen Lippen verleihen diesem Bild eine Aussagekraft von ergreifender Intensität.

Während van Eyck seine Madonnen mit den erlesensten Attributen einer Himmelskönigin, mit wunderschönen Schmuckstücken und kostbaren Gewändern ausstattet, sind Masaccios Madonnen (London, Uffizien) mit einem einfachen Umhang angetan, den sie wie die klassischen „dominae" Nicola Pisanos und Giottos über den Kopf gezogen haben.

Doch wie bereits eingangs erwähnt, ergibt jede Antithese zwischen Masaccio und van Eyck sogleich eine vitale Dialektik und somit eine Konvergenz. Ist nicht die zutiefst religiöse „Natürlichkeit" van Eycks, mit anderen Worten seine ausgeprägte Empfänglichkeit für jegliche irdische Schönheit zugleich auch ein

Beweis für den aufrichtigen Glauben an das Reale, ist nicht sein unablässiges Streben nach Wiedergabe der Realität auch das Hauptanliegen der Malerei Masaccios? Beide machen sich auf die Suche nach der Wirklichkeit, fest entschlossen, sich durch nichts davon abbringen zu lassen. Und eben dies macht sie beide zu Begründern einer neuen Richtung.

Beiden gemein ist schließlich, historisch gesehen, das Schicksal einer relativen Isoliertheit. Masaccios vollendete Wiedergabe von Raum und Form, seine ebenso vollendete Darstellung der Figuren hat in Florenz praktisch keinen Nachfolger gefunden, ebensowenig wie van Eycks erhabener und unübertroffener Realismus in Brügge. Es ist bisweilen die Ansicht vertreten worden, die von Jan van Eyck begründete Schule habe auf einen Schlag den Höhepunkt ihrer formalen Ausdrucksfähigkeit erreicht. Dies ist der Grund, so stellte Friedländer[36] fest, warum er keine direkten Erben haben sollte, sondern nur einen Nachfolger, *Petrus Christus,* da als Erbe nur derjenige anzusehen ist, der in der Lage ist, eine Hinterlassenschaft künstlerischer Ideen aufzugreifen und sie fruchtbar zu machen. In dem durch Masaccios frühen Tod im Jahre 1429 in künstlerischer Hinsicht verarmten Florenz stellte sich, wie bereits gesagt, die Situation nicht anders dar.

So war offensichtlich nach 1430 nur *Fra Angelico* in der Lage, die von Masaccio in der Cappella Brancacci erteilte Lehre zu begreifen, wie Vasari klar erkannte, nach dessen Bericht er sich als einer der ersten dorthin begab, um Masaccios genau zu studieren. Fra Angelico allerdings verstand es in eindrucksvoller Weise, die Lehre Masaccios in seine eigene, vielfältigen Einflüssen verpflichtete Malweise zu integrieren. Wenn man sich die Herkunft und das Leben Fra Angelicos vor Augen hält, der von der gotischen Tradition geprägt war und in einer dieser Tradition noch zutiefst verbundenen klösterlichen Umgebung lebte, und wenn man vor allem an das nach wie vor lebendige Erbe der Miniaturmalerei eines *Lorenzo*

Monaco denkt, so wird einem die geniale Leistung Fra Angelicos bewußt, der es fertiggebracht hat, dieses kulturelle Erbe unter Einbeziehung der perspektivischen und formalen Neuerungen „umzudeuten". Welch überwältigendes Maß an linearer Präzision, an Leuchtkraft der Farben, an bestechender Klarheit der Formen er dabei erreicht hat, ist bekannt.

Ich habe den Eindruck, daß man Fra Angelico angesichts dieser einzigartigen Fähigkeit, die neue Welt mit der alten in Einklang zu bringen, ohne daß es zu einem Bruch oder gar einer mißglückten Synthese gekommen wäre, und auch angesichts seiner geradezu religiösen Wertschätzung einer Schönheit, die den Stempel des Göttlichen trägt, in gewisser Hinsicht fast als italienisches Pendent van Eycks bezeichnen könnte[37]. Was die beiden Künstler vor allem miteinander zu verbinden scheint, ist die dominierende Rolle, die das Licht in ihrer Malerei spielt, das der Offenbarung der Wirklichkeit dient und zugleich Zeichen göttlicher Schöpferkraft ist.

Bestätigt wird diese Auffassung durch einige interessante Beobachtungen, die sich in der bereits erwähnten Untersuchung Gombrichs[38] finden. Der Autor weist darauf hin, daß Fra Angelico sich strikt an einige der Empfehlungen Albertis gehalten hat, die dieser in *De Pictura* (1435) bezüglich des Übergangs von Licht zu Schatten gegeben hat, insbesondere jedoch an die Empfehlung, den Körper sorgfältig in eine Licht- und eine Schattenseite einzuteilen (man beachte vor allen die Predella mit den *Geschichten des Heiligen Nikolaus,* Abb. 20, in der Pinacoteca Vaticana). Gombrich wirft sogar die Frage auf, ob Alberti diese überaus genaue Kenntnis der Effekte, die das Licht auf den Objekten hervorruft, nicht während seines Aufenthaltes nördlich der Alpen zwischen 1429 und 1431 durch persönliche Anschauung flämischer Kunstwerke erlangt hat, fügt jedoch sogleich hinzu, daß diese Frage im Grunde genommen keine große Rolle spielt; das wirklich Bemerkenswerte sei vielmehr, daß in den Jahren des Wirkens von Jan van Eyck, Fra Angelicc und Domenico Veneziano das Problem der Intensität und des wechselvollen Spiels des Lichts auf den Oberflächen und seiner Reflexe in Italien bereits Gegenstand wissenschaftlicher Untersuchungen war.

Im Anschluß an diese interessante Parallele wollen wir nochmals auf die bereits erwähnte subtile, aber doch gewichtige Unterscheidung zwischen dem florentinischen *lumen* und dem flämischen *lustro* zurückkommen, auf die auch schon Gombrich hingewiesen hat. Ähnlich wie wir dies bei der Gegenüberstellung des Heiligen Zenobius von Domenico Veneziano mit dem Heiligen Donatianus van Eycks festgestellt haben, kann auch die im *Jüngsten Gericht* von Fra Angelico (Florenz, San Marco, Abb. 19) abgebildete paradiesische Aue niemals mit der überwältigenden botanischen Wirklichkeitstreue des Mystischen Lamms konkurrieren; und zwar nicht so sehr wegen der eher schlichten Wiedergabe der Wirklichkeit bei Fra Angelico, sondern eben deshalb, weil bei van Eyck die Wirklichkeitstreue vor allem auf der ungeheuren Zahl der Lichtreflexe beruht, die dort Realität zu suggerieren vermag, wo der Pinsel nicht mehr in der Lage ist, deren Details aufzuspüren. Dennoch kann man sagen, daß manche der Madonnen Fra Angelicos, wie beispielsweise jene im Tabernakel der Leinweber, denen van Eycks denkbar nahekommen, etwa der Dresdener Madonna; entsprechendes gilt auch im Hinblick auf den Heiligen Zenobius von Domenico Veneziano und den Heiligen Donatianus von Jan van Eyck.

Damit möchten wir folgendes zum Ausdruck bringen: Wenn Masaccio gemeinsam mit van Eyck tatsächlich Begründer einer neuen Richtung in der Malerei gewesen ist, so waren Domenico Veneziano und Fra Angelico Vertreter parallel zueinander unternommener intensiver Bemühungen, allerdings innerhalb der durch das Wirken Masaccios geprägten florentinischen Kultur. Und es kam sicherlich nicht von ungefähr, daß die „Welt des Fra Angelico und des Domenico Veneziano", zwischen 1440 und 1450 eine überaus große Ausstrahlung im gesamten

Mittelmeerraum hatte, und daß sie zu solch eindrucksvollen Höhepunkten in der Malerei führen sollte, wie sie durch Quarton und Fouquet erreicht wurde, die ihrerseits, wohlgemerkt, unter dem Eindruck der ersten flämischen Neuerungen standen.

Anmerkungen

[1] Vgl. J. Huizinga, *Herbst des Mittelalters,* dt. Übers. Stuttgart 1975, S.387f: „Mit der Kunst der van Eycks hat die malerische Darstellung der heiligen Gegenstände einen Grad der Detaillierung und des Naturalismus erreicht, der vielleicht streng kunsthistorisch gesehen ein Anfang genannt werden kann, kulturgeschichtlich jedoch einen Abschluß bedeutet. ... Die Kunst der van Eycks ist dem Inhalt nach noch ganz und gar mittelalterlich. Neue Gedanken spricht sie nicht aus. Sie ist ein Letztes, ein Endpunkt."

[2] Vgl. die Feststellung von P. Philipot, *Pittura fiamminga e Rinascimento italiano*, Turin 1970, S. 9: „Nicht akzeptabel ist die These, derzufolge der Begriff ‚Renaissance' auf die Kunst der frühen Flamen anzuwenden ist." Die Arbeit Philipots ist den Beziehungen zwischen Italien und Flandern in der Malerei des 15. Jahrhunderts gewidmet.

[3] G. B. Cavalcaselle – J. A. Crowe, *Notices of the lives and works of the early Flemish Painters*, London 1857. Die italienische Originalausgabe ist 1889 in Florenz unter dem Titel *Storia dell'antica pittura fiamminga* erschienen.

[4] Ich beziehe mich insbesondere auf die Ausstellung ‚Les Flamands et l'Italie', Brügge, Musée Communal 1951, und auf die Ausstellung ‚Les Primitifs méditerranéens', Bordeaux 1952.

[5] R. Longhi, *Fatti di Masolino e Masaccio* in ‚Critica d'Arte' XXV–XXVI 1940, (nachgedruckt in den Gesammelten Werken, Opere Complete Band VIII, 1, *Fatti di Masolino e Masaccio e altri studi sul Quattrocento*, Florenz 1975, S. 36ff.

[6] Vgl. E. H. Gombrich, *The Early Medicis as Patrons of Art*, in *Italian Renaissance Studies: a Tribute to the late Cecilia M. Ady*, 1960; F. Antal, *Florentine Painting and its social Background*, London 1947 (it. Übers. *La pittura fiorentina e il suo ambiente sociale nel Trecento e nel primo Quattrocento*, Turin 1960).

[7] Für die neuesten und bedeutendsten Untersuchungen über die Tätigkeit van Eycks als Miniaturmaler s. das Vorwort von A. Châtelet in der Neuauflage des Werkes von Paul Durrieu: *Les Heures de Turin*, Turin 1967, und C. Sterling, *Jan van Eyck*

avant 1432, in ‚Revue de l'art', 1976, 33. Siehe auch den Abschnitt in der Monographie von A. Châtelet, *Van Eyck*, Bologna 1979, in dem der Autor auf dieses Thema eingeht und die interessante Hypothese aufstellt, daß es im gesamten Werk van Eycks eine ‚geistige' und maltechnische Beziehung zwischen der Miniaturmalerei und der Malerei gegeben habe.

8 Vgl. F. Nicolini, *L'arte napoletana del Rinascimento e la lettera di Pietro Summonte a Marco Antonio Michiel*, in ‚Napoli nobilissima' 1925.

9 P. Durrieu, *Heures de Turin, quarante-cinq feuillets provenant des Très Belles Heures de Jean de France, duc de Berry*. Paris 1902. Auf den drei Miniaturbildern van Eycks, die bei dem Brand zerstört wurden, waren dargestellt: *Das Gebet des Fürsten, Die Gefangennahme Christi* und *Die Reise des Heiligen Julian*.

10 Ohne hier auf die kontroverse stilkritische Diskussion um das Triptychon, das sich heute in den Uffizien befindet und ursprünglich aus Regello stammte, im einzelnen eingehen zu wollen, möchte ich doch feststellen, daß ich zu denjenigen zähle, die der Ansicht sind, die Mitwirkung Masaccios beschränke sich auf den Mittelteil und den Heiligen Juvenal.

11 Vgl. zur Frage dieser Reisen den kürzlich erschienenen Beitrag in der erwähnten umfangreichen und informativen Untersuchung von C. Sterling, *Jan van Eyck avant 1432*.

12 Vasari, *Le Vite...*, hrsg, von P. Della Pergola, L. Grassi, G. Previtali, Mailand 1962, Bd. II, S. 232.

13 G. Previtali, *La periodizzazione della storia dell'arte italiana*, in *Storia dell'arte italiana. Questioni e Metodi*, Turin 1979, I, S. 38.

14 Zur Maltechnik van Eycks siehe die klare und präzise Zusammenfassung im Anhang zu dem kleinen Band von A. Châtelet, *Van Eyck*, op. cit., 1979.

15 C. Landino, *Fiorentini excellenti in pictura et sculptura*, in: ‚Comento di Christoforo Landino fiorentio sopra la comedia di Dante Alighieri poeta fiorentino', Florenz 1481, S. IV r. Der Text mit kritischer Transkription und Kommentar findet sich in M. Baxandall, *Painting and experience in Fifteenth Century Italy*, Oxford 1972 (it. Übers. *Pittura ed esperienze sociali nell'Italia del Quattrocento*, Turin 1978).

16 Vgl. C. Sterling, *Jan van Eyck avant 1432...* op. cit., S. 31; ausführlicher in M. Meiss, *Jan van Eyck and the Italian Renaissance*, in: *Venezia e L'Europa*, Akten des XVIII. Congresso Internazionale di Storia dell'Arte, Venedig 1955, S. 60-62.

17 M. Meiss, *Jan van Eyck...*, op. cit., 1955, S. 60.

18 Vgl. M. Baxandall, *Bartholomaeus Facius on Painting*, (kritische Edition, Übersetzung und Kommentar des Textes von *De Viris illustribus*), in: „Journal of the Warburg and Courtauld Institute", 27, (1964).

19 E. Panofsky, *Early Netherlandish Painting*, Cambridge (Mass.), 1958, S. 181-182.

20 R. Longhi, *Una Crocifissione di Colantonio*, im: „Paragone" 63 (1965), S. 10.

21 Vgl. A. Parronchi in dem Artikel *Le misure dell'occhio secondo il Ghiberti*, in: „Paragone" 133, 1961, S. 34-35 und Anmerkung 21 S. 43, wo dieser die Auffassung vertritt, das Mystische Lamm orientiere sich in seinem Bildaufbau an den Regeln der „Perspectiva communis" von Peckam, mit anderen Worten, ihm liege eine biokuläre Perspektive mit doppeltem Fluchtpunkt zugrunde, der in diesem Fall den Weihrauchgefäßen der Engel entspricht.

22 A. Châtelet, *van Eyck*, op. cit., 1979, S. 60.

23 Vgl. E. H. Gombrich, *Light, Form and Texture in XVth Century Painting*, in: "The Journal of the Royal Society of Arts", CXII (1964), S. 826-849, Nachdruck in *The Heritage of Apelles*, Oxford 1976, S. 31-32.

24 Siehe vorherige Anmerkung.

25 E. H. Gombrich, ibid., S. 30.

26 Vgl. M. Meiss, *Nicholas Albergati and the Chronology of Jan van Eyck's Portraits*; "The Burlington Magazine", CXIV (1952), S. 139.

27 Gegen die angenommene Identität der hier abgebildeten Person äußert sich R. Weiss, *Jan van Eyck's Albergati Portrait*, in: "The Burlington Magazine" XCVII (1955), S. 145-147.

28 A. Châtelet, *van Eyck*, op. cit., S. 103.

29 Vgl. M. Baxandall, *Bartholomaeus Facius...*, op. cit., S. 103.

30 E. Panofsky, *Early...*, op. cit., S. 201-203.

31 Vgl. C. Limentani Virdis, *Il quadro e il suo doppio*, Modena 1981, S. 36.

32 Vgl. Panofsky, *Early...*, op. cit., S. 138-139. Die Anordnung dieser Zeichen legt die Schlußfolgerung nahe, daß das Tierkreiszeichen unter der Gestalt der Jungfrau das der Jungfrau ist und das Zeichen unter dem Engel das des Widders, entsprechend dem Datum der Verkündigung (25. März), während es sich bei dem Zeichen unter dem Buch um das des Steinbocks handelt, das sich auf die Geburt Christi bezieht.

33 Siehe auch zum „marianischen" Element bei van Eyck das aufschlußreiche Werk von C. J. Purtle, *The Marian Paintings of Jan Van Eyck*, Princeton 1982 u. A. Châtelet, *Van Eyck*, op. cit. S. 43 u.46

34 E. Panofsky, *Early...*, op. cit. S. 135-140.

35 R. Longhi, *Recupero di un Masaccio*, „Paragone", 5 (1950), S. 3.

36 M. J. Friedländer, *Altniederländ. Malerei*, I, Berlin 1924 S.129.

37 Longhi sagte einmal, daß Gentile da Fabriano eine authentische Parallele zu van Eyck darstelle (siehe: *Il tramonto della pittura medioevale nel nord Italia*. Vorlesungen der Universität Bologna 1935/36, veröffentlicht in „Opere Complete", Bd. VI, Florenz 1973, S. 92).

38 E. H. Gombrich, *Light, Form and Texture*, op, cit. S. 29.

ZWEITES KAPITEL

1440–1450
Sammelleidenschaft, historische Quellen, Reisen

Bereits im Laufe des Jahrzehnts zwischen 1440 und 1450 – vor allem nachdem van Eyck 1444 gestorben war und Rogier van der Weyden auf dem Höhepunkt seiner Schaffenskraft stand – fanden die neuen „Wunderwerke" auf dem Kunstmarkt bereits begeisterte Aufnahme. Noch bemerkenswerter jedoch ist die Tatsache, daß die neuen Errungenschaften der Malerei alsbald nach Frankreich, Spanien, Italien und Deutschland exportiert wurden, sich also praktisch in ganz Mitteleuropa und vor allem im Mittelmeerraum durchsetzten.

Was heute von uns als flämische Malerei bezeichnet wird, stammt in Wirklichkeit aus den südlichen Niederlanden, dem heutigen Belgien, so kann man in etwa sagen. Wichtigste Zentren waren Gent, Brügge, Ypern, also jene Region, welche die beiden Grafschaften *Flandern* umfaßte – die eigentlichen flämischen Gebiete – sowie unter anderen den Hennegau und Brabant, die zum Teil in der niederländischen Kunst sogar eine noch bedeutendere Rolle spielten als Flandern selbst.

Der gemeinhin verwendete Begriff Flandern bzw. flämisch, wäre demnach in kunstgeographischer Hinsicht unzutreffend oder allenfalls als pars pro toto zu verstehen. Gleichwohl wurde er seit dem 15. Jahrhundert allgemein in immer umfassenderem Sinne verwendet. Von Anfang an bezog er einige Gebiete Frankreichs und des heutigen Holland mit ein und wurde dann in einer Weise verallgemeinert, die auf die Vormachtstellung dieser Malerei in der damaligen Kunst hindeutet. Es ist jedoch auch interessant, sich in Erinnerung zu rufen, daß während des 15. und 16. Jahrhunderts noch weitere Ausdrücke zur Kennzeichnung von Künstlern und Bildern flämischer Herkunft verwendet wurden. So kann etwa mit „alemano" das Bild eines deutschen oder eines flämischen Malers bezeichnet werden; Johannes Gallicus wurde van Eyck von Facius genannt; für einen Lombarden des 15. Jahrhunderts konnte sich flämisch oder flandrisch auch auf ein französisches Bild beziehen; Vasari zählte den großen Meister Dürer zu den Flamen; Summonte spricht in seinem berühmten Brief an Marcantonio Michiel von einem in der Lombardei geborenen Flamen namens Joan Todeschino (Tedeschino = der kleine Deutsche); die Aufzählung ließe sich noch fortsetzen.

Auf der politischen Bühne Flanderns, wie wir der Einfachheit halber weiterhin sagen wollen, spielte die führende Rolle Graf Philipp von Burgund und Flandern, genannt der Gute, der große Mäzen van Eycks. Dank einer geschickten Eroberungs- und Heiratspolitik gelang es ihm, unter seinem Protektorat außer den südlichen Niederlanden auch die „pays de par deça", also die Grafschaft *Holland* und *Zeeland* zu vereinen. Während des ganzen 15. Jahrhunderts vollzog sich somit auf dem Gebiet der Kunst die Entwicklung im Norden und Süden im wesentlichen in gleicher Weise, wenn auch in eben diesem Jahrhundert, wie neueste Untersuchungen ergaben, die ersten Anzeichen eines für die nördlichen Provinzen spezifischen Genius erkennbar werden[1]. Erst nach Abschluß eines langen historischen Prozesses sollte Holland, das damals die nördlichen Provinzen umfaßte, gegen Ende des 16. Jahrhunderts eine eigene Stilrichtung entwickeln, die sich deutlich von den südlichen Provinzen, dem heutigen Belgien, unterschied.

Nicht zu vergessen ist schließlich auch die Tatsache, daß in diesem als „Commonwealth" des Hauses Burgund bezeichneten politischen Gebilde während des ganzen 15. Jahrhunderts die Verwaltung recht effizient arbeitete, was wohl zurückzuführen ist auf das ausgewogene Verhältnis zwischen der Machtstellung der Zentralregierung und dem politischen Einfluß der Kaufmannsgilden und Handwerkerzünfte, aber auch auf die Rolle der Traditionen, die sich vor allem in den nördlichen Provinzen in den Städten eingebürgert hatten. Dieses politische System verkörperte sich gewissermaßen in der Institution des Kanzlers. Um nun den soziopolitischen Hintergrund der neuen Malerei zu verstehen, muß man sich vor Augen halten, daß in den Jahren zwischen 1422 und 1462, also in den für deren Entwicklung entscheidenden vier Jahrzehnten, eben jener Nicolas Rolin ununterbrochen das Amt des Kanzlers innehatte, der in dem berühmten Bild van Eycks im Louvre vor der Madonna mit dem Kinde knieend abgebildet ist, und der bei Rogier van der Weyden das monumentale Tafelbild des *Jüngsten Gerichts* im Hôtel-Dieu in Beaune in Auftrag gegeben hat.

Bekanntlich hat die strategisch günstige geographische Lage der Niederlande wesentlich zum beachtlichen Ausbau ihrer Handelsbeziehungen beigetragen. Der Hafen von Brügge (mit den Außenhäfen Damme und Sluis), dann auch der zur Nordsee hin orientierte Hafen von Antwerpen ermöglichten die Verbindung mit England und den baltischen Ländern. Flämische Schiffe durchkreuzten den Atlantik und das Mittelmeer und gelangten bis nach Spanien sowie nach Unter- und Oberitalien. Brügge und Antwerpen wurden somit neben Venedig, Genua und Lübeck zu den größten europäischen Umschlagplätzen.

Dabei handelte es sich vor allem um einen Transithandel, der über Banken und zahllose Filialen abgewickelt wurde und dem Aufträge zugrundelagen, welche die auf internationaler Ebene operierenden Finanziers und Kaufleute aushandelten, zum Beispiel die Flamen Vyd und Moreel, die Italiener Arnolfini, Villa, Portinari, Tani und andere, ferner aus Valencia stammende Leute wie etwa Johan Gregori, oder Leute aus Kastilien und andere mehr[2]. Sie alle bildeten ein wohlhabendes, in den südlichen Niederlanden ansässiges internationales Bürgertum, und waren so weitgehend integriert, daß sie angesehene öffentliche Ämter bekleideten[3].

Vor allem die italienischen und namentlich die im Auftrage der Medici tätigen toskanischen Kaufleute spielten mit ihren Banken die führende Rolle in der Finanzwirtschaft. Sie hatten bahnbrechende neue Methoden im Zahlungsverkehr zwischen den verschiedenen internationalen Niederlassungen eingeführt und weiterentwickelt, wie etwa Kreditbriefe und Zahlungsanweisungen. Sie waren es auch, die zu den ersten und enthusiastischsten Auftraggebern flämischer Werke zählten, wenn auch natürlich nicht zu den einzigen. Gerade im Falle der flämischen Malerei war es besonders auffallend, daß die Aufträge in erster Linie von ausländischen (vorwiegend italienischen) Kaufleuten erteilt wurden, deren Zahl nach den Angaben eines Kunsthistorikers wie Friedländer, denen wir durchaus Glauben schenken können, die der heimischen Auftraggeber bei weitem überstieg.

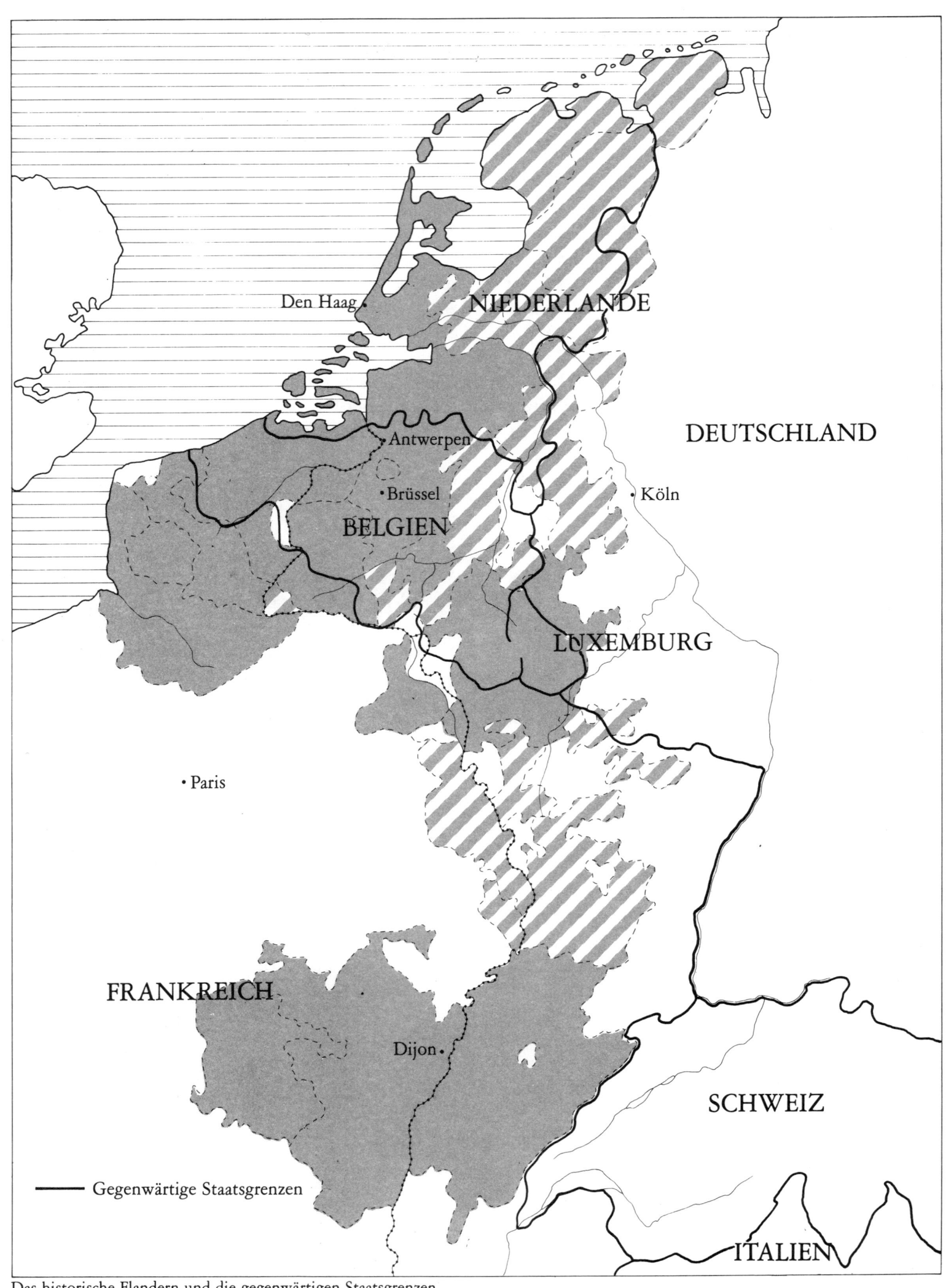

NIEDERLANDE

Den Haag

DEUTSCHLAND

Antwerpen

Köln

Brüssel

BELGIEN

LUXEMBURG

Paris

FRANKREICH

Dijon

SCHWEIZ

ITALIEN

— Gegenwärtige Staatsgrenzen

Das historische Flandern und die gegenwärtigen Staatsgrenzen

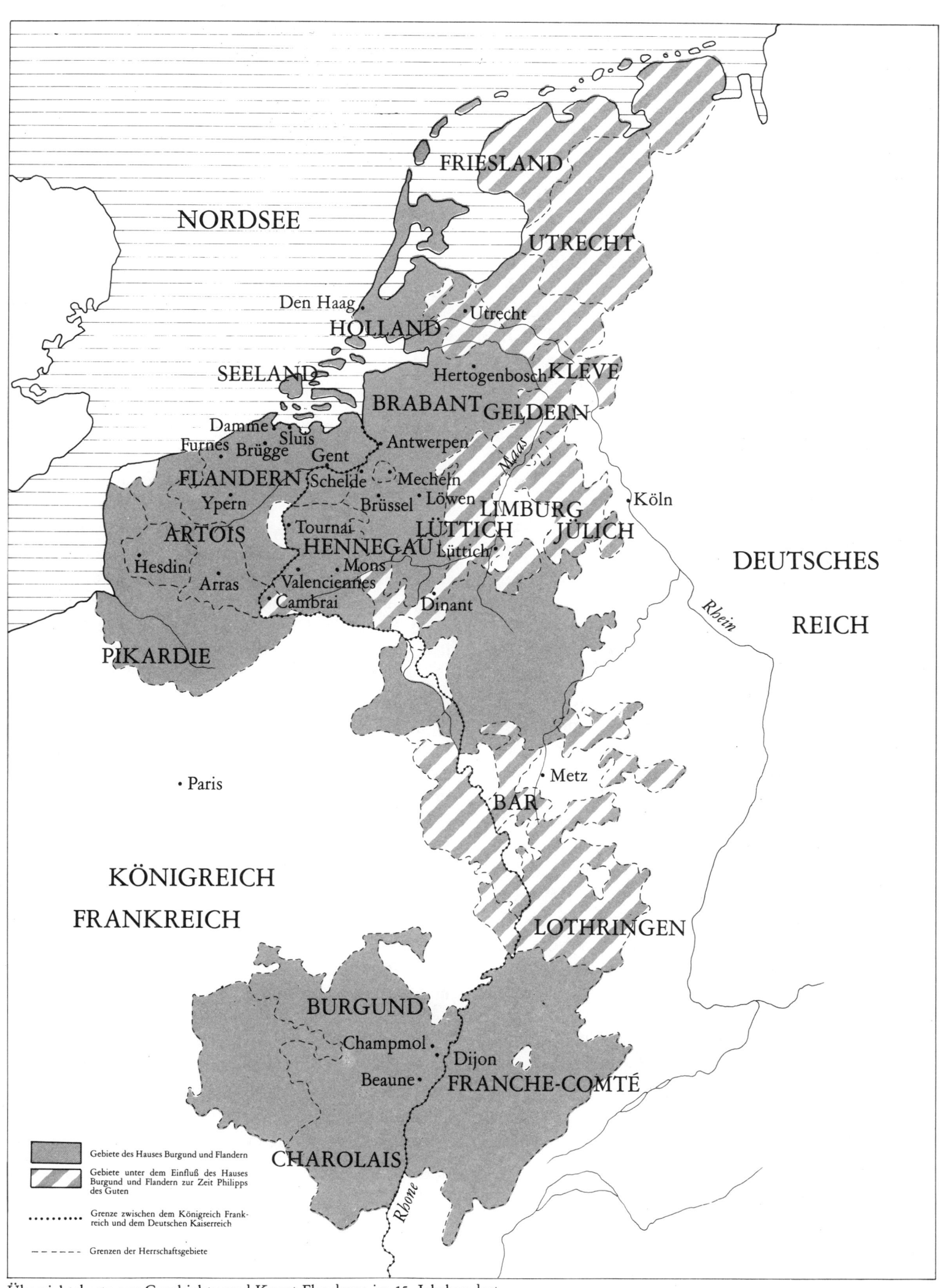

NORDSEE

FRIESLAND

UTRECHT

Den Haag •
HOLLAND
• Utrecht

SEELAND
Hertogenbosch • KLEVE
BRABANT
GELDERN

Damme •
Furnes • Sluis •
Brügge • Gent • Antwerpen
FLANDERN Schelde • Mecheln
Ypern • Brüssel • Löwen • Köln
Tournai LIMBURG
ARTOIS LÜTTICH JÜLICH
Hesdin • HENNEGAU Lüttich •
Mons • DEUTSCHES
Arras • Valenciennes •
Cambrai • Dinant

PIKARDIE
REICH

Rhein

Maas

• Paris

• Metz
BAR

KÖNIGREICH

FRANKREICH

LOTHRINGEN

BURGUND
Champmol •
• Dijon
Beaune • FRANCHE-COMTÉ

CHAROLAIS

Rhone

Gebiete des Hauses Burgund und Flandern

Gebiete unter dem Einfluß des Hauses Burgund und Flandern zur Zeit Philipps des Guten

•••••••• Grenze zwischen dem Königreich Frankreich und dem Deutschen Kaiserreich

– – – Grenzen der Herrschaftsgebiete

Übersichtskarte zur Geschichte und Kunst Flanderns im 15. Jahrhundert

Dieses Phänomen läßt sich zwar zum Teil durch den kosmopolitischen Charakter des damals in den Niederlanden in hoher Blüte stehenden Handels erklären; zu klären bleibt allerdings, warum hier vielleicht zum ersten Mal überhaupt mehr Aufträge von seiten der Bürgerschaft als von seiten des Adels erteilt wurden. Es wäre gewiß aufschlußreich, anhand von Briefen oder anderen Quellen die Gründe für dieses erstaunlich große Interesse zu ermitteln; ein gewisser Modetrend oder auch der Aspekt der Geldanlage mögen dabei durchaus eine Rolle gespielt haben. Zweifellos lagen diesem Interesse allerdings auch ästhetische Gesichtspunkte zugrunde. Vielleicht ist es auch dem empirisch orientierten Zeitgeist zuzuschreiben, daß die extreme Wirklichkeitstreue der neuen Malerei derart große Zustimmung fand.

Sehen wir einmal von psychologischen Erklärungsversuchen ab, so bleibt immer noch unklar, warum in einem Land, das politisch unter der Herrschaft des Adels stand, so viele Aufträge an die Maler aus Kreisen der Bürgerschaft ergingen. Dieses Phänomen nahm derartige Ausmaße an, daß ich, mutatis mutandis, den Vergleich mit der Sammelleidenschaft wagen möchte, von der Ende des 19. und Anfang des 20. Jahrhunderts die Amerikaner ergriffen wurden. Dies bedeutet jedoch keineswegs, daß es unter den Auftraggebern nicht auch einflußreiche Persönlichkeiten des hohen Klerus gegeben hätte, wie etwa den Kanonikus van der Paele, der auf dem berühmten Tafelbild van Eycks in Brügge (Groeningemuseum) abgebildet ist, oder Jean Chevrot, der bei Rogier van der Weyden das Triptychon der *Sieben Sakramente* in Auftrag gegeben hat, das heute im Museum von Antwerpen zu sehen ist; daneben Juristen wie den bereits genannten Kanzler Rolin, Künstler wie den geheimnisvollen *Thimoteus* van Eycks (London), hinter dem Panofsky den großen Musiker Gilles Binchois vermutet.

Die Rolle der Kaufmannschaft im Zusammenhang mit der aufkommenden flämischen Malerei

gewann noch dadurch an Bedeutung, daß die Kaufleute selbst vielfach als Vermittler auftraten und den Verkauf von Bildern an Auftraggeber in ihren jeweiligen Heimatländern in die Wege leiteten und dann den Transport auf ihren Handelsschiffen besorgten.

Für die verschiedenen Arten von Aktivitäten italienischer Kaufleute auf diesem Gebiet können wir exemplarisch einige Fälle anführen, wobei wir uns auf Bilder van Eycks beschränken wollen, für die wir über eine größere Anzahl an Quellen verfügen.

Eine erste Kategorie stellen die Fälle dar, in denen in Flandern lebende Italiener Bilder in Auftrag gaben; diese Bilder sollten also ursprünglich in Flandern verbleiben. Ein Beispiel hierfür ist der aus Lucca stammende Finanzier Arnolfini, der sich von van Eyck portraitieren ließ, wie er mit Jeanne Chenany den Ehebund schloß (1434, London, National Gallery); später ließ er von ihm ein weiteres Porträt anfertigen, das sich heute in der National Gallery in London befindet. Giovanni Arnolfini ist ganz nach flämischer Art gekleidet, wie auch jener Michele Giustiniani aus Genua, der in dem Triptychon *Thronende Madonna mit dem Kind und zwei Heiligen* (Dresden) als Stifter abgebildet ist [4]. Eine zweite Kategorie bildet die zahlenmäßig ebenso große Gruppe der Aufträge für Bilder, die zum Versand nach Italien bestimmt waren. Hier gebührt ein Ehrenplatz dem Genuesen Battista di Giorgio Lomellino, von dem zwar bekannt ist, daß er mit Brügge geschäftliche Beziehungen unterhielt, von dem man allerdings nicht weiß, ob er selbst je in Flandern gewesen ist [5]. Das *Triptychon Lomellino,* dessen Mittelteil aus einer Verkündigungsszene bestand, während auf den beiden Flügeln der Heilige Hieronymus im Gehäus beziehungsweise Johannes der Täufer abgebildet waren, ist zwar bekanntlich nicht mehr erhalten, spielt aber in den frühesten Quellen, welche die zwischen Italien und Flandern bestehenden Beziehungen belegen, eine wichtige Rolle. Dieses bedeutende Werk wurde 1444 im Zuge der zwischen Neapel und Genua geführten Verhandlungen von Lomellino sowie von Facius nach Neapel gebracht, wo es in die Sammlungen des Königs Alfons von Aragonien aufgenommen wurde. Die Beschreibung, die uns Facius von diesem Triptychon hinterlassen hat, ist bis auf den heutigen Tag[6] das unmittelbarste Beispiele einer kritischen Würdigung, die wir von einem italienischen Schriftsteller über ein flämisches Bild besitzen; darauf werden wir im folgenden noch näher eingehen.

Mit einer dritten Kategorie der Vermittlung durch ausländische Kaufleute haben wir es im Fall der *Madonna von Lucca* zu tun, die sich heute im Städelschen Kunstinstitut in Frankfurt befindet und aus der Sammlung des Marchese Cittadella in Lucca stammt. Sie wurde vermutlich von einem der in Brügge ansässigen Kaufleute aus Lucca in Auftrag gegeben[7] und dann von diesem mit in seine Heimat genommen.

Was schließlich die letzte Kategorie der Aktivitäten der Kaufleute anbelangt, nämlich den eigentlichen Transport der flämischen Werke, ist der Fall der genuesischen Galione mit dem Namen „Negrona" besonders interessant, der von Weiss in mühevoller Kleinarbeit anhand von Quellen rekonstruiert worden ist. Aus diesen Quellen geht hervor, daß im Jahre 1445 in Neapel ein Bild van Eycks aus der Galione Negrona ausgeladen wurde, das einen Heiligen Georg darstellte (die Spuren dieses Bildes haben sich verloren; einige Kunsthistoriker nehmen an, es handele sich um ein kleines Tafelbild, das heute in der National Gallery of Art in Washington hängt). Die Ankunft des Bildes in Neapel stellte vermutlich den Abschluß einer im Jahre 1444 (dem Todesjahr van Eycks) in Angriff genommenen, langwierigen, aber wohl typischen Transaktion dar. In jenem Jahr gab König Ferdinand dem aus Valencia stammenden Kaufmann Johan Gregori Anweisung, sich auf dem flämischen Kunstmarkt einen van Eyck zu „sichern". In Brügge wurde damals gerade ein *Heiliger Georg mit dem Drachen* zum Verkauf angeboten, für den dann der stolze Preis von 2000 Real entrichtet wurde[8]. Die

Begleitumstände der Auftragserteilung und der Vermittlung durch die Kaufleute waren vermutlich von Fall zu Fall ganz unterschiedlich. Man denke nur an van Eycks Bild *Der Heilige Franziskus empfängt die Stigmata,* das er für Anselmo Adorno[9] gemalt hat. Dieser ließ, da er zwei Töchter hatte, eine Kopie des Bildes anfertigen, und zwar wohl nicht durch van Eyck selbst, sondern durch einen seiner Gehilfen, und vermachte dann testamentarisch seinen Töchtern die beiden Bilder (die sich heute in Turin beziehungsweise in Philadelphia befinden).

Sicher ist es kein Zufall, wenn sich allein für Florenz über das ganze 15. Jahrhundert hinweg eine Vielzahl von Aufträgen nachweisen läßt für Bilder, die großenteils von adeligen Familien für ihre Hauskapellen erworben wurden. Florenz war beispielsweise der Bestimmungsort des von Angelo Tani in Auftrag gegebenen Triptychons von Memling *Das Jüngste Gericht,* das 1473 auf ein nach Italien abgehendes Schiff geladen wurde, dann aber vor der Küste Danzigs in die Hände von Piraten fiel. Im Gegensatz dazu langte das von Tommaso Portinari für die Chiesa dell'Ospedale von Santa Maria Novella bei Hugo van der Goes in Auftrag gegebene berühmte Triptychon *Geburt Christi* im Jahre 1483 unbeschadet in Florenz an.

Es bedarf wohl keiner weiteren Beispiele; von Interesse ist sicher die daraus zu ziehende Schlußfolgerung. Bereits in den vierziger Jahren, also schon zu einem verhältnismäßig frühen Zeitpunkt, wußten viele Italiener in Flandern und in Italien flämische Bilder zu schätzen oder besaßen gar selbst welche, so daß man geradezu von einer um sich greifenden Sammelleidenschaft sprechen kann, die den Werken flämischer Maler galt. Noch aufschlußreicher ist in diesem Zusammenhang die aktive Rolle, welche die Kaufmannschaft bei ihrer Vermittlertätigkeit zwischen den Meistern der neuen flämischen Malerei und ihren adligen Auftraggebern spielte.

Der Fall der beiden van Eyckschen Werke *Triptychon Lomellino* und *Der Heilige Georg mit dem Drachen,* die König Alfons von Aragonien beide 1444-1445 erwarb, und zwar das eine von Lomellino, das andere über den Kunsthandel, scheint mir besonders kennzeichnend. Von Alfons von Aragonien wissen wir, daß er schon vor seiner Übernahme des Königreichs Neapel in seiner spanischen Heimat großes Interesse für die flämische Malerei gezeigt hatte: Bereits im Jahre 1431 schickte er den Maler Luis Dalmau nach Flandern, damit er sich dort mit der Maltechnik vertraut mache. Es ist nicht auszuschließen, daß König Alfons Gelegenheit hatte, van Eyck persönlich kennenzulernen, als dieser 1427 mit der burgundischen Gesandtschaft nach Valencia gekommen war[10]. In Neapel fand König Alfons dann ein für diese Neigungen sehr günstiges geistig-kulturelles Klima vor. Noch war die kulturelle Blüte in lebendiger Erinnerung, welche die kurze Herrschaftszeit des unglückseligen René von Anjou (1438-1442) gekennzeichnet hatte, jenes vielseitig gebildeten Monarchen und profunden Kenners aller neuen Entwicklungen auf dem Gebiet der Malerei jenseits der Alpen. René hatte vermutlich Gelegenheit zu direkten und intensiven Kontakten mit van Eyck, als dieser 1433 im Herzogspalast zu Brüssel tätig war, wo sich auch König René als „Gefangener" seines Cousins befand[11].

Diesen besonderen historischen Umständen ist es zuzuschreiben, daß an keinem der übrigen italienischen Höfe die Sammelleidenschaft so groß war wie in *Neapel,* wo sich zahlreiche Werke von Jan van Eyck und Rogier van der Weyden im Besitz adeliger Familien befanden. Ungefähr zur gleichen Zeit, genauer gesagt im Jahre 1449, besaß Lionello d'Este ein Triptychon von Rogier van der Weyden, wie uns aus genauen Beschreibungen bekannt ist, die von Cyriacus von Ancona und Facius überliefert sind[12].

Am Hofe Giovanni Sforzas zu Pesaro befanden sich, wie aus einem 1500 erstellten Verzeichnis hervorgeht, einige Werke von Rogier van der Weyden, die einen Brand überdauert hatten, und zwar: „una tavoletta di Cristo in croce cum li paesi di man di

Ruggeri", ein Porträt Alessandro Sforzas und eines von Johann von Burgund[13].

Angesichts der wenigen zuverlässigen Quellen wäre die Schlußfolgerung vermessen, die Mehrzahl der „ab antiquo" in Italien befindlichen Bilder von Rogier van der Weyden seien von adeligen Familien für ihre Gemäldesammlungen erworben worden, beziehungsweise bei Hofe habe das Interesse in erster Linie der Malerei Rogiers gegolten, die einen aristokratische Geist und sentimentales Pathos ausstrahlte. Möglicherweise erkannten schon die Zeitgenossen die tiefgreifenden Unterschiede in der Persönlichkeit beider Maler, die von Friedländer ganz lapidar so gekennzeichnet wurde: „Jan van Eyck ist ein Entdecker, Rogier ein Erfinder". Einerseits haben wir es also bei van Eyck mit dem unermüdlichen Streben nach Erfassung jedes auch noch so geringfügigen Details der belebten Welt zu tun, andererseits mit dem entschiedenen Willen Rogiers, die formalen Aspekte der Wirklichkeit in immer neuen, vielseitigen und überraschenden Konfigurationen wiederzugeben, die Intensität des Gefühls durch die reine Form eines akribisch wiedergegebenen Faltenwurfes zum Ausdruck zu bringen, durch die kristallene Reinheit einer Träne, durch die rhythmische Komposition einer bewegten Menge. Mit Sicherheit kann man jedoch sagen, daß Rogier nicht zuletzt aufgrund seiner 1450 nach Italien unternommenen Reise in Ferrara, Neapel, Urbino und Mailand durchaus kein Unbekannter bei Hofe war. Aus Mailand wurde 1460 der Hofmaler Zanetto Bugatto entsandt, um sich in der Werkstatt Rogiers weiterzubilden; von Bianca von Savoyen wurde ihm ein überaus ehrerbietiges Schreiben an den Maler mitgegeben.

Diese recht spärlichen Nachrichten, die uns über die ersten Kontakte Italiens mit der flämischen Malerei überliefert sind, stellen allerdings nur vage Hinweise auf ein Phänomen dar, das zweifellos von erheblicher Bedeutung gewesen sein dürfte. Es ist jedoch interessant, daß die ältesten und bedeutendsten Nachrichten von Zeitgenossen stammen, die an

SCHWEIZERISCHE
EIDGENOSSENSCHAFT

HERRSCHAFTSBEREICH
DER HABSBURGER

HERZOGTUM
SAVOYEN

HERZOGTUM
MAILAND

FRIAUL

DOGAT

Mailand

TERRAFERMA

DAUPHINÉ

Turin

GONZAGA

Venedig

Padua

DAUPHINÉ

Ferrara

ESTE

REPUBLIK
GENUA

Genua

Pesaro

PROVENCE

Lucca

Florenz

Urbino

REPUBLIK FLORENZ

REPUBLIK SIENA

KIRCHENSTAAT

KÖNIGREICH
NEAPEL

Neapel

Palermo

KÖNIGREICH
SIZILIEN

● Van Eyck

○ Rogier van der Weyden

■ Petrus Christus

□ Memling

◆ David

◇ Justus van Gent

▼ Van der Goes

▲ Andere Meister

Hinweis:
Es sind ausschließlich die aufgrund der historischen Quellen
im 15. und 16. Jahrhundert in Italien vorhandenen flämischen Meisterwerke verzeichnet.
Ein kleines Zeichen bedeutet jeweils ein einzelnes Werk,
ein großes mehrere eines Künstlers.

Übersichtskarte der in Italien im 15. Jahrhundert nachweisbaren flämischen Bilder

den italienischen Höfen verkehrten und humanistischen Kreisen zuzurechnen sind. Es ist ein eigentümlicher Umstand, daß die allerersten Schriftzeugnisse, die wir überhaupt über die Malerei von Jan van Eyck und Rogier van der Weyden besitzen, aus italienischer Quelle stammen, daß also ein Phänomen wie die flämische Malerei, die eine so große Kluft zur klassischen Tradition aufweist, von italienischen Humanisten nach humanistischer Gepflogenheit in Lobeshymnen gepriesen wurde, und zwar anhand der von den klassischen Schriftstellern, allen voran Plinius, übernommenen ästhetischen Maßstäbe und Kriterien. Eine derartige Ungereimtheit läßt sich allenfalls damit erklären, daß sich die Verfasser dieser Lobeshymnen entweder am Geschmack der Fürsten und an deren humanistischen Neigungen orientierten, oder daß sie vielleicht sogar von den Fürsten selbst dazu aufgefordert wurden, die Werke der Flamen zu verherrlichen.

Im Hinblick auf den besonders interessanten und vielzitierten Fall des Bartholomaeus Facius[14] scheint die von Baxandall aufgestellte Hypothese einleuchtend, der kleine Band *De viris illustribus,* der unter anderem eine Biographie van Eycks und Rogiers enthält, sei vor dem Hintergrund der von König Alfons von Aragonien eingeführten „Leseabende" zu sehen, zu denen er seinen Hofstaat um sich versammelte, um Werke der Literatur zu lesen und zu besprechen. Es empfiehlt sich, nicht nur die Biographie der beiden Künstler durchzulesen, sondern den ganzen Band, insbesondere die methodischen Vorbemerkungen.

Aufschlußreich scheinen mir beispielsweise die an Horaz gemahnenden Passagen, in denen der Autor, ein Schüler Guarinos, auf die zwischen der Poesie und der Malerei bestehenden Parallelen hinweist. Desgleichen ein Satz am Anfang jenes Abschnittes, der den Malern gewidmet ist, in dem Facius – in Anlehnung an Plutarch – erklärt, es wäre eigentlich eher angebracht gewesen, die Maler erst nach den Poeten abzuhandeln: „... neque enim est aliud pic-

tura quam poema tacitum"[15], da es sich bei der Malerei lediglich um eine Poesie ohne Worte handele; beiden, der Malerei wie auch der Poesie seien die „inventio" und die „dispositio", jene beiden Figuren der klassischen Rhetorik, gemein.

Kennzeichnend für einen guten Maler ist es, so fährt Facius fort, daß er „die Eigenheiten der Dinge so darstellt, wie sie in der Realität in Erscheinung treten" („in rerum ipsarum proprietatibus effigandis"); und wenn diese „res ipsae" auch an die klassische Bedeutung von „Wahrheit" anknüpfen, so lassen sie sich doch im Kontext betrachtet ebenso gut auf die objektive Wiedergabe der Wirklichkeit in der flämischen Malerei beziehen. Der folgende Satz, in dem es heißt, ein guter Maler sehe sich, wenn sein Bild lebendig wirken soll, vor die Notwendigkeit und zugleich Schwierigkeit gestellt, Gefühle und Empfindungen wiederzugeben („interiores sensus ac motus"), scheint ebenfalls, obschon auf die *Imagines* des Philostratos[16] bezogen, sehr gut für Rogiers Hang zum Pathetischen zu passen.

Wenn Facius äußert, er wolle nur über Dinge sprechen, die er selbst gesehen und kennengelernt habe, so wird verständlich, warum die Liste der als „berühmt" erachteten Maler nur vier Namen umfaßt, nämlich die der beiden Flamen van Eyck und Rogier sowie der beiden Italiener Pisanello und Gentile da Fabriano. Dabei ist jedoch folgendes zu bedenken: Daß Pisanello erwähnt wird, hängt unter anderem damit zusammen, daß er damals (1449) gerade am Hofe von König Alfons von Aragon weilte und dort einen tiefen Eindruck hinterließ; Gentile dagegen wird vermutlich deshalb aufgeführt, weil Pisanello ihm große Bewunderung entgegenbrachte. Wichtig scheint uns der Hinweis zu sein, daß beide Maler jener kurzen, bahnbrechenden Übergangsphase zwischen der alten und der neuen Epoche zuzurechnen sind, zwischen mikrographisch genauer Wiedergabe der Realität und ritterlichen und feudalen Motiven, die im Falle Gentiles in raffinierter Weise durch zarte Lichtgebung, im Falle

Auf der vorhergehenden Seite:
24. Meister von Ste. Gudule, *Madonna mit Kind, Stifter und hl. Magdalena* (Ausblick).
Lüttich, Diözesan-Museum
25. Rogier van der Weyden, *Jean Wauquelin überreicht Philipp dem Guten die Übersetzung der Chronik von Hennegau.*
Miniatur des Ms. 9242, fol. 1ʳ, Brüssel, Bibliothèque Royale

26. Fra Angelico, *Grablegung.* München, Alte Pinakothek

27.   Rogier van der Weyden, *Grablegung.* Florenz, Uffizien

28. Fra Angelico, *Verspottung Christi*. Florenz, Museum von S. Marco

29. Rogier van der Weyden, *Madonna mit Kind und vier Heiligen.* Frankfurt a. M., Städelsches Kunstinstitut

30. Rogier van der Weyden, *Kreuzigung.* Escorial, Nuevos Museos
31. Fra Angelico, *Dornengekrönter Christus.* Livorno, Museo Civico
Auf Seite 64:
32. Rogier van der Weyden, *Dornengekrönter Christus,* (Rückseite eines weibl. Bildnisses).
London, National Gallery

Pisanellos durch eine jede Einzelheit erfassende Linienführung in Erscheinung trat. Einmal abgesehen davon, daß Pisanello wohl Werke flämischer Meister aus eigener Anschauung gekannt haben muß[17], bleibt festzustellen, daß in dem Buch von Facius der Eindruck vermittelt wird, als ob sich die Malerei in Italien gegenüber derjenigen der Toskana um 1450 grundlegend verändert habe, und daß der Süden des Landes, insbesondere Neapel (das gewisse Beziehungen zu Ferrara unterhielt) zu einem ganz und gar anderen, „nordischen" Kulturkreis zuzurechnen gewesen sei und in nichts mehr an die Renaissance erinnerte.

Nach diesen, wie mir scheint wichtigen Anmerkungen zum geistig-kulturellen Hintergrund jener Abhandlung des Bartholomaeus Facius über die „Illustren Männer", ist nochmals mit Nachdruck darauf hinzuweisen, welche Bedeutung seinen Aussagen in Anbetracht der Tatsache zukommt, daß er diese inzwischen verlorengegangenen Werke mit eigenen Augen gesehen hat. Überdies haben wir es Facius zu verdanken, daß wir uns eine Vorstellung davon machen können, wie die flämischen Bilder damals beurteilt wurden und warum sie eine derart große Resonanz fanden.

Im Hinblick auf „Johannes Gallicus" (van Eyck) ist es vor allem interessant, daß Facius besonders dessen genaue Kenntnis der Farbentechnik hervorhebt; auch wenn er diese nach humanistischer Art auf Plinius zurückführt, trifft er damit doch den Kern der für van Eyck typischen Malweise. Und hier zeigt es sich, daß Facius bei den Bildern, die ihm zu Gesicht gekommen sind, mit sicherem Blick die raffinierten optischen Ausdrucksmittel erkennt, die er an van Eycks Bildern so sehr schätzt: Etwa den Lichtstrahl, der die Gesichter des Ehepaars Lomellino zum Leuchten bringt, oder, in dem Bild *Badende Frauen* den milden Schein der Laterne, die Transparenz der Haut, den Spiegel, der die Szene von hinten wiedergibt[18]. Ein weiterer Grund für die Faszination des Facius liegt in der überwältigenden Klarheit, mit der

selbst entfernte Details der sich am Horizont verlierenden Landschaften dargestellt sind. Ebenfalls in Bezug auf die *Badenden Frauen* weist er voller Bewunderung hin auf die „winzigen menschlichen Gestalten, die Berge, Haine, Weiler und Burgen, die so gekonnt wiedergeben sind, daß man meinen könnte, sie lägen fünfzigtausend Schritt voneinander entfernt". Mit diesen beiden Charakterisierungen trifft Facius genau das, was das eigentlich Neue der flämischen Malerei ausmacht, nämlich die wunderbare Intensivierung der Wirklichkeit, die wesentlich durch das Leuchten der Oberflächen erreicht wird.

Auch in dem Abschnitt über Rogier („Rogerius Gallicus") stellt Facius seinen Scharfblick unter Beweis: Er verweist auf Rogiers treffliche Wiedergabe der Gefühle, welche zum Beispiel in der vielsagenden Mimik der jungen Männer zum Ausdruck kommen, die heimlich eine aus dem Bade steigende Frau beobachten[19], vor allem aber in dem vom Schmerz gezeichneten Gesicht der Muttergottes in der Szene der *Grablegung*[20], die er in den Gemächern des Fürsten von Ferrara bewundert hatte. Zu der Madonna merkte Facius treffend an: sie „wahrt ihre Würde im Strom der Tränen". Ferner verweist er auf die verschiedenen Reaktionen auf den Schmerz in den *Passionsszenen* der Bildteppiche im Palast zu Neapel.

Meiner Meinung nach hat die Klassik Facius durchaus ein brauchbares Instrumentarium und den erforderlichen Wortschatz an die Hand gegeben, die ihn in die Lage versetzten, fundierte Kritik zu üben und seine Eindrücke in außerordentlich lebhafter und persönlicher Weise zu schildern. Welchen Einfluß seine Biographie der beiden großen flämischen Maler im folgenden auf die Kunstliteratur ausüben sollte, läßt sich zum einen daran ablesen, daß sogar die darin enthaltenen Fehlinformationen weiterüberliefert wurden, etwa diejenige, Rogier sei ein Schüler van Eycks gewesen, zum anderen aber auch daran, welches Gewicht im folgenden in der Kunstgeschichte der erstmals von Facius erwähnten Tatsache beigemessen wurde, van Eyck habe sich intensiv mit den Eigenschaften der Farben befaßt, ein Faktum, dem im Lichte der jüngsten Untersuchungen eine wesentliche Rolle zukommt.

Um die Bedeutung der Äußerungen des Facius voll ermessen zu können, sei schließlich noch auf das Urteil und die Kommentare verwiesen, die Cyriacus von Ancona über Rogiers *Grablegung* abgegeben hat, die er am 8. Juli 1449 in Augenschein genommen hat, nachdem auch Facius sie kurze Zeit zuvor gesehen hatte. Die große Bewunderung verratende Schilderung der Stoffe und Juwelen, obgleich sie von einem passionierten Antiquitätensammler und weitgereisten Mann wie Cyriacus stammt, vermag uns dennoch nur einen Eindruck von der Oberfläche dieses Bildes zu vermitteln, nicht aber von seinem Wesen, und auch der pathetische Unterton Rogiers wird als „Wahrhaftigkeit des Gefühls" gedeutet, anders also als bei Facius, jedoch ebenfalls nach klassischem Muster.

Cyriacus von Ancona vermittelt uns zwar eine recht interessante Vorstellung, welchen Einfluß Rogier seinerzeit in Ferrara auf seine Umgebung ausgeübt hat, und insbesondere davon, inwieweit die berühmte, geradezu mystische Technik der Ölmalerei von dem in Belfiore tätigen, aus Siena stammenden Maler Angelo Maccagnino übernommen wurde (dies ist vor allem insofern von großem Interesse, als damit belegt wird, daß Ferrara möglicherweise schon zu einem so frühen Zeitpunkt unter flämischem Einfluß stand). Anhand jener Werke, die man bisher Maccagnino zuschrieb, beziehungsweise derjenigen Gruppe von Malern, die mit der 1447 begonnenen Ausschmückung des Studio di Belfiore befaßt waren, läßt sich dies jedoch schwerlich belegen[21]. Ungeachtet der Tatsache, daß sich ein so bedeutendes Werk von Rogier in Ferrara befand, wie die *Grablegung,* und trotz der Angaben des Cyriacus kann man nicht davon ausgehen, wie teilweise vermutet wurde, daß die Situation in Neapel mit derje-

nigen in Ferrara vergleichbar sei und es hinsichtlich der flämischen Einflüsse auf die jeweilige Malerschule eine gewisse Parallelität gegeben habe[22].

In seinem *Trattato di architettura* (1461-1464) kommt Filarete[23] auch auf die Ölmalerei zu sprechen und weist darauf hin, in welch vollendeter Weise sie durch van Eyck und Rogier gehandhabt wird. Im Laufe der Zeit allerdings entwickelte sie sich zu einer bloßen Technik und verlor damit jenen geheimnisvollen Zauber, der für die Werke der flämischen Meister kennzeichnend gewesen war. Dies klang auch in der zweiten Ausgabe der *Vite* von Vasari an, wo die Lebensgeschichte des Malers Antonello da Messina fast im Stile eines Romans geschildert wurde.

Diese zwar fragmentarischen, aber dennoch recht interessanten Passagen aus verschiedenen historischen Quellen vermitteln uns einen Einblick in die Situation der fünfziger Jahre des 15. Jahrhunderts und bestätigen die Vermutung, daß die flämische Malerei sich damals allgemeiner Beliebtheit erfreute und in gebildeten Kreisen als die große Errungenschaft jener Zeit angesehen wurde. Diese Situation, die sich anhand der Quellen und der an die Maler ergangenen Aufträge rekonstruieren läßt, ist noch durch ein drittes Faktum gekennzeichnet, das ebenfalls nur ansatzweise bekannt ist, aber kaum eine geringere Rolle spielt: gemeint ist der Aufenthalt flämischer Maler in Italien.

Daß van Eyck eine Reise nach Italien unternommen hat, ist zwar durch Quellen nicht sicher belegt, wird aber als zumindest recht wahrscheinlich angesehen. Wie neuere Untersuchungen zu diesem Thema ergeben haben[24], gibt es im Leben van Eycks immer wieder vereinzelte Hinweise auf geheime und wichtige Reisen, einmal abgesehen von den bekannten, nach Portugal und nach Spanien unternommenen Reisen. Mindestens eine der nicht sicher belegten Reisen muß ihn ins Heilige Land und auf dem Wege dorthin durch Italien geführt haben. So datiert aus dem Jahre 1425 ein Hinweis auf einen „certain pélérinage" und auf einen „certain loyntain voyage secret".

66

Nach Auffassung Sterlings stellen die am Horizont erkennbaren schneebedeckten Berge auf der im New Yorker Metropolitan Museum befindlichen *Kreuzigung* einen Beweis für eine auf der Reise nach Italien unternommene Alpenüberquerung dar, während in dem Bild *Der Heilige Franziskus empfängt die Stigmata* die abgebildeten Felsen an den Monte della Verna in Umbrien erinnern. Schon seit langem nimmt man an, daß auch die mediterran anmutende Vegetation mit Zypressen und Orangenbäumen in der *Anbetung des Lammes* van Eyck von Italien her bekannt gewesen sein könnte; allerdings wirkt sie dort nicht so geschlossen, wie die Verna- oder die Alpenlandschaft.

Die Frage, ob van Eyck Italien tatsächlich auf einer seiner Reisen kennengelernt hat, wäre an sich nicht mehr als ein nicht uninteressantes Detail seiner Lebensgeschichte. Die eigentlich entscheidende Frage ist allerdings, ob er in irgendeiner Weise von jener Malerei beeinflußt worden ist, die er bei einer derartigen Italienreise zu Gesicht bekommen hätte. Wie schon erwähnt, weist nach Auffassung von Meiss[25] das *Bildnis eines Mannes mit Turban* in der National Gallery in London in der frappierenden Dreidimensionalität des Turbans eine ans Unwirkliche grenzende Plastizität auf, ebenso wie die „mazzocchi" bei Paolo Uccello. Ferner sieht Meiss in dem aus dem Bild herausweisenden Fuß des Adam im Polyptychon von Gent eine Anlehnung an das für Masaccio typische „sott'in su". Sterling wiederum sieht Parallelen zwischen dem Tafelbild *Anbetung der Könige* von Gentile da Fabriano und den Propheten und Sibyllen des Triptychons von Gent; außerdem führt er die Angewohnheit van Eycks, seine Gemälde zu signieren und zu datieren, ebenfalls auf Gentile da Fabriano zurück[26].

Zweifellos ist jede dieser Hypothesen recht interessant. Allerdings erscheinen sie wenig überzeugend angesichts der unglaublich umfassenden Kenntnisse van Eycks, aufgrund derer seine Werke eine so wunderbare Kohärenz und Geschlossenheit auf-

weisen, daß man geradezu von einem von ihm entwickelten „Universum der Malerei" sprechen kann; entsprechendes gilt auch für Masaccio. Das eine oder andere Detail vermag an dieser in sich geschlossenen Welt der Malerei nichts zu verändern. Man kann also sagen, daß die Italienreise, die ich ebenfalls für wahrscheinlich halte, praktisch keine Spuren hinterlassen hat, und daß van Eyck, wenn überhaupt, wohl eher Gelegenheit hatte, sich mit dem Oeuvre Gentiles auseinanderzusetzen, als mit demjenigen Masaccios (wie ja auch Facius indirekt zu verstehen gibt), also mit dem eines Künstlers des alten, „internationalen" Stils, der ein ausgeprägtes Empfinden für die Wirkungen des Lichts besaß.

Ähnliches läßt sich auch bezüglich der Malerei Rogiers sagen, die freilich in jeder Hinsicht eine noch größere Distanz zur italienischen Frührenaissance aufweist. Dennoch liegt hier der Fall anders, und zwar insofern, als uns sichere Kunde über seine Reise nach Italien anläßlich des Jubeljahres von 1450 vorliegt (Facius, Cyriacus), aber auch insofern, als einige Werke Rogiers mit Sicherheit durch die italienische Malerei inspiriert wurden. Nicht zu vergessen ist jedoch, daß Rogier zu jener Zeit bereits den Nachweis erbracht hatte, ein genialer Künstler mit einem gewissen Hang zum Pathos zu sein. Davon zeugt zum einen die berühmte *Kreuzabnahme* von 1435, die sich heute im Prado befindet (die Figuren dieses gigantischen Reliquiars erwecken den Eindruck eines wunderschön gestalteten Hochreliefs), zum anderen das sogenannte *Miraflores-Triptychon* (Granada – New York), wo die psychologisch einfühlsame Darstellung der Empfindungen noch stärker in Erscheinung tritt und fast an der Grenze zur Neurose liegt.

Über die einzelnen Etappen der möglicherweise nur kurzen Italienreise Rogiers ist uns nichts bekannt. Von *Rom,* dem Ziel dieser Reise, einmal abgesehen, hat von jeher ein Aufenthalt in *Ferrara* als sicher gegolten. So gibt es beispielsweise ein von Cavalcaselle[27] publiziertes Dokument, bei dem es sich um eine von Lionello d'Este ausgestellte Zahlungsanweisung für Rogier handelt, die 1450 eingelöst wurde. Die Kunsthistoriker gehen davon aus, daß die Zahlungsanweisung mit der mehrfach erwähnten *Kreuzabnahme* in Zusammenhang steht. Ob Lionello d'Este dieses Bild wohl in Flandern in Auftrag gegeben und Rogier es vielleicht persönlich nach Ferrara gebracht hat? Die zentrale Frage bleibt jedoch nach wie vor, ob und inwieweit sich in den nach Rogiers Italienreise geschaffenen Werken Anregungen der italienischen Malerei jener Jahre nachweisen lassen.

Schon seit langer Zeit wird allgemein angenommen, daß zwei Werke Rogiers von italienischen Vorbildern inspiriert worden sind: Die *Grablegung* (Abb. 27) aus den Uffizien und die ursprünglich aus Pisa stammende *Madonna mit Kind und vier Heiligen* (Abb. 29) im Städelschen Kunstinstitut in Frankfurt. Das Werk, das Rogier zu seiner *Grablegung* (Abb. 26) in den Uffizien inspiriert hat, ist offensichtlich das Mittelteil der Predella des Altars von San Marco, das sich heute in der Alten Pinakothek in München befindet und vermutlich 1443 anläßlich der Konsekration des Hauptaltars von San Marco gemalt wurde. Besonders bei der rechteckigen Öffnung zur Grabkammer handelt es sich offensichtlich um ein exakt der Vorlage entnommenes „Zitat".

In den genannten Fällen scheint mir jedoch die bloße ikonographische Ableitung von rein philologischem Interesse zu sein. Wesentlich aussagekräftiger ist meiner Meinung nach die Art und Weise, wie Fra Angelico von Rogier gesehen wurde und wie dieser sein Vorbild umgesetzt, ja geradezu umgewandelt hat. So wird etwa die streng zentral und symmetrisch aufgebaute Vorlage Fra Angelicos in leicht abgewandelter Form wiedergegeben. Die wie für eine perspektivische Studie schräg hingelegte Grabplatte verlagert den Bildaufbau auf eine diagonale Achse, die sich ausgehend von der Magdalena bis zum Heiligen Johannes erstreckt. Die für Rogier ganz typische Figur der Magdalena, auf die man von

schräg oben herabblickt, ist in einer Körperhaltung dargestellt, deren Drehung nicht der plastischen Wiedergabe der Realität zu dienen scheint, sondern der eindrucksvollen Drapierung. Hier ist nichts mehr zu spüren von dem Schmerz, der in den in sich gekehrten, weinenden Gesichtern bei Fra Angelico zum Ausdruck kommt, und auch nichts mehr von der Frische der Landschaft, die bei Rogier nur als eine von den Figuren losgelöste Kulisse in Erscheinung tritt.

Schwieriger ist der Nachweis eines italienischen Vorbildes für die *Madonna mit dem Kind und vier Heiligen* (Abb. 29) zu erbringen (es handelt sich dabei um die Heiligen Petrus, Johannes den Täufer sowie Cosmas und Damian). Dieses Bild wird wegen des am unteren Bildrand in der Mitte abgebildeten florentinischen Lilienwappens auch als *Medici-Madonna* bezeichnet. Abgesehen von einigen ganz offensichtlich flämischen Eigenheiten, etwa dem baldachinartigen Rundzelt, das an den Meister von Flémalle erinnert, ist die Gruppierung der etwas unsicher und steif wirkenden Figuren um die Madonna herum, gemäß einer ikonographischen Tradition, die in Italien als *Sacra Conversazione* bezeichnet wird, für einen flämischen Maler jedoch etwas ganz und gar Ungewöhnliches. Ohne auf die zahlreichen Ambiguitäten und gewollten Abweichungen von der Vorlage näher eingehen zu wollen – beispielsweise die fast pyramidenförmige Anordnung der Figuren, in der sich die Form des Zeltes wiederholt, oder die typisch italienischen Heiligen Cosmas und Damian, die hier flämisch gekleidet erscheinen – stellt sich die Frage, welches italienische Vorbild Rogier wohl gehabt haben mag, und ob es sich dabei um ein konkretes Bild oder um eine allgemeine Orientierung an der italienischen Malerei gehandelt hat.

Nach Meinung Panofskys[28] könnte es sich im Falle einer konkreten Vorlage um den *Altar von Santa Lucia in Magnoli* von Domenico Veneziano (Uffizien, Abb. 122) gehandelt haben, der damals seit we-

33. Fra Angelico, *Annalena-Altar.* Florenz, Museum von San Marco.

nigen Jahren in der kleinen florentinischen Kirche zu sehen war und als große Neuerung nicht mehr die Form eines Polyptychons aufwies. Bei dem Altarbild Rogiers fehlt allerdings am Bildaufbau das, was für Domenico typisch ist, nämlich die eindeutige Zuordnung von Figuren und Architekturelementen. Ich frage mich daher, ob ungeachtet der flämischen Detailfreudigkeit, die sicherlich für Rogier in-teressant gewesen sein mag, nicht mit ebenso groß-er Wahrscheinlichkeit Fra Angelico als Vorbild in Frage kommen könnte.

Ich denke an die zahlreichen Altarbilder Fra Ange-licos mit einer thronenden Madonna und um sie ver-sammelten Heiligen, darunter eben auch Cosmas und Damian[29], und insbesondere an den sogenann-ten *Annalena-Altar* (Abb. 33) im Museum von San

Marco. Natürlich läßt nicht nur die Tatsache, daß Rogier florentinische Heilige darstellt, an Fra Angelico denken, sondern auch die nicht zu übersehenden Parallelen zwischen der Welt des Fra Angelico und derjenigen der Flamen, auf die ja bereits hingewiesen wurde; ein interessantes Indiz hierfür stellt der Grasteppich dar, auf dem die Figuren des Annalena-Altars beziehungsweise des Medici-Altars stehen.

Außer für diese beiden seit längerem bekannten Fällen wurde in neuerer Zeit noch für weitere Werke Rogiers eine italienische Vorlage, genauer gesagt ein von Fra Angelico stammendes Vorbild angenommen, nämlich für die beiden Darstellungen der *Kreuzigung,* (Abb. 30) von Rogier im Escorial (Nuevos Museos) und im Museum von Philadelphia. Eben weil hier die Parallelen weniger augenfällig sind und beide Bilder eigentlich ausgesprochen typisch für Rogier wirken, ist die Untersuchung von Howell Jolly besonders interessant, weil die Autorin darin zu dem Schluß kommt, daß für diese beiden Bilder von einer Vorlage Fra Angelicos auszugehen ist[30].

Sie weist auf das in beiden Bildern vorkommende Detail des hinter Christus von der Mauer herabhängenden Tuches hin, vor allem aber auf die Qualität der Farbgebung, die für Rogier ganz und gar außergewöhnlich ist: Statt der sonst üblichen kräftigen Farben zeichnen sich die beiden Kreuzigungsszenen Rogiers durch zarte Farbtöne aus, durch die fast in Grisaille wiedergegebenen Figuren, durch die in blaßrosa und zartblauen Tönen gehaltenen Stoffe. Nur das kräftigere Rot des von der Mauer herabhängenden, fast liturgisch anmutenden Tuches hebt sich von den sonst verwendeten gedeckten Farben ab. Ähnlich verhält es sich mit der Interpretation des Themas: Die Szene weist keine Handlung auf, sie wirkt zeit- und regungslos, die isoliert dastehenden Figuren strahlen eine Atmosphäre der Kontemplation aus, ähnlich wie dies auch bei den Fresken Fra Angelicos im Kloster San Marco und vor allem bei der *Verspottung Christi* (Abb. 28) der Fall ist.

Den genannten italienisch beeinflußten Werken Rogiers möchte ich nun ein weiteres hinzufügen, das ebenfalls auf Fra Angelico zu verweisen scheint: Ich denke an das wunderbare kleine Tafelbild *Dornengekrönter Christus* (Abb. 31) im Museum von Livorno, das an den *Dornengekrönten Christus* erinnert, der von Rogier auf die Rückseite des *Weiblichen Bildnisses* (London, National Gallery, Abb. 32) gemalt wurde und leider stark beschädigt, aber dennoch erkennbar ist. Nicht nur im Gesamtwerk Rogiers, sondern in der gesamten flämischen Malerei ist der Gesichtsausdruck dieses leidenden Christus wahrhaft einzigartig, und zwar gerade aufgrund des Verzichts auf jegliche formale Analyse; im Gegensatz dazu lassen paradoxerweise die Analyse des Schmerzes Christi, das geronnene Blut, die Tränen und die spitzen Dornen bei Fra Angelico dessen Christus wesentlich „nordischer" erscheinen. Hinzu kommt noch die Tatsache, daß Rogier eine ganz und gar italienische Form des mit einem Kreuz versehenen, goldenen Heiligenscheins verwendet. Zu Recht hat Longhi, der bereits im Jahre 1928 diesen Christus von Fra Angelico publizierte, darauf hingewiesen, daß Fra Angelico damit möglicherweise irgendein Vorbild des Petrus Christus aufgegriffen haben könnte[31].

Was jedoch das Bild des *Dornengekrönten Christus* von Fra Angelico noch rätselhafter erscheinen läßt, ist der Rückgriff auf eine in der Tat ausgesprochen flämische Ikonographie, in der die Darstellung eines majestätisch wirkenden Christus als Brustbild verbunden wird mit der Darstellung des leidenden Christus, ein ikonographisches Mittel, das von Petrus Christus eben in jenem heute im Metropolitan Museum befindlichen *Dornengekrönten Christus* (Abb. 57) eingesetzt wird. Die Datierung des Christus von Fra Angelico um das Jahr 1438, der somit zeitlich eindeutig vor Petrus Christus einzuordnen wäre, läßt es allerdings eher plausibel erscheinen, daß Rogier das Bild des Fra Angelico zu Gesicht bekommen und es dann in seiner Erinnerung bewahrt hat.

Schließlich sei noch an die große Bewunderung Rogiers erinnert, die dieser für die heute nicht mehr erhaltenen Fresken in San Giovanni in Laterno des Gentile da Fabriano hegte, den er für den größten italienischen Maler hielt. Dieser von Facius übermittelte Umstand bestätigt die geistige Verwandtschaft zwischen dem Werk Gentiles und der flämischen Malerei, auf die wir bereits hingewiesen haben. Desgleichen bestätigen die Anleihen Rogiers bei Werken Fra Angelicos, die vielleicht auf dessen tiefempfundene *pietas* zurückzuführen sind, daß Fra Angelico für einen Flamen wohl interessanter und leichter zugänglich war, als etwa Masaccio.

Was schließlich die stilistische Verfeinerung und allgemein die italienischen Anklänge angeht, die einigen Kunsthistorikern zufolge, darunter auch Panofsky, in den nach der Rückkehr Rogiers aus Italien entstandenen Werken erkennbar sind, scheinen mir hierfür nicht genügend Anhaltspunkte vorzuliegen[32]. In seinen späten Werken weicht Rogier nämlich nicht wesentlich von der für ihn charakteristischen strengen stilistischen Kohärenz ab, die freilich fast schon an Formalismus grenzt.

Worauf wir zu Ende dieser Ausführungen über Rogier van der Weyden und Italien besonders hinweisen möchten, ist die historische Rolle, die Rogier in der ersten Phase der Beziehungen zwischen Italien und Flandern gespielt hat. Dies nicht nur deshalb, weil die Zahl der Werke Rogiers, die sich „ab antiquo" in Italien befanden, beziehungsweise von Italienern in Flandern in Auftrag gegeben worden waren, nur wenig niedriger liegt als bei van Eyck, sondern weil die Ausstrahlung der ikonographischen Motive Rogiers, seine ernste und strenge Frömmigkeit in abgemilderter Form nicht nur bei Memling weiterwirken sollte, der von den Italienern besonders geschätzt wurde, sondern auch bei van der Goes, der im Florenz des ausgehenden 15. Jahrhunderts ebenfalls eine außerordentlich wichtige Rolle spielte.

Anmerkungen

[1] Siehe vor allem die kürzlich erschienene Monographie von A. Châtelet, *Les primitifs hollandais*, Fribourg 1980.

[2] Zu diesem Thema gibt es nur die umfangreiche Untersuchung von R. De Roover, *Banking and Credit in Medieval Bruges*, Cambridge (Mass.), 1948. Siehe auch: M. Del Treppo, *I mercanti catalani e l'espansione della corona d'Aragona nel sec. XV*, Neapel 1972, sowie von R. Roover, *The Rise and Fall of the Medici Bank (1397-1494)*, Cambridge, Mass., 1963 (it. Übers. *Il Banco Medici dalle origini al declino - 1397-1494*, Florenz 1970).

[3] Diese Art von kommerziellen Beziehungen, die schon fast modern anmuten, bildet offenbar die Grundlage für die Entstehung des französischen Wortes ,bourse' (italienisch ,borsa', deutsch ,Börse'), das von dem Familiennamen van der Bourse abgeleitet ist. Das Haus dieser Familie in Brügge diente den Kaufleuten, von denen viele aus Italien stammten, als Begegnungsstätte. Vgl. die Einleitung zu dem Ausstellungskatalog *Flanders in the Fifteenth Century: Art and Civilization*, Detroit 1960, S. 34.

[4] Anhand von Nachforschungen in alten Archiven konnte Weiss nachweisen, daß kein Michele Giustiniani in Brügge wohnhaft war; allerdings lebten dort während des 15. Jahrhunderts andere Mitglieder dieser Familie (vergleiche R. Weiss, *Jan van Eyck and the Italians*, in: „Italian Studies" XV 1954, S. 2). Die flämische Kleidung Giustinianis deutet nach Auffassung von Weiss jedoch mit Sicherheit darauf hin, daß er in Flandern gelebt hat, wenn auch vielleicht nur für kurze Zeit; der Antrag Giustinianis aus dem Jahre 1430, sich in Genua niederlassen zu dürfen, stellt nach Weiss für die Entstehung dieses Bildes keinen Zeitpunkt ,ante quem' dar.

[5] Die Identifizierung des ,baptista lomelinus' verdanken wir wiederum Weiss, op. cit., *Jan van Eyck . . .* 1954, S. 2-3 und 9-10. Battista di Giorgio Lomellini stammte aus einer genuesischen Familie, die Handelsbeziehungen mit Brügge unterhielt, und er war ein Freund des Facius. Lomellino war ebenso wie Facius Mitglied einer genuesischen Gesandtschaft, die im Jahre 1444 nach Neapel reiste. Bei dieser Gelegenheit muß das Triptychon Lomellino in den Besitz Alfonsos gelangt sein.

[6] In dem kleinen Band *De Viris Illustribus*; vgl. den Text über die kritische Edition von M. Baxandall, *Bartholomaeus Facius on Painting. A Fifteenth century Manuscript of the De Viris Illustribus*, in: "The Journal of the Warburg and Courtauld Institutes", 27 (1964).

[7] Che. E. Panofsky, *Early Netherlandish Painting*, op. cit., I, 129.

[8] R. Weiss, *Jan van Eyck . . .* op. cit., S. 11. Das fragliche Bild wird von Summonte in seinem Brief an Marco Antonio Michiel in allen Einzelheiten beschrieben (vgl. F. Nicolini, *L'arte napoletana del Rinascimento e la lettera di P. Summonte a M. A. Michiel*, Neapel 1925, S. 162). Seit geraumer Zeit gilt das Bild *Der Heilige Georg* von Pedro Nisard als Kopie (vgl. C. R. Post, *A History of Spanish Painting*, Bd. VII, Teil 2, Cambridge, Mass. 1938-46, S. 620). Unlängst wurde von der National Gallery in Washington auf dem englischen Kunstmarkt eine kleine Tafel erworben, auf welcher *Der Heilige Georg mit dem Drachen* abgebildet ist. Friedländer (XIV, 84) hat sie Rogier van der Weyden, Panofsky dem Meister von Flémalle zugeschrieben (S. 425); mehrfach wurde sie jedoch unter dem umstrittenen Namen Hubert van Eycks ausgestellt.

[9] Anselmo Adorno war der typische Bürger, der aus einer genuesischen Familie stammte, aber in Brügge lebte und dort als Sire von Corthuy, Ronsele und Gendbrugge und als Bürgermeister von Brügge im Jahre 1475 eine außerordentlich hohe soziale Stellung innehatte. Das Testament, in dem er letztwillig über die beiden Exemplare des Bildes *Der Heilige Franziskus empfängt die Stigmata* verfügte, unter der Voraussetzung, daß auf den Flügeln sein Bildnis sowie das seiner Frau hinzugefügt wurde (vgl. R. Weiss, *Jan van Eyck*, op. cit., S. 6) stammt aus dem Jahre 1470; die beiden Exemplare befinden sich heute in der Galleria Sabauda in Turin und in der Sammlung Johnson in Philadelphia. Schon Panofsky äußerte Zweifel, ob das Exemplar in Philadelphia wirklich von der Hand van Eycks stammt, und A. Châtelet hat es vor kurzem dem Maler zugeschrieben, der als ,Meister H.' bezeichnet wird und zusammen mit van Eyck am Turiner Stundenbuch mitgearbeitet hat (vgl. Châtelet, *Jan van Eyck*, op. cit., S. 56).

[10] Diese Hinweise finden sich in R. Weiss, Jan van Eyck, op. cit., S. 9.

[11] Über die Rolle, die König René für die neapolitanische Malerschule gespielt hat, siehe den Beitrag von F. Sricchia Santoro, *L'ambiente di formazione di Antonello; la cultura artistica a Napoli negli anni di Renato d'Anjò (1438-1442) e di Alfonso d'Aragona (1443-1458)* im Katalog der Ausstellung über *Antonello da Messina*, Rom 1981, S. 61-71. Über die Figur des König René siehe vor allem O. Pächt, *René d'Anjou Studien*, in: „Jahrbuch der Kunsthist. Samml. in Wien", I. XIX, 1973.

[12] Zu Facius vgl. M. Baxandall, *Bartholomaeus Facius*, op. cit., S. 105. Die Angaben des Cyriacus von Ancona werden von Colucci in *Antichità Picene*, Fermo 1786, S. CXLIII-IV, aufgeführt. Das Triptychon Rogiers wies im Mittelteil die *Kreuzabnahme* und auf den Seitenflügeln vermutlich das Bildnis von Lionello d'Este sowie die Figuren Adam und Eva auf.

[13] Dieser Hinweis findet sich in dem *Inventario de picture e retracti che erano in libraria*, das am 21. Oktober 1500 im Anschluß an einen Brand erstellt wurde, der die Sammlung der Bibliothek des Herzogs von Pesaro, Giovanni Sforza, erheblich dezimiert hatte. Dieses Inventar wurde von A. Vernarecci publiziert unter dem Titel: *La libreria di Giovanni Sforza duca di Pesaro*, in: „Archivio storico per le Marche e per l'Umbria", III (1896), S. 501-523. G. Mulazzani vertritt die Auffassung, diese Kreuzigung sei identisch mit dem Mittelteil des berühmten Sforza-Triptychons von Rogier van der Weyden aus dem Museum in Brüssel, dessen Stifter (ein Sforza, wie aus dem Wappen ersichtlich) in der Vergangenheit als ein Mitglied der Mailänder Linie des Geschlechts der Sforza gegolten hat. In Wirklichkeit handelt es sich um Alessandro Sforza, der einer *Cronaca di Anonimo Veronese* (1446-1488) zufolge acht Monate lang in Burgund, Flandern und Brügge geweilt hat und 1458 zurückgekehrt ist. Die Identifizierung ist von besonderem Interesse für die die zwischen Pesaro und Urbino bestehenden Beziehungen auf dem Gebiet der Kunst. Vgl. G. Mulazzani, *Observations on the Sforza Triptych in Brussels Museum*, in: "The Burlington Magazine", CXIII (1971), S. 252/3.

[14] Vgl. hierzu die kritische Edition mit der Gegenüberstellung von Übersetzung und Text von M. Baxandall, op. cit., 1964, in der zahlreiche Korrekturen im Vergleich zu der vorherigen Edition von Mehus enthalten sind. Von Baxandall stammt die Datierung der Schrift auf 1456, die bis dahin unbekannt war. Zu der weiter unten vermerkten Hypothese über die Umstände der Entstehung des Bandes *De Viris Illustribus* vgl. Baxandall, *Bartholomaeus Facius*, op. cit., S. 91-92.

[15] Vgl. Plutarch, *Moralia* 346 F., zit. in Baxandall, loc. cit., S. 98, Nr. 2.

[16] Vgl. Philostratus, *Imagines*, Poemium 3, zit. in M. Baxandall, loc. cit., S. 98, Nr. 4.

[17] Bisher ist noch nicht mit hinreichendem Nachdruck darauf hingewiesen worden, daß Pisanello, der 1449 am Hofe zu Neapel weilte, mit Sicherheit die königliche Sammlung flämischer Werke zu Gesicht bekommen haben muß; und es wurde auch nicht weiter untersucht, inwiefern sich dieser Eindruck möglicherweise in seinem Werk niedergeschlagen hat. Paccagnini (*Pisanello e il ciclo cavalleresco di Mantova*, Milano 1972, S. 242-243) führt unter anderem die wunderschöne Zeichnung eines Schwarzen (Louvre 2324) als Hinweis auf mögliche flämische Einflüsse an. Die Unsicherheit bezüglich der zeitlichen Einordnung und vielfach sogar bezüglich der Zuschreibung des ‚Korpus' von Zeichnungen Pisanellos läßt nur einige Hypothesen zu: So könnte beispielsweise die Gruppe von Zeichnungen, die einen ausgesprochen graphischen Stil aufweisen und im allgemeinen seiner neapolitanischen Zeit zugerechnet werden, (vgl. Degenhart, *Pisanello*, Turin 1945, S. 78) durch das stark graphische Element bei Rogier beeinflußt worden sein.

[18] Es handelt sich um ein Bild aus dem Besitz des Ottaviano Ubaldini della Carda, des Neffen und Beraters von Federigo da Montefeltro, das sich offenbar schon sehr bald nicht mehr in Urbino befand, möglicherweise infolge der Plünderung durch Cesare Borgia im Jahre 1502.

[19] Ungeachtet des ganz und gar ungewöhnlichen Motivs dieses Bildes und auch der Tatsache, daß sich Facius ausnahmsweise nur ganz vage darüber äußert und lediglich auf seine Präsenz in Genua hinweist, kann man auch in diesem Fall von der Zuverlässigkeit der Angaben ausgehen und hinzufügen, daß es sich dabei tatsächlich um eine badende Bathseba gehandelt haben kann. Vgl. auch die *Badende Bathseba* von Memling im Museum in Stuttgart, die ebenfalls ausgesprochen deutlich an Rogier erinnernde Züge aufweist.

[20] Es handelt sich um dieselbe Kreuzabnahme, die Cyriacus von Ancona 1449 gesehen und beschrieben hat. Panofsky geht davon aus (*Early Netherlandish Painting*, I, S. 273 und Nr. 4) daß es sich dabei um eine Tafel handeln könnte, die sich heute in den Uffizien befindet, von der er wiederum annimmt, daß sie ihrerseits im Inventar der Villa Medici in Careggi aufgeführt wird als „el sepolcro di Nostro Signore schonfitto di crocie e cinque altre figure". (Vgl. A. Warburg in *Gesammelte Schriften* 1, Leipzig-Berlin 1932, S. 215ff.)

[21] Zu dem recht schwierigen Thema der Maler, die an der Ausschmückung des Studio di Belfiore mitgearbeitet haben, ist die bedeutendste und interessanteste Untersuchung aus jüngster Zeit diejenige von M. Boskovits, *Ferrarese Painting about 1450: some new Arguments*, in: „The Burlington Magazine" (1958), S. 373ff. Vgl. vor allem die Aussagen über Maccagnino auf Seite 377, Nr. 24 und 25, und über die vorherigen Zuschreibungen Longhis (1956) und Salmis (1958).
Im übrigen ist hier noch auf die besonders intensiven internationalen Beziehungen Ferraras um das Jahr 1450 hinzuweisen. So hielt sich mit Sicherheit Fouquet dort auf, der das Bildnis des Hofnarren Gonella malte (vgl. O. Pächt, *Die Autorschaft des Gonella-Bildnisses* in: „Jahrbuch der kunsthist. Samml. in Wien", LXX, 1974, S. 39-88), desgleichen Rogier van der Weyden. Erinnert sei auch daran, daß ein spanischer Meister Alfonso am Studiolo von Belfiore mitgearbeitet hat und sogar besser bezahlt wurde, als Rogier, worauf A. Venturi, (*I primordi del Rinascimento artistico a Ferrara*, in: „Rivista storica italiana", 1884) erstmals hingewiesen hat.

Erinnert sei auch daran, daß Citadella in *Notizie relative a Ferrara*, Ferrara 1864, S. 62 und 74–79, einen gewissen „Simone de la Magna" erwähnt, der damals der beliebteste Goldschmied war, sowie einen gewissen „Zanin de Franza", der die Paramente verziert hat.

Schließlich möchte ich noch darauf hinweisen, daß einer der von Lionello am meisten geschätzten Miniatoren, die sich Urkunden zufolge im Jahre 1441 in Ferrara aufhielten, ein gewisser ‚Georgius de Alemania pictor' war, bei dem es sich meiner Meinung nach entsprechend dem damaligen Sprachgebrauch um einen ‚flämischen' Künstler gehandelt haben könnte. (Vgl. A. Venturi, loc, cit., /1884/, S. 710).

[22] Vgl. F. Bologna *Napoli e le rotte mediterranee della pittura*, Neapel 1977, S. 147ff. Dort wird Neapel die Rolle des „Treibriemens zwischen Spanien und Ferrara" (S. 149) zugeschrieben. Als Beleg werden auch die recht interessanten kleinen Tafeln mit den *Geschichten des Heiligen Hieronymus* angeführt, die sich in der Brera beziehungsweise im Museo Correr in Venedig befinden. Schon Longhi (*Nuovi Ampliamenti dell'Officina Ferrarese* in: Opere Complete di Roberto Longhi, Bd. V, Florenz 1956, S. 177) hat darauf hingewiesen, daß sie flämische Einschläge erkennen lassen und geradezu eine oberitalienische Parallele zur Malweise Colantonios darstellen. Diese Bilder scheinen jedoch trotz der einzigartigen stilistischen Kombination nicht in ähnlicher Weise an einem bestimmten Stil orientiert zu sein, wie dies in Neapel um das Jahr 1450 der Fall war.

[23] Antonio Averulino, genannt Filarete, *Trattato di architettura*, herausgegeben von A. M. Finoli und L. Grassi, Mailand 1972, S. 265, weist in Band XXIV, in dem es um die Ölmalerei geht, auf die hervorragende Anwendung dieser Maltechnik bei van Eyck und bei Rogier hin (die bereits in Band IX erwähnt wurden).

[24] Die Hypothese, daß van Eyck eine Reise nach Italien unternommen haben könnte, ist erst kürzlich in C. Sterling (*Jan van Eyck avant 1432* op. cit., S. 31) erneut aufgegriffen und mit neuen Argumenten untermauert worden. Über die Reisen van Eycks s. auch Châtelet, *van Eyck*, op. cit. 1979, S. 37.

[25] Vgl. Anmerkung 26 im ersten Kapitel.

[26] Vgl. C. Sterling, Jan van Eyck avant 1432, op. cit., S. 31.

[27] Cavalcaselle (*Storie dell'antica pittura fiamminga*, op. cit., S. 277) zitiert die Urkunde eines Archivs, derzufolge am 31. Dezember 1451 eine Zahlung an ‚Maestro Roziero' ergangen ist, und läßt keinen Zweifel an einem Aufenthalt Rogiers in Ferrara. Nicht so Kantorowicz (E. H. Kantorowicz, *The Este Portrait by Rogier van der Weyden*, in: „Journal of the Warburg and Courtauld Institutes", III 1939–1940, S. 165ff), dem sich auch Panofsky (*Early...*, op. cit., 1, S. 467, Nr. 2) anschließt, der davon ausgeht, daß Rogier über Bologna und Florenz nach Rom gelangt sei. Kantorowicz hat auch definitiv geklärt, daß das angebliche Bildnis des Lionello d'Este aus dem Metropolitan Museum, von dem man angenommen hatte, daß Rogier es in Ferrara gemalt habe, in Wirklichkeit Lionellos unehelichen Sohn Francesco d'Este darstellt, der 1444 an den burgundischen Hof geschickt worden war.

[28] Vgl. E. Panofsky, *Early...*, op. cit., 1, S. 275.

[29] Vgl. beispielsweise das Fresko in San Marco im oberen Bogengang und das Altarbild in der Chiesa del Bosco ai frati. Auch P. Howell Jolly (s. folgende Anmerkung) hält es für möglich, daß die in Frankfurt befindliche Tafel auf den Annalena-Altar Fra Angelicos zurückzuführen ist.

[30] P. Howell Holly, *Rogier van der Weyden's Escorial and Philadelphia Crucifixions and their relation to Fra Angelico and San Marco*, in: „Oud Holland" 3 (1981), S. 113.

[31] Vgl. R. Longhi, *Un Angelico a Livorno* in: „Pinacotheca" 3 (1928), S. 158–159, Nachdruck in: Opere Complete di Roberto Longhi, Bd. IV, S. 37ff, Florenz 1968.

[32] Über den italienischen Einfluß im Werke Rogiers nach seiner Italienreise s. A. M. Schultz, *The Columba Altarpiece and Rogier van der Weydens' Stylistic Development*, in: „Münchner Jahrbuch der Bildenden Künste" XXII (1971), S. 63–116; und J. Penny Howell, op. cit., Nr. 16, S. 124.

DRITTES KAPITEL

Der erste Brückenkopf der flämischen Malerei in Neapel

Antonello da Messina – italienischer und flämischer Maler

Wie Untersuchungen der jüngsten Zeit aufs neue bestätigen, erlebte Neapel in den rund 15 bis 20 Jahren der Herrschaft des Königs René von Anjou und derjenigen König Alfons' von Aragon im Hinblick auf das kulturelle Leben eine ausgesprochene Hochblüte[1]. Die Rekonstruktion jener Zeit läßt trotz lückenhafter Quellenlage erkennen, daß sich in Neapel damals mehr als in irgendeiner anderen Stadt Europas ein internationales Künstlertum eingefunden hatte, das wesentlich zu dem ersten Höhepunkt der Verbreitung der Errungenschaften der neuen flämischen Malerei im Mittelmeerraum beitrug. Neapel wurde somit zum ersten flämischen „Brückenkopf" in Italien. Mit anderen Worten, es wurde zur ersten Station, an der mit den neuen Erfahrungen experimentiert wurde und an der eine Revision dieser tatsächlich international, vor allem entlang der Küstengebiete der Provence und der iberischen Halbinsel sich ausbreitenden Kunstrichtung stattfand; hier also kreuzten sich die Wege und vermischten sich die verschiedenen Tendenzen.

Der Text des berühmten Briefes, den der Neapolitaner Pietro Summonte am 20. März 1524 an Marcantonio Michiel[2] über die bedeutendsten Kunstdenkmäler Neapels schrieb, beginnt mit diesen Vorgängen, die zwar schon siebzig Jahre zurücklagen, aber dennoch in frischer Erinnerung waren und mit jener Begeisterung geschildert wurden, die für denkwürdige Ereignisse kennzeichnend ist. Die von Summonte geschilderten Gegebenheiten hatten ihren Niederschlag in Kunstwerken gefunden, die man damals in der Stadt noch direkt vor Augen hatte. In den Mittelpunkt der verschiedenen hier zusammenlaufenden Kunstrichtungen stellte Summonte den Maler *Colantonio,* dessen Werdegang er in einer Biographie nachzeichnete, die in ihrem Erzählstil den „Vite" eines Vasari in nichts nachstand. Die wunderbaren Schilderungen, die von jeher gerade im Hinblick auf die kunsthistorische Situation Neapels als außerordentlich aufschlußreich gegolten haben, bedürfen jedoch einer sorgfältigen Überprüfung.

Wenn Summonte in seinem Brief berichtet, Colantonio habe sich nach Flandern begeben wollen, um die flämische Kunst zu erlernen, sei aber von König René davon abgehalten worden, der ihn dann selbst in dieser Maltechnik unterwiesen habe, die er einst in Burgund gelernt hatte, so gibt er damit eine historische Tatsache wieder, die fast wie eine hübsche Allegorie anmutet. In Wirklichkeit handelte es sich nicht um die flämische Malerei, von der man in Neapel erstmals durch König René von Anjou Kenntnis erlangte, sondern um die altnieder-

76

ländische Malerei, die sich bereits im vierten Jahrzehnt des 15. Jahrhunderts in Burgund und in der Provence auszubreiten begonnen hatte. Nur knapp vier Jahre lang war König René in Neapel, von 1438 bis 1442, und man kann sagen, daß er ein ungewöhnlich vielseitig gebildeter und für kulturelle Neuerungen aufgeschlossener Mensch gewesen sein muß (der nicht zuletzt auch geprägt war von den Erfahrungen eines abenteuerlichen, geradezu dramatischen Lebensweges), wenn man bedenkt, welch tiefen Eindruck er hinterlassen und welche historische Wende er in der Kunst Neapels bewirkt hat.

Die Tatsache, daß René von Anjou van Eyck im Jahre 1433 persönlich kennenlernte, als er als königliche Geisel seines Vetters Philipps des Guten in Brüssel weilte[3], muß für ihn, den Gelehrten, Dichter und Maler eine unvergeßliche, außerordentlich bereichernde Erfahrung gewesen sein, die sich ähnlich prägend auf ihn ausgewirkt hat, wie die Begegnung mit franko-flämischen Miniaturmalern, etwa mit Broederlam oder Coëne. Über diese Erfahrungen nachzudenken hatte er dann während seiner Gefangenschaft in Dijon in den Jahren 1435 bis 1437 reichlich Gelegenheit, wo er auch noch einem anderen Vertreter der neuen europäischen Kunstrichtung begegnete, dem Bildhauer Sluter. In Dijon hatte sich zu jener Zeit der Übergang zur flämischen Malerei bereits insofern vollzogen, als dort bedeutende Werke eines anderen richtungsweisenden Malers zu sehen waren, nämlich die des Meisters von Flémalle oder Robert Campins[4], der die flämische Analyse mit einem geradezu peniblen Streben nach Plastizität eines jeden Körpers im Raum verband.

All dies vermittelt uns eine etwas konkretere Vorstellung von den Neuerungen der Malkunst, die König René von Anjou mit nach Neapel brachte, als er im Anschluß an seine Gefangenschaft in Dijon schließlich drei Jahre nach dem Tode von Königin Johanna II. dort anlangte. Von diesen Neuerungen wurde auch (was aus Summontes Schilderung nicht klar hervorgeht) Colantonio während der ersten Phase seines Schaffens unmittelbar geprägt, der nach Angaben Tutinis bereits seit 1436 dort tätig war[5]. Sein Hauptwerk aus dieser Zeit ist *Der Heilige Hieronymus im Gehäus*, (Abb. 34) der auf 1445 datiert wird und sich ursprünglich in San Lorenzo Maggiore befand und heute im Museo Capodimonte in Neapel zu sehen ist.

Wenn man also, wie dies fälschlicherweise noch zuweilen geschieht, davon spricht, daß Colantonio zu seinem Bild *Der Heilige Hieronymus* durch van Eycks Lomellino-Triptychon inspiriert worden sei, so ist dies wenig sinnvoll, zum einen deshalb, weil dieses Sujet zu jener Zeit bereits von altniederländischen Bildern her bekannt war, etwa aus dem Blatt *Der Heilige Hieronymus im Gehäus* aus dem Turiner Stundenbuch, beziehungsweise von dem heute in Detroit befindlichen Bild *Der Heilige Hieronymus im Gehäus,* zum anderen deshalb, weil unserer Meinung nach alles darauf hindeutet, daß der frühe flämische Einfluß bei Colantonio auf provenzalische Quellen zurückzuführen ist. Schon die Einrichtung dieser Studierstube, die Pane so schön als „zweckmäßig wie eine Schiffskabine"[6] bezeichnet hat, der tektonische Aufbau von Möbeln, Gerätschaften, Büchern und all den anderen sorgfältig registrierten Details, die komprimierte, ja verkürzte Perspektive des Schreibpultes und des wie ein Thron gearbeiteten, mit Schnitzwerk versehenen Stuhles, all dies erinnert in seiner geradezu herausfordernden Plastizität an das flämische Vorbild des Meisters von Flémalle.

Die Tatsache, daß um die gleiche Zeit, das heißt im Jahre 1445, in Aix-en-Provence das *Triptychon der Verkündigung* auftauchte, jenes Wunderwerk also, das von einem anonymen Maler stammte, dem früher auch das neapolitanische Tafelbild *Der Heilige Hieronymus* zugeschrieben wurde, stellt eine weitere Bestätigung dafür dar, daß die im westlichen Mittelmeerraum zwischen der Provence und Neapel sich verbreitende flämische Malerei durch eine ausgesprochen realistische und plastische Interpretation der Wirklichkeit gekennzeichnet war, die ganz in der Tradition der burgundischen Bildhauerei, aber auch der Malerei des Robert Campin stand.

Weder im Heiligen Hieronymus von Neapel noch in der Verkündigung von Aix-en-Provence finden sich also direkte Hinweise auf das Erbe van Eycks. Auch wenn die beiden wunderbaren Darstellungen des *Propheten Jeremias* (Abb. 36) und des *Propheten Jesaias* (Brüssel und Rotterdam), die wie lebende Statuen in ihren Nischen stehen, an die Abbildungen dieser beiden Propheten auf den Seitenflügeln des Polyptychons von Sankt Bavo in Gent erinnern, so ist doch festzustellen, daß bei den provenzalischen Propheten an die Stelle der für van Eyck typischen sorgfältigen Analyse der Lichtwirkungen auf der Oberfläche der abgebildeten Gegenstände eine mediterrane Vielfalt der Lichteinstrahlung in warmen Farbtönen getreten ist, die bereits die Malweise Quartons vorwegnimmt. Dies gilt auch für die bezaubernden Stilleben auf den Flügeln des provenzalischen Triptychons (Abb. 35), in denen die zartblauen und holzfarbenen Töne dominieren, im Gegensatz zu den Braun- und Goldtönen des Stillebens bei dem neapolitanischen Heiligen Hieronymus, das fast wie eine monochrome Komposition wirkt und in dem jede Schreibfeder, jedes Stückchen Papier, jede Kleinigkeit bis hin zur Sanduhr genau das richtige Quantum an Licht und Schatten aufweist.

Dieser Verwandtschaft oder, so kann man fast schon sagen, Parallelität zwischen dem Frühwerk Colantonios und dem Werk des Meisters der Verkündigung von Aix[7] wird in neueren Untersuchungen eine ganz neue historische Bedeutung beigemessen. Ich denke etwa an die Überlegung Sterlings[8], der Meister der Verkündigung von Aix könne identisch sein mit Barthélemy de Clerc oder d'Eyck, der dreißig Jahre lang zum Gefolge von König René zählte, also schon seit dessen Zeit in Neapel; oder an die Parallele zu König René und indirekt zu Colantonio, die ein in den Vierziger Jahren vom Meister der Verkündigung von Aix und von Enguerrand Quarton mit Miniaturen versehener Kodex aufweist.

Im übrigen sah sich noch vor nicht allzu langer Zeit Demonts[10] in Anbetracht eines zweiten Werkes, das Colantonio zugeschrieben wird, nämlich das im Museum von Cleveland befindliche *Männliche Bildnis,* in seiner allerdings irrigen Annahme bestätigt, bei dem Meister der Verkündigung von Aix und Colantonio handele es sich um ein und dieselbe Person. Tatsächlich sind die Gemeinsamkeiten zwischen diesem Bildnis und den *Propheten* des Triptychons von Aix nicht zu übersehen, so daß sich die Beziehungen zwischen dem provenzalischen und dem neapolitanischen Maler als historisches Faktum bestätigen. Man beachte nur im *Männlichen Bildnis* von Colantonio die Konsole mit dem Stilleben, wo die gleiche aus hellem Span gefertigte runde Schachtel zu sehen ist, wie beim Propheten Jesaias. Für Colantonio charakteristisch ist allerdings die abgebildete Ecke der kleinen Kammer, die ganz ausgefüllt ist von den Büchern und sonstigen Gegenständen und von dem Heiligen, dessen etwas grobe Gesichtszüge keineswegs analytisch wiedergegeben sind, sondern eher nachdenklich wirken und einen gewissen Anflug von Humor erkennen lassen.

Daß *Der Heilige Hieronymus im Gehäus* dem gleichen Komplex zuzurechnen ist, wie das Bild *Der Heilige Franziskus bestätigt die Ordensregel der Franziskaner,* wie Bologna[11] anhand der Ausführungen Tutinis rekonstruiert hat, stellt angesichts der ansonsten unerklärlichen stilistischen Unterschiede zwischen beiden Werken eine Bestätigung der Tatsache dar, daß sich Colantonio sehr schnell zur Anpassung an die durch Alfons von Aragonien eingeführte neue Stilrichtung bereit fand, die sich in Neapel, dem Schnittpunkt zwischen Flandern und Spanien, rasch durchsetzte. In Spanien waren nämlich die Errungenschaften der flämischen Malerei mit ebenso großer, wenn nicht gar größerer Bereitwilligkeit übernommen worden, als in Südfrankreich. Wenn man bedenkt, daß van Eyck im Zusammenhang mit den Verhandlungen über die Eheschließung mit Isabella von Portugal, der Nichte von Alfons, als Beauftragter Philipps des Guten – aber auch als Maler – 1428 und 1429 in Barcelona und Valencia weilte, so können wir uns ohne weiteres vorstellen, daß diese Begegnung den Geschmack des Königs entscheidend beeinflußt hat. So schickt er wenige Jahre später, nämlich 1431, wie schon erwähnt, seinen Maler Luis Dalmau nach Flandern, der sich dort weiterbilden sollte. Nachdem Dalmau 1436 zurückgekehrt war, malte er zwischen 1443 und 1445 in Barcelona jene *Madonna dei Consiglieri,* die sich heute im Museum von Barcelona befindet und das wichtigste und interessanteste Zeugnis der Assimilierung van Eycks auf spanischem Boden darstellt.

Im Jahre 1439 kam dann der aus Brügge stammende Maler Luis Alimbrot nach Valencia, und Jacomart Baço, der königliche Hofmaler, reiste ab 1442 mehrfach zwischen Valencia und Neapel hin und her. Aus Barcelona berief schließlich der Monarch den großen Bildhauer Sagrera, der 1447 in Neapel eintraf, um den Triumphbogen am Castel Nuovo zu gestalten. Es wurde bereits darauf hingewiesen, daß Alfons von Aragon schon gleich zu Beginn seiner Zeit in Neapel seine Gemäldesammlung um bedeutende Werke van Eycks und Rogiers zu bereichern begann. Dieses beachtliche Erbe, das sicherlich die größte private Sammlung flämischer Werke in Italien darstellte, ist wohl schon zu einem recht frühen Zeitpunkt in alle Winde verstreut worden, und es wäre ein sinnloses Unterfangen, Spekulationen darüber anzustellen, um welche Werke es sich dabei gehandelt hat, beziehungsweise wie sie im einzelnen ausgesehen haben könnten.

Wohl besitzen wir die eindrucksvolle Beschreibung des *Heiligen Georg* von Jan van Eyck[12], die Summonte verfaßt hat, um das unglaubliche, an Fälscherei grenzende Geschick Colantonios aufzuzeigen, das dieser an den Tag legte, als er das kleine Tafelbild abmalte. Dabei hat er selbst den Rost am Steigbügel des Pferdes nicht vergessen; eine kuriose Variante bestand darin, daß er statt des nordischen Eichbaums die heimische Kastanie malte. Allmählich

drängte sich allerdings die Frage auf, wie zuverlässig die Angaben Summontes sind, und zwar nicht so sehr diejenigen über Colantonio selbst, als vielmehr diejenigen über seine „dextrezza" bei der Imitation der analytischen Vorgehensweise der Flamen. Es mag wohl zutreffen, wie Longhi feststellte, daß die von Summontes verfaßte Lebensbeschreibung eine der „aufschlußreichsten Biographien... zwischen denjenigen des Ghiberti und denen des Vasari" darstellt[13]. Da sie jedoch erst rund siebzig Jahre nach den darin geschilderten Vorgängen aufgezeichnet wurde, kann sie natürlich nicht den Charakter eines Augenzeugenberichts haben, was eben den Reiz und die Bedeutung der von Facius beschriebenen Fakten ausmacht. Desgleichen hat Pane mit seiner Bemerkung recht, daß „die Grenze der Urteilskraft Summontes sich an dem zeigt, was bekanntlich von jeher den Amateur und Dilettanten ausgezeichnet hat, nämlich die Bewunderung für die Resultate virtuoser Imitation[14]".

Doch befassen wir uns nochmals mit der Darstellung *Der Heilige Franziskus bestätigt die Ordensregel der Franziskaner,* das mit dem anderen Bild *Der Heilige Hieronymus im Gehäus* eine Einheit bildet. Die ganze Szene ist vertikal aufgebaut, wie dies für ein valenzianisches Tafelbild typisch ist. Der Boden besteht aus Valencia-Fliesen, auf denen das Wappen des Hauses Aragon sowie das Wappen von König Alfons zu sehen ist, als habe Colantonio Kenntnis davon gehabt, daß der König in Valencia 13 458 Fliesen für das Castel Nuovo in Auftrag gegeben hatte, die 1446 in Neapel eintrafen[15]. Bezüglich dieses Bildes ist nun die Auffassung vertreten worden, es stelle einen Beweis für die schnell erfolgte Anpassung Colantonios an iberische Einflüsse dar, etwa eines Jacomart (der 1443-1444 ein Retabel für die Kirche Santa Maria della Pace gemalt hatte). Diese Einflüsse sind besonders deutlich erkennbar an den Gesichtern der männlichen Figuren, unter denen vor allem der .hl. Ludwig mit seiner melancholisch bis neurotisch wirkenden Mine auffällt; ferner an der plastischen Wiedergabe des reichen Faltenwurfes der Kutten und an weiteren iberisch anmutenden Details, wie etwa die wie vergoldetes Schnitzwerk aussehenden Heiligenscheine. Bei der Gruppe der Franziskanerinnen schließlich fällt die spiralförmige Anordnung auf, so daß sich die Köpfe mit den weißen und schwarzen Hauben um den hl. Franziskus zu drehen scheinen.

Wenn man sich diese Gruppe der Franziskanerinnen anschaut, könnte man fast meinen, bei der mysteriösen *Maria der Verkündigung* (Abb. 40) im Museum von Como handle es sich um die schönste dieser Franziskanerinnen, die aus der Runde ihrer Mitschwestern hervorgetreten ist, so groß ist die Ähnlichkeit zwischen ihnen. So sehr diese *Maria der Verkündigung* auch an Colantonio erinnern mag (man vergleiche sie auch mit der Frauengruppe, die der Predigt des Heiligen Vinzenz im gleichnamigen Polyptychon lauscht), so weist sie doch ein von Colantonio selbst nie erreichtes Niveau malerischer Finesse auf. Man beachte nur die Qualität der dekorativen Elemente, des Rankenwerks auf dem vergoldeten Hintergrund, der Schriftrolle mit den großen gotischen Lettern am unteren Bildrand. Insbesondere die zarte Wiedergabe des Inkarnats übertrifft alles, was wir sonst von Colantonio kennen, und erinnert fast an Miniaturmalerei, so fein nuanciert sind das Rosa der Wangen und der Lippen, die Lichtreflexe auf dem Schleier und auf der dunklen Kutte.

Dies alles macht verständlich, warum Bologna im Hinblick auf diese *Maria der Verkündigung* den Namen Antonello ins Spiel gebracht hat[16] und in ihr praktisch das erste Werk des großen sizilianischen Malers in Neapel sah; er glaubte sogar, nunmehr den bislang fehlenden Beweis dafür gefunden zu haben, daß Antonello Schüler Colantonios gewesen sei, wie Summonte uns überliefert hat. Diese Hypothese klingt recht plausibel, dennoch würde ich Vorbehalte anmelden. Nicht so sehr deshalb, weil das kleine Tafelbild aus dem Museum zu Como ursprünglich aus Spanien stammt[17], sondern weil diese *Maria der*

Verkündigung ungeachtet ihres hohen Niveaus weit von dem entfernt zu sein scheint, was wir sonst von Antonello kennen; weit entfernt aber auch, nach meinem Dafürhalten, von jener *Maria der Verkündigung* oder eigentlich der *Lesenden Maria* aus der Sammlung Forti in Venedig, obgleich diese ihr hinsichtlich der Komposition und sogar des iberischen Einschlages ähnelt und es sich mit Sicherheit um eines der ältesten Werke Antonellos handelt. Im Falle der *Maria der Verkündigung* von Como weisen allerdings das klare Profil, die Typologie des Antlitzes, die eng beieinanderstehenden Augen mit dem scharfen Blick, die schmale, spitze Nase einen wesentlich augenfälligeren iberischen Einschlag auf.

Eine nicht minder große geistige Verwandtschaft sowohl mit Colantonio als auch mit Antonello zeigt sich auch am *Bildnis eines Mönches* aus der Sammlung Kisters in Meersburg, das von Laufs aufgrund der Ähnlichkeit mit den Franziskanern Colantonio zugeschrieben wurde, während Longhi (1953) es in Anbetracht der genauestens studierten, lebensnahen Gesichtszüge für ein Frühwerk Antonellos hielt. Ein weiteres Werk, von dem noch nicht sicher ist, ob es von Colantonio stammt, ist jene zwischen 1450 und 1455 entstandene *Kreuzigung* (Abb. 38) aus der früheren Sammlung Henschel, die jetzt zur Sammlung Thyssen in Lugano gehört und Longhi[18] zufolge dasjenige Werk des neapolitanischen Malers darstellt, das am eindeutigsten als flämisch bezeichnet werden kann.

Diese Kreuzigung läßt in der Tat unschwer eine Orientierung am Werk van Eycks erkennen. Sie verweist uns insbesondere auf die Tafel im Metropolitan Museum in New York (die ursprünglich aus Spanien stammt), das heißt auf die Darstellung einer großen, dramatisch gestalteten Szene mit einer Vielzahl von Figuren und Episoden, wie wir sie häufig bei der sich auf der „Mittelmeerroute" ausbreitenden flämischen Malerei antreffen, wie etwa in dem im Prado befindlichen Bild zu demselben Thema von Alimbrot. Keine Beachtung gefunden hat bislang die ebenfalls bemerkenswerte kompositorische Parallelität zwischen der *Kreuzigung* aus der Sammlung Thyssen und der nicht mehr erhaltenen *Kreuzigung* (Abb. 52) von Petrus Christus, die sich ehemals in Dessau befand und möglicherweise irgendwo im Süden gemalt worden ist, da der Untergrund aus Weichholz besteht und das Bild vermutlich bereits im vierten Jahrzehnt entstanden ist.

Im Falle der *Kreuzigung* von Lugano, um die es uns hier geht, dominiert nicht die vertikale Ebene der Darstellung, vielmehr öffnet sich im Hintergrund eine jener Landschaften, die angesichts der Weite des Horizonts und der Mannigfaltigkeit der Details zum Eindrucksvollsten gehört, was sich zu jener Zeit außerhalb Flanderns findet. Die weitläufige, von felsigen Bergen umsäumte Ebene stellt eine der frühesten und vollendetsten Interpretationen der für die flämische Malerei so typischen „Weiten" dar. Longhi hat dafür plädiert, dieses kleine Tafelbild Colantonio zuzuschreiben, was jedoch in neuerer Zeit wieder in Frage gestellt worden ist. Stattdessen wurde eine Zugehörigkeit zum iberischen Raum postuliert, wie dies auch schon Post angenommen hatte[19]. Doch sehen wir zunächst einmal von der an sich nicht sehr aussagekräftigen Beobachtung ab, daß weder die karge, öde Landschaft noch die abgebildete Stadt an Neapel erinnern[20]. Bei einer neuen, eingehenden Untersuchung der stilistischen Qualität dieses kleinen, vor kurzem aus Amerika wieder nach Europa zurückgekehrten Tafelbildes hatte ich Gelegenheit, mir ein direktes Urteil zu bilden. Die Qualität der kompakten und gefälligen, fast an Miniaturmalerei erinnernden Darstellung, die Intensität der vielfach durch ein Dreieck zu umschreibenen Gebärden in den einzelnen Szenen, die beredten Gesten, die nicht für Colantonio charakteristischen Physiognomien und vor allem die eigenwilligen und exotisch anmutenden Gewänder und Rüstungen, wie sie auch schon für van Eyck typisch waren, hier jedoch Varianten aufweisen, die mir in der Tat iberisch zu sein scheinen (als ein Beispiel sei nur auf die in Rück-

ansicht dargestellte Figur am äußersten linken Bildrand verwiesen) – all dies, so meine ich, sind genügend Argumente, um erneut die Diskussion über die Herkunft des Malers aufzunehmen, der nach Auffassung von Post und Sterling zweifelsfrei aus Valencia stammt.

Auf der anderen Seite stellt schon die Tatsache, daß die Alternative entweder Valencia oder aber Neapel, das heißt Colantonio lautet, eine Bestätigung für die engen Querverbindungen auf die Mannigfaltigkeit der Beziehungen zwischen den Malerschulen dar, die sich heute schon aus den wenigen uns erhaltenen Werken ablesen lassen[21]. Ebenso deutlich, vielleicht sogar noch augenfälliger, treten diese Querverbindungen bei der *Kreuzabnahme* (Abb. 45) von Colantonio in San Domenico Maggiore in Erscheinung: Anklänge an Rogier, die vielleicht auf die in Neapel befindlichen Bildteppiche mit den Passionsgeschichten zurückzuführen sind, werden erkennbar an der Darstellung Christi, der mit ausgebreiteten Armen vom Kreuz genommen wird; abgesehen von der Orientierung an Rogier treten, wie Bologna zu Recht anmerkte, direkte Anleihen bei der im Museum von Brüssel befindlichen Kreuzabnahme von Petrus Christus zutage[22], etwa in der am rechten Bildrand aufrecht dastehenden weinenden Frau.

Ich bin daher der Meinung, daß diese um 1455 entstandene *Kreuzabnahme* des Colantonio in quantitativer wie in qualitativer Hinsicht tatsächlich exemplarisch ist für den berühmten „flämischen Einschlag" Colantonios, ferner, daß dieser flämische Einschlag weit entfernt ist von jener geradezu fabelhaften „dextrezza", die ihm Summonte zuschrieb und die durchaus kein außergewöhnliches Niveau erreicht. Vielmehr vereint er in seinem Werk verschiedene Stilrichtungen in ihrer neapolitanischen Spielart (was auf die Internationalität des Kulturlebens in Neapel hindeutet) sowie eine fast expressionistische Intensität in den „sarazenischen" Gebärden und Gesichtszügen der dargestellten Personen und in den groben, wie mit Kohle skizzierten Konturen. Daß sich diese Intensivierung flämischer Einflüsse in den späteren Werken Colantonios, wie Bologna meint, mit einem zweiten Aufenthalt Antonellos in Neapel zwischen Mai 1457 und 1460 erklären ließe, ist eine einleuchtende Hypothese, die auch für andere Beobachtungen Raum läßt[23].

Andererseits könnte ein zweiter Aufenthalt Antonellos in Neapel auch für das verstärkte Maß an „italienischer" Formgebung verantwortlich sein, die vor allem im Mittelteil des letzten uns bekannten Werkes von Colantonio festzustellen ist, nämlich im *Polyptychon des Heiligen Vinzenz Ferrer* in der Kirche San Pietro Martire, das vermutlich auf die Zeit um 1460, also relativ spät zu datieren ist. Im Hinblick auf die italienisch-flämischen Querverbindungen im Werk Colantonios eröffnen uns die auf den Seitenflügeln dieses Polyptychons dargestellten kleinen Szenen viele interessante und für die gesamte Problematik aufschlußreiche Erkenntnisse: Etwa die Darstellung der *Predigt des Heiligen Nikolaus* (Abb. 46) vor dem Hintergrund einer malerischen Landschaft mit tiefen Felsenschluchten und Wäldern, wo wir unter den abgebildeten Männern und Frauen einige der ausdrucksvollsten Bildnisse Colantonios vorfinden; oder die in einem Elendsviertel Neapels angesiedelte Szene *Das Wunder des enthaupteten Kindes*, wo sich die Schaulustigen auf der Straße drängen; oder auch die *Heilung der besessenen Frau*, eine Darstellung, die in ihrer erzählerischen Dichte und in der Umrahmung an Jaime Huguet erinnert. Ich nehme an, daß Antonello eben diese Szenen vor Augen hatte, als er die Nebenszenen des verlorengegangenen Banners des hl. Nikolaus gemalt hat, die heute nur noch von der Kopie Giuffrés her bekannt sind.

Schließlich sei noch auf folgendes hingewiesen: Gerade die mit Stoffen und Teppichen in den verschiedensten Rottönen reich ausgestattete Szene *Königin Isabella mit ihren Kindern im Gebet in der königlichen Kapelle* (Abb. 41) auf der Predella des besagten Polyptychons des hl. Vinzenz erinnert ganz offen-

sichtlich an das von einem unbekannten provenzalischen Meister stammende Bild mit ähnlichem Sujet (Marseille, Museum Grobet-Labadié) *Johann von Kalabrien im Gebet in der Kapelle* (Abb. 42), und auch an die von Jorge Inglés gemalten Szenen *Don Inigo de Mendoza im Gebet* (Abb. 43, Detail aus dem Retablo de Buitrago, Madrid, Sammlung Duque de Infantado). Diese drei Beispiele vermitteln uns einen Eindruck von der Verbreitung des flämischen Stils im Mittelmeerraum und von dessen Vermischung mit der jeweiligen heimischen Tradition. Und vor allem Neapel war während des Jahrzehnts um die Mitte des 15. Jahrhunderts Schauplatz dieses mannigfaltigen kulturellen Austauschs, der sich vermutlich nicht nur durch die Präsenz der Bilder, sondern auch einiger richtungweisender Künstler wie Witz, Fouquet und Petrus Christus manifestierte[24].

Wenn also in den letzten Jahren dieses fruchtbaren Jahrzehnts, etwa um das Jahr 1457, der junge Maler Antonello nach Neapel zurückgekehrt ist, um sich anhand der flämischen und valenzianischen Neuerungen weiterzubilden, so hat dies zweifellos zu einer Bereicherung seiner bereits am nordischen Stil orientierten Malweise beigetragen. Ist es aber denkbar, daß er seine umfassenden Kenntnisse einzig und allein in Neapel erworben haben sollte? Oder war es nicht vielleicht so, daß Neapel für ihn gewissermaßen das Sprungbrett für seine abenteuerlichen Reisen war, die ihn durch ganz Italien und vermutlich auch über die Alpen führten, um die Ursprünge dieses nordischen Stils kennenzulernen? Dies sind einige der unzähligen Fragen, die sich noch immer dem Kunsthistoriker stellen, der es unternimmt, den außergewöhnlichen Lebensweg dieses großen Malers aus Messina nachzuzeichnen.

„Wenn wir aus einer sizilianischen Quelle des Jahres 1456 wissen, daß Antonello bereits ein Maler mit einer Anzahl von Schülern war, so können wir es uns nicht anders vorstellen, als daß er in Neapel und durch Colantonio geprägt worden ist." So formulierte es Longhi in seiner bedeutenden Schrift[25], in der er den Werdegang des jungen Malers Antonello rekonstruierte. Daß dieser junge Sizilianer, der um das Jahr 1430 geboren wurde (vielleicht auch einige Jahre zuvor)[26] und dessen Heimat Sizilien noch von den „bornierten, hierokratischen" Vorstellungen (Longhi) wie etwa denen eines Tommaso da Vigilia geprägt war, die erste seiner zahlreichen Reisen tatsächlich nach Neapel unternommen hat – und zwar auf der Suche nach einer „kontinentalen" Ausbildung – klingt derart logisch, daß der Hinweis Summontes, Antonello sei in der Werkstatt des Colantonio tätig gewesen, uns so gut wie gesichert erscheint.

Und dennoch ist es so, daß das erste Jahrzehnt der Tätigkeit Antonellos, das Longhi als „studioso corso" bezeichnete, noch heute zahlreiche, kaum oder gar nicht zu lösende Probleme aufwirft. In diesem Jahrzehnt studierte Antonello die beiden dominierenden Richtungen der Malerei jener Zeit, die flämische Malerei und die Renaissancemalerei, und verband sie zu einer wunderbaren Einheit, wie dies kein anderer vermochte. Selbst die Herausgeber des Kataloges, der anläßlich der unlängst veranstalteten Antonello-Ausstellung erschienen ist[27], sind diesem Problem zwar mit kritischer Akribie und philologischer Präzision nachgegangen, haben aber auch auf die enormen Schwierigkeiten bei der Rekonstruktion des Lebens und Wirkens dieses Malers hingewiesen, der nur wenige historische Spuren hinterlassen hat. Nur zwei Werke aus den Jahren 1473–74 sind erhalten geblieben von den archivalisch belegten sechzehn Werken, die Antonello im Laufe von zwanzig Jahren für verschiedene Orte im östlichen Sizilien und in Reggio Calabria vollendet hat. Darüberhinaus stammen rund vier Fünftel der ungefähr vierzig Werke, die sich mit einiger Sicherheit Antonello zuschreiben lassen, aus den letzten sechs bis acht Jahren seines Schaffens.

Dies alles könnte es geboten scheinen lassen, keine exakten Rekonstruktionen zu versuchen und beim Aufstellen von Hypothesen größte Vorsicht walten zu lassen. Womit jedoch nicht gesagt sein soll, daß wohlfundierte wissenschaftliche Untersuchungen, wie dies ja auch besagter Ausstellungskatalog gezeigt hat, nicht durchaus einen Beitrag zum Ausbau der Hypothesen und damit auch zur Erweiterung unserer Kenntnisse über Antonello zu leisten vermögen.

Was diejenigen Werke betrifft, die möglicherweise von Antonello stammen und direkt neapolitanische Einflüsse erkennen lassen, so haben wir bereits das *Bildnis einer Nonne* aus der Sammlung Kisters in Meersburg erwähnt, das ihm von Longhi zugeschrieben wurde und das vom Aufbau her stark an Colantonio erinnert. Bezüglich der Intensität und der Durchdringung der Wirklichkeit ist ihm jedoch ein gewisses Etwas zu eigen, das über Colantonio hinausweist. Wir haben auch die vor einiger Zeit von Bologna[28] aufgestellte Hypothese erwähnt, Antonello könne der unbekannte Maler der im Museum von Como befindlichen *Maria der Verkündigung* sein, die einerseits den Franziskanerinnen Colantonios sehr nahe steht und andererseits diese noch an Subtilität der Darstellung übertrifft. Belassen wir es im Hinblick auf diese beiden Werke bei den jeweils durchaus fundierten Hypothesen über die Zuordnung und wenden uns jener kleinen Gruppe von Bildern zu, die im allgemeinen übereinstimmend dem Frühwerk Antonellos zugerechnet werden. Sie stammen aus dem ersten Jahrzehnt seines Schaffens, werfen jedoch nach wie vor Probleme und Fragen bezüglich der Reihenfolge ihrer Entstehung während dieses Jahrzehnts auf.

Auf diese Frage der chronologischen Zuordnung werden wir noch näher eingehen; zunächst wollen wir jedoch versuchen, diese Bilder nochmals unter einem etwas anderen, bislang weniger beachteten Blickwinkel zu betrachten. Sie lassen für sich gesehen wie auch in ihrer Gesamtheit ein großes Spektrum an stilistischen Eigenheiten und an Einflüssen erkennen, so daß sie untereinander eigentlich wenig homogen wirken. Das Spektrum reicht dabei von den ersten neapolitanischen und somit auch flämischen Einflüssen bis hin zu den ersten Einflüssen „italienischer" Formgestaltung, genauer gesagt bis hin zu Tendenzen Piero della Francescas; hierbei ist zu beachten, daß unter der Bezeichnung flämisch die während des sechsten Jahrzehnts in Neapel vertretenen Varianten subsummiert werden.

Ich möchte hiermit versuchen, zumindest ansatzweise einen roten Faden dieser Einwirkungen, dieser geistigen Entwicklung aufzuzeigen (die als solche nicht unbedingt an eine Chronologie gebunden zu sein braucht), die sich anhand der uns erhaltenen Werke jener Jahre rekonstruieren läßt, ungeachtet der durch die geringe Zahl bedingten Lückenhaftigkeit. Damit soll zumindest ein Einblick in die außerordentlich freie und zugleich komplexe Art und Weise gewährt werden, in der Antonello die verschiedenen Einflüsse verarbeitet hat, um schließlich zu seinem eigenen Malstil zu finden.

Die *Kreuzigung* (Abb. 47) von Bukarest ist in meinen Augen nach wie vor das offenkundigste Beispiel für diese Vielfalt der Einflüsse und stilistischen Tendenzen, die für das Frühwerk Antonellos kennzeichnend sind. Und ich möchte an dieser Stelle darauf hinweisen, daß ich zu jenen zähle, die der Meinung sind, daß zwischen der Fertigstellung des unteren, älteren Teils und des oberen Teils einige, wenn nicht sogar mehrere Jahre lagen[29]. Es steht in der Tat außer Zweifel, daß der sich über dieser Szene wölbende, von strahlendem Licht erfüllte Himmel ein großes Maß an Erfahrung in der formalen und räumlichen Gestaltung erkennen läßt, die auch bei den drei halbnackten Gestalten der Gekreuzigten sichtbar wird, die vor diesem Hintergrund in der bekannten „klassischen" Anordnung abgebildet sind. Der untere Teil dagegen trägt den Stempel einer „nordischen" Malweise, die im wesentlichen der mit König René nach Neapel gelangten Stilrichtung der altniederländischen Zeit vor van Eyck zuzuordnen ist, wie wir dies auch schon für die *Kreuzigung* aus der Sammlung Thyssen in Lugano festgestellt haben. Daß vermutlich zwischen der Vollendung dieser beiden Kreuzi-

gungsszenen von Lugano beziehungsweise Bukarest nur wenige Jahre liegen, macht deutlich, wie groß die Kluft war zwischen der ersteren, die eindeutig dem flämischen Kulturkreis in seiner mediterranen Variante angehört, und der letzteren, die im Grunde genommen bereits der italienischen Renaissance zuzurechnen ist.

Recht interessant, aber auch recht unverständlich scheint mir die Tatsache, daß von all den im Süden gemalten „Variationen zum Thema Kreuzigung" flämischer Prägung diejenige des Antonello, mehr noch als irgendeine der anderen, jener kleinen von Konrad Witz gemalten *Kreuzigung* (Berlin, Abb. 48)[30] gleicht, die rund zwanzig Jahre früher, also um 1455 entstanden ist. Beide haben als Hintergrund nicht die Stadt Jerusalem, sondern eine reale Landschaft, bei der die in der Ferne zu sehenden Gewässer und Felsen in ähnlich „mediterraner" Weise dargestellt sind, wo also das intensive Licht die Analyse verkürzt. Beide stellen in ikonographischer Hinsicht eher einen Kalvarienberg als eine Kreuzigung dar, sie geben die Szene *post factum* wieder, nachdem sich nämlich die Menge zerstreut hat und nur wenige Getreue beim Kreuz zurückgeblieben sind. In beiden Fällen schließlich scheinen sich die wenigen abgebildeten Figuren zu gleichen. Sie sind in freier Anordnung um das Kreuz herum gruppiert und in schwere, burgundische Gewänder gehüllt, ihre Gesichter sind schmal und teilweise verdeckt, ihre Gebärden leicht angedeutet: All dies spricht für eine Stilrichtung, die sich vom Niederrhein über Savoyen bis nach Neapel ausgebreitet hat[31].

Wenn ich nun in gewohnter Weise eine chronologische Zuordnung vornehmen sollte und unter den wenigen uns erhalten gebliebenen Werken Antonellos dasjenige auszusuchen hätte, das mir zeitlich am ehesten unmittelbar auf diese Kreuzigung zu folgen scheint, so würde meine Wahl auf die *Lesende Maria* aus der Sammlung Forti fallen, die ursprünglich aus Palermo stammt[32]. Hier ist eine Mischform erkennbar, die von der flämischen Malweise abweicht und durch iberische Charakteristika ergänzt wird, so daß das an Rogier erinnernde schöne, schmale Antlitz mit den aristokratisch anmutenden, durchgeistigten Zügen wie durch eine aragonesische Typologie und Nuancierung gefiltert erscheint. Desgleichen weist der zartweiße Schleier und die über dem Haupte schwebenden Engel sowohl iberische, als auch an Rogier erinnernde Merkmale auf.

Die Gegenüberstellung dieser *Lesenden Madonna* aus der Sammlung Forti mit der *Madonna mit Kind* (sog. Madonna Salting, Abb. 49) aus der National Gallery in London sowie der *Lesenden Madonna* (Abb. 50) von Baltimore zeigt besonders augenfällig, wie innerhalb weniger Jahre dasselbe Thema in stilistisch ganz unterschiedlicher Weise angegangen wurde und die Einflüsse verschiedener Malerschulen widerspiegeln konnte. Am faszinierendsten erscheint die stilistische Stratifikation bei der *Madonna* von London: Die gänzlich burgundische und provenzalische Plastizität des weiten, majestätisch wirkenden Umhangs mit seinem reichen Faltenwurf, der nicht minder großzügige Edelsteinbesatz wie bei der *Verkündigung* von Aix-en-Provence verbinden sich hier mit der iberischen Vorliebe für goldbraune Farbtöne; die fast schon penibel registrierten Gesichtszüge erinnern uns an die langen, schmalen Gesichter der Madonnen alter sizilianischer Meister wie etwa des Tomaso da Vigilia, selbst die Haartracht ist die gleiche, wobei allerdings die formale Strenge in ganz anderer, fast persönlicher Weise gehandhabt wird. Geradezu verblüffend erscheint uns die natürliche Haltung der Hände und ihre analytisch genaue Wiedergabe. Diese Hände sind fast schon eine Vorwegnahme jener Synthese von flämischer Analyse und italienischer Form, die charakteristisch sein sollte für den Höhepunkt der künstlerischen Entwicklung Antonellos.

Die *Lesende Madonna* von Baltimore bildet den Abschluß dieser kleinen Serie von Werken, und eröffnet, wie schon mehrfach erwähnt, den Übergang zur Formgebung des Piero della Francesca, die

keineswegs nur ansatzweise erkennbar wird, etwa bei dem in mildes Licht getauchten wunderschönen Kopf; darüber hinaus weist sie auch eine unerhörte Leuchtkraft der Farben auf, als ob Antonello bereits die Malweise des Fra Angelico und des Domenico Veneziano übernommen hätte, die sich zwischen 1440 und 1450 weiter nördlich verbreitet hatte und somit durch Quarton beziehungsweise Fouquet beeinflußt war.

Unter den zahlreichen verlorengegangenen Werken aus dem Oeuvre Antonellos ist im Hinblick auf die Rekonstruktion seiner künstlerischen Entwicklung besonders bedauerlich der Verlust des Polyptychons des hl. Nikolaus, von dem in Quellen aus dem Jahre 1463[33] die Rede ist. Es ist uns heute nur noch aus den Beschreibungen des Di Marzo, ferner durch die alte Kopie des Antonino Giuffré in der Kirche von Milazzo und schließlich aus den mit Glossen versehenen Blättern und Zeichnungen des Cavalcaselle bekannt. Insbesondere aus letzteren läßt sich zumindest teilweise erschließen, welches stilistische Niveau Antonello in diesem Polyptychon erlangt hat und mit welcher Vielzahl von Problemen er sich auseinandergesetzt hat. Interessant ist etwa die eindrucksvolle architektonische Gestaltung des Thrones, auf dem nach dem Vorbild Piero della Francescas der markant aussehende Heilige Platz genommen hat; oder die „flämisch" wirkenden Farben und die Lichtverhältnisse und schließlich die gewagte Komposition und die Prägnanz der Maltechnik in den Nebenszenen.

Meiner Meinung nach lassen sich gerade die Aussagen Cavalcaselles über die Flügel des verlorengegangenen Polyptychons des hl. Nikolaus[34] sehr gut auch auf die beiden kleinen Tafelbilder im Museum von Reggio Calabria übertragen, die vermutlich ebenfalls zu einem verlorengegangenen Polyptychon gehörten, was uns zu der Annahme veranlaßt, daß sie in nicht allzugroßem zeitlichen Abstand vom Polyptychon des hl. Nikolaus einzuordnen sind. In der kleinen Tafel *Der büßende Heilige Hieronymus*

(Abb. 51) wirkt der auf dem Boden ausgebreitete leuchtendrote Kardinalsmantel wie eine „flämische Draperiestudie"; das Tal erstreckt sich nach flämischer Art in engen Windungen bis zum Horizont, die Felsen jedoch lösen sich in leuchtende Flächen auf, und ein mildes Licht umspielt den Körper des Heiligen und liegt auf dem Gekreuzigten.

Da sich ähnliche Betrachtungen über die kleine Tafel der *Drei Engel* anstellen lassen, bei der zwar die Figur Abrahams beschädigt ist, deren vollständige Komposition allerdings dank einer heute in Denver befindlichen Kopie bekannt ist, müßten die beiden kleinen Tafeln in Reggio Calabria wohl um die gleiche Zeit entstanden sein, das heißt gegen Ende des ersten Jahrzehnts der Tätigkeit Antonellos, also um 1465. Von diesem Jahr an schweigen sich die sizilianischen Quellen über Antonello mehrere Jahre lang aus (bis 1471), so daß anzunehmen ist, daß er in dieser Zeit erneut lange und auch weit auf dem Festland herumgereist sein könnte. Wenn wir uns nun nochmals die kleine Tafel der *Drei Engel* anschauen, so stellen wir fest, daß neben den typisch flämischen, zarten, lichtdurchfluteten Dunstschleiern im Tal, der perspektivischen Studie des kleinen Tisches und dem mit Gras und Blumen bewachsenen Streifen im Vordergrund erstmals in den drei Gestalten der Engel eine recht eindeutige Verbindung zu den bei Petrus Christus in Erscheinung tretenden Typen erkennbar wird. Und da der Name des flämischen Malers an der Spitze der für Antonello in Frage kommenden flämischen Vorbilder rangiert[35], erscheint es angebracht, sich eingehender mit ihm zu befassen und insbesondere die möglichen Beziehungen zwischen Petrus Christus und Italien zu untersuchen.

Der Name Petrus Christus wurde in diesem Zusammenhang erstmals in Verbindung mit einem bekannten, von Malaguzzi Valeri publizierten Dokument genannt, in dem es um die Entlohnung für die dem Herzog Sforza im Jahre 1453 geleisteten Dienste ging (wenn auch die Liste aus dem Jahre 1457 stammt). In dieser Liste erscheinen unter anderem die Namen eines „Antonello de Sicillia" und eines „Piero de Burges". Daß es sich dabei ausgerechnet um unsere beiden Maler handeln könnte, ist recht zweifelhaft, nicht zuletzt deshalb, weil sich die Aufzeichnungen vermutlich zum Teil auf Söldner bezogen, die im Dienste des Herzogs Sforza standen, sie waren also im eigentlichen Wortsinn von ihm „provvisionati", das heißt besoldet[36]. Doch unabhängig von diesem umstrittenen Dokument lassen einige Entwicklungen in der Malerei des Petrus Christus wie auch des Antonello vermuten, daß während der ersten Reise Antonellos auf dem Festland eine Begegnung zwischen ihnen nicht auszuschließen ist (ob sie nun in Unteritalien stattgefunden hat oder anderswo), und es spricht nichts dagegen, daß die Reise ihn auch sehr viel weiter nördlich als nur bis Neapel geführt haben könnte[37].

Bevor wir auf das Werk des *Petrus Christus* zu sprechen kommen, sei darauf hingewiesen, daß er aufgrund neuerer Untersuchungen wesentlich interessanter zu sein scheint, als man früher glaubte. Er wurde nämlich als ein Maler von mittelmäßigem Format angesehen, der sich lediglich an das Vorbild van Eycks hielt. Angesichts seines Werkes und seines Stils ist er indes eher als ein „unabhängiges Genie" zu bezeichnen, da er den Stil der Gründerväter der flämischen Malerei einer kritischen Revision unterzogen hat, obgleich dabei starke Schwankungen zu verzeichnen sind, die eine Rekonstruktion der Entwicklung seiner Stilrichtung noch schwierig gestalten[38].

In einer vor allem dem Frühwerk des Petrus Christus gewidmeten Untersuchung stellt Sterling die Hypothese auf, er habe bereits zu einem sehr frühen Zeitpunkt eine Reise nach Süden unternommen, genauer gesagt in das Niederrheingebiet, und zwar etwa um 1433/34, und dort die früher in Dessau befindliche *Kreuzigung* vollendet (deren Malgrund nämlich aus Weichholz besteht); dort habe er auch grundlegende Kenntnisse der flämischen Malweise vor allem an Konrad Witz vermittelt[39].

Im Verlauf des darauffolgenden Jahrzehnts hatte Petrus Christus dann engere, allerdings noch nicht im einzelnen geklärte Kontakte mit südlichen, genauer gesagt italienischen Malerschulen, wie aus einer in den fünfziger Jahren entstandenen Gruppe von Werken ersichtlich ist. In eben diesen Werken manifestiert sich nämlich eine Abkehr von jener mikrographischen flämischen Analyse, die von jeher die Kunstkritiker jenseits der Alpen bezaubert und im Grunde genommen auch enttäuscht hat, das heißt, es kam zu einer zunehmenden Vereinfachung der Form, die eben als Verarmung empfunden wurde und mit einer Raumgestaltung einherging, bei der, wie Panofsky[40] bemerkt, das perspektivischen Prinzips des Fluchtpunktes zugrundelag, allerdings auf empirischer Basis.

So erklärt sich also der trotz nordischer Ikonographie erkennbare italienische Einschlag, der etwa für den aus der Sammlung Santocanale in Palermo stammende und heute in San Diego (Kalifornien) befindliche *Marientod* (Abb. 55) kennzeichnend ist. Die Komposition ist bestimmt durch den hohen, schmucklosen Raum, in den mildes Licht durch die Fenster dringt, die Ausblick in die Landschaft gewähren. Die Anwesenden stehen still um das Sterbelager, ihre verhaltenen Gebärden lassen keine starken Gefühlsäußerungen erkennen. Als Entstehungsdatum dieser Tafel von ungewöhnlichen Dimensionen wird allgemein die Zeit um 1457 angenommen; aus der gleichen Zeit stammt auch die *Thronende Madonna mit dem Kind und zwei Heiligen* aus dem Städelschen Kunstinstitut in Frankfurt, die in ihrer ausgewogenen Komposition und der klaren architektonischen Gliederung wie eine flämische „Sacra conversazione" wirkt.

Diesen beiden Werken ist die eindrucksvolle *Beweinung des toten Christus* (Abb. 54) aus dem Louvre gegenüberzustellen, die sich von den zahlreichen flämischen Werken mit dem gleichen Sujet durch die formale Vielfalt in der Darstellung der Personen und die wenig ausgeprägte Gliederung unterscheidet.

Schließlich weist das *Bildnis eines Mannes* (Abb. 61) aus Los Angeles augenfällige Parallelen zur Bildnismalerei Antonellos auf. Es sei hier nochmals daran erinnert, daß Panofsky Zweifel angemeldet hat, ob diese Werke überhaupt dem Oeuvre des Petrus Christus zuzurechnen seien; seiner Ansicht nach sind sie eher südländisch als flämisch, und einige von ihnen sogar ausgesprochen „italienisch"[41].

Die Hypothese, daß Petrus Christus eine Reise nach Italien unternommen haben könnte, wie bereits Rogier im Jahre 1450 und sehr wahrscheinlich van Eyck gegen Ende der zwanziger Jahre, ist durchaus ernsthaft in Betracht zu ziehen. Der Hinweis Bolognas, Colantonio habe offensichtlich eine der weinendenFrauen als „Zitat" aus der in Brüssel befindlichen *Beweinung des toten Christus* von Petrus Christus übernommen[42], ist der deutlichste Beweis für diese häufig übersehene und dennoch reale Parallelität zwischen Petrus Christus und der neapolitanischen Malerei in den fünfziger Jahren[43]. Schließlich sei noch darauf hingewiesen, daß die „ab antiquo" belegte Präsenz von immerhin drei bis vier Werken des Petrus Christus in Italien[44] – bei einem nicht sehr umfangreichen Gesamtwerk – vielleicht damit zu erklären ist, daß dieser Maler in Italien größeres Ansehen genoß, als in seiner Heimat, was sich auch daran ablesen läßt, daß van Mander, der Vater der flämischen Kunstgeschichtsschreibung, ihn in seinem „Schilderboek" nicht einmal erwähnt, im Gegensatz zu Vasari und Guicciardini.

Wir wollen uns hier nicht mit der Frage aufhalten, die im übrigen völlig ungeklärt ist, auf welche italienischen Vorbilder dieser „italienische" Einschlag des Petrus Christus zurückzuführen ist. Vielmehr geht es darum, die Beziehungen zwischen Petrus Christus und Antonello näher zu betrachten, die zwar immer wieder unterstellt werden, bislang jedoch keiner eingehenden Prüfung unterzogen worden sind. Wir wollen also herauszufinden suchen, ob und in welchem Ausmaß die Malerei des Petrus Christus (oder eventuell sogar Petrus Christus persönlich) die Entwicklung flämischer Tendenzen bei Antonello beeinflußt hat.

Es ist die Auffassung vertreten worden, die Gestalten der *Drei Engel* von Reggio Calabria ließen sich typologisch auf Petrus Christus zurückführen, genauer gesagt, so möchte ich ergänzend hinzufügen, auf die Engel der *Verkündigung* (Abb. 71) in Berlin sowie auf diejenigen, die auf der Tafel *Christi Geburt* in Washington abgebildet sind. Auf eine weitere ikonographische Parallele zwischen einigen Aposteln im *Marientod* von Petrus Christus und den Figuren im *Wunder des Heiligen Nikolaus, der die drei Gefangenen befreit* aus der verlorengegangenen „Standarte" des hl. Nikolaus von Antonello hat Longhi ausdrücklich hingewiesen[45]. Ganz allgemein ist im Zusammenhang mit dem *Salvator mundi* von London und dem *Ecce Homo* von New York mehrfach der Name Petrus Christus ins Spiel gebracht worden. Dabei wurde auf ein verlorengegangenes Werk des Petrus Christus verwiesen, eben auf jenen „Christus in majestate"[46], über den Summonte berichtet, er habe sich im Hause Sannazzaro zu Neapel befunden.

Im vorliegenden Fall scheint es mir gerechtfertigt, diese recht vage Angabe dahingehend zu interpretieren, daß wir es hier vermutlich mit einem konkreten Hinweis auf eine Verbindung zwischen Petrus Christus und Antonello zu tun haben. Doch zunächst einmal gilt es, auf eine ikonographische Besonderheit des flämischen Bildes aufmerksam zu machen, nämlich darauf, daß die frontale, ikonische Darstellung Christi in Form eines Brustbildes (auch „Rex regum" genannt) bei dem *Dornengekrönten Christus* ebenfalls in Erscheinung tritt[47]. Besonders offensichtlich und für uns von größtem Interesse ist die Tatsache, daß der ehemals zur Sammlung Timken gehörige, heute im Metropolitan Museum New York befindliche *Dornengekrönte Christus* (Abb. 57) von Petrus Christus den *Rex Regum* (Abb. 56) van Eycks zum Vorbild hatte, dessen Original sich ursprünglich in einer englischen Privatsammlung befand, von dem es jedoch in München und in

Brügge alte Kopien gibt[48]. So finden sich etwa in der kleinen Tafel von Petrus Christus sowohl der Bildaufbau als ganzes wie auch zahlreiche Einzelheiten des Bildes van Eycks wieder, zum Beispiel der typische goldene Heiligenschein mit dem Kreuz. Nun ist freilich keineswegs auszuschließen, daß die vermutlich älteste Version der vielen *Ecce Homo*-Darstellungen Antonellos, nämlich die im Metropolitan Museum in New York befindliche, die auf etwa 1470 zu datieren ist, durch flämische Bilder inspiriert wurde, beispielsweise durch das des Petrus Christus in New York.

Bei dem New Yorker Bild, das den Übergang vom Thema des „Dornengekrönten Christus" zu dem für ihn charakteristischen, häufig gestalteten Thema des „Ecce Homo" kennzeichnet, wandelt Antonello in genialer Weise die ursprünglich ikonische, frontale Darstellung (die er, wie wir sehen werden, im *Salvator mundi*, Abb. 59, von London beibehält) insofern ab, als er durch eine Drehung des linken Arms auf den Rücken dem ganzen Körper eine leicht gedrehte Haltung verliehen. Die verschiedenen späteren Varianten des *Ecce Homo,* die im allgemeinen gekennzeichnet sind durch eine Intensivierung pathetischer Details und gleichzeitig durch ein geradezu penibles Streben nach formaler Gestaltung (vor allem im *Ecce Homo*, Abb. 60, des Collegio Alberoni in Piacenza, 1473 datiert und signiert) vermitteln uns eine Vorstellung von der Ausdruckskraft, die Antonello zu jener Zeit in seinem Malstil erreicht hat, und zeigen uns mit aller Deutlichkeit, daß ihm die Kombination von flämischer Analyse der Lichteinwirkungen und italienischer Synthese der formalen Gestaltung in vollendeter Weise gelungen ist.

Vor dem Hintergrund dieser ikonographischen Charakteristika ist auch der *Salvator mundi* (Abb. 59) in London zu sehen. Es scheint nicht ausgeschlossen, daß er ebenfalls inspiriert worden sein könnte durch den bei Summonte erwähnten *Christus in majestate* des Petrus Christus, vorausgesetzt, daß er sich tat-

34. Colantonio, *Der hl. Hieronymus im Gehäus.* Neapel, Museo Capodimonte. Oben: Teilansicht der Regale

35.   Meister der Verkündigung von Aix, *Stilleben*. Amsterdam, Rijksmuseum

36. Meister der Verkündigung von Aix, *Der Prophet Jeremias.*
Brüssel, Musée Royal des Beaux-Arts

37.   Colantonio, *Der hl. Franziskus bestätigt die Ordensregel der Franziskaner.* Neapel, Museum Capodimonte

38. Colantonio, *Kreuzigung.* Lugano, Sammlung Thyssen-Bornemisza

39. Rogier van der Weyden, *Der hl. Georg.* Washington, National Gallery of Art, A. Mellon Bruce Fund

40.   Spanischer Meister des 15. Jahrhunderts, *Maria der Verkündigung*. Como, Museo Civico

Auf der vorhergehenden Seite:
41.   Colantonio, *Königin Isabella mit ihren Kindern im Gebet in der Königlichen Kapelle* (Aus dem *Polyptychon des hl. Vinzenz Ferrer*). Neapel, San Pietro Martire
42.   Provenzalischer Meister des 15. Jahrhunderts, *Johann von Kalabrien im Gebet in der Kapelle*. Marseille, Museum Grobet-Labadie
43.   Jorge Inglés, *Don Inigo de Mendoza im Gebet* (Detail aus dem *Retablo de Buitrago*). Madrid, Sammlung Duque de Infantado

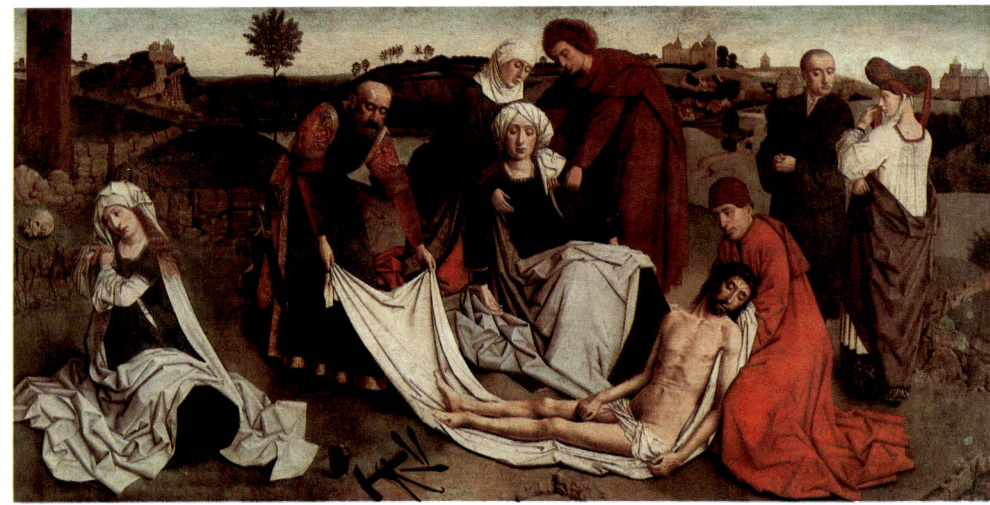

44.   Petrus Christus, *Kreuzabnahme.*
Brüssel, Musée Royal des Beaux-Arts. Rechts: Detail

45.   Colantonio, *Kreuzabnahme*. Neapel, San Domenico Maggiore

46. Colantonio, *Predigt des hl. Nikolaus* (Flügelbild des *Polyptychons des hl. Vinzenz Ferrer*).
Neapel, S. Pietro Martire

47. Antonello da Messina, *Kreuzigung.* Bukarest, Muzeul de Arta

48. Konrad Witz, *Kreuzigung*. Berlin, Staatliche Museen

49.   Antonello da Messina, *Madonna mit Kind*. London, National Gallery

50.   Antonello da Messina, *Lesende Madonna*. Baltimore, The Walters Art Gallery

51.   Antonello da Messina, *Der büßende hl. Hieronymus.* Reggio Calabria, Museo della Magna Grecia

52.   Petrus Christus, *Kreuzigung*. Ehemals Dessau, Staatliche Galerie

3. Petrus Christus, *Thronende Madonna mit dem Kind und zwei Heiligen*. Frankfurt a. M., Städelsches Kunstinstitut

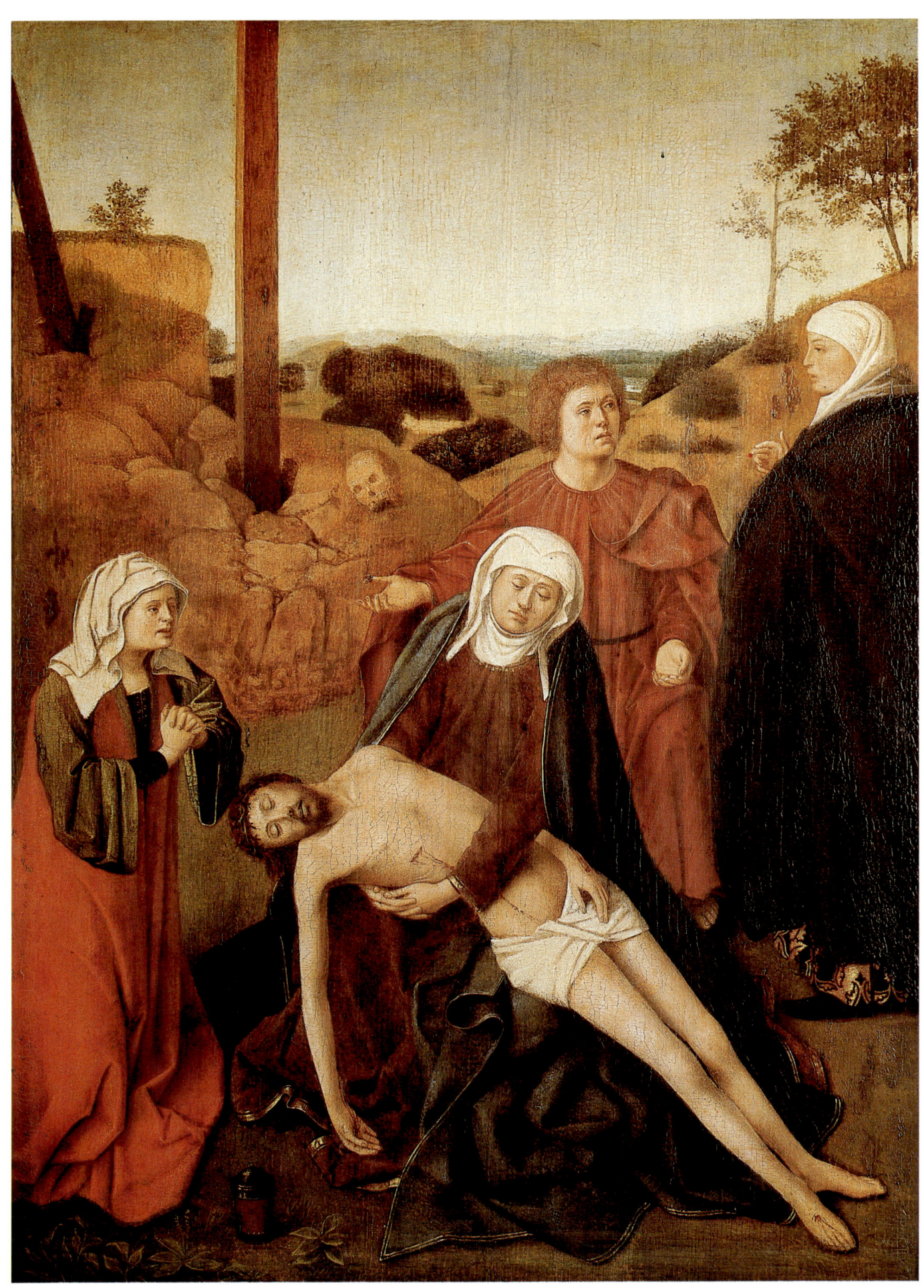

54.   Petrus Christus, *Beweinung des toten Christus*. Paris, Louvre

55. Petrus Christus, *Marientod*. San Diego, Timken Art Gallery, Putnam Foundation Collection

56. Jan van Eyck, *Christuskopf.* Ehemals Newcastle-upon-Tyne, Slg. Miss J. Swinburne (Verbleib unbekannt)
57. Petrus Christus, *Dornengekrönter Christus.* New York, Metropolitan Museum
58. Hans Memling, *Segnender Christus.* New York, Slg. Knoedler

59.   Antonello da Messina, *Salvator mundi*. London, National Gallery

60.   Antonello da Messina, *Ecce Homo*. Piacenza, Collegio Alberoni

 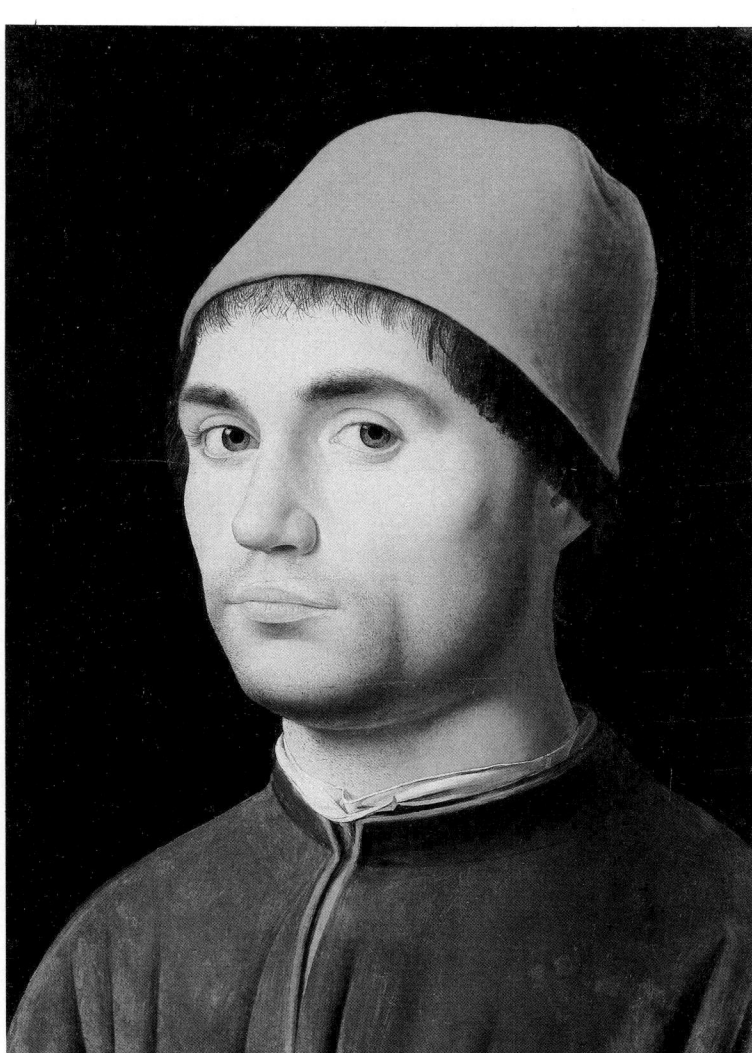

61.   Petrus Christus, *Bildnis eines Mannes*. Los Angeles, County Museum of Art, Balch Collection
62.   Antonello da Messina, *Bildnis eines Mannes*. London, National Gallery

63. Antonello da Messina, *Bildnis eines schwarzgekleideten Mannes*. Lugano, Sammlung Thyssen-Bornemisza

64.   Antonello da Messina, *Bildnis eines Mannes*. Cefalù, Museo Mandralisca

65.   Antonello da Messina, *Kreuzigung*. London, National Gallery

66.   Antonello da Messina, *Kreuzigung*. Antwerpen, Musée Royal des Beaux-Arts

67. Antonello da Messina, *Der hl. Hieronymus im Gehäus.* London, National Gallery

68.   Antonello da Messina, *Verkündigung*. Syrakus, Museo regionale di Palazzo Bellomo

69. Antonello da Messina, *Der hl. Gregor* (Detail des *Polyptychons des hl. Gregor*). Messina, Museo regionale
70. Antonello da Messina, *Thronende Madonna* (Mittelteil des *Polyptychons des hl. Gregor*). Messina, Museo regionale

sächlich schon ein Jahrhundert zuvor in Neapel befunden hat. Fest steht jedoch, daß wir es bei Antonellos Salvator Mundi mit dem genauen Gegenstück des Bildes *Segnender Christus* (Abb. 58) von Memling zu tun haben, das sich ehemals in der Sammlung Hamilton Rice befand und dann an die Sammlung Knoedler in New York gegangen ist. Die gesamte Komposition Antonellos entspricht exakt der Vorlage, bis hin zu den Ausmaßen. Man beachte vor allem beim Christus Memlings die senkrecht erhobene segnende Hand mit den leicht abgewinkelten Fingern sowie den Halsausschnitt des Gewandes; beide Details fanden sich genau so bei Antonello wieder (wie eine Röntgenuntersuchung ergab), bevor dieser die berühmte Korrektur vorgenommen und die Hand durch eine leichte Drehung perspektivisch genau wiedergegeben hat, während der Stoff des Gewandes nunmehr eine schräg verlaufende Falte am Halsausschnitt aufweist. Da aber Memlings *Segnender Christus* nach Aussage Friedländers auf dem verlorengegangenen Rahmen auf 1478 datiert war, ist es mit Sicherheit später entstanden als dasjenige Antonellos (auch wenn man die kürzlich vorgeschlagene Interpretation Previtalis als richtig unterstellt, die auf dem kleinen Schild stehende Jahreszahl sei als „1475" zu lesen und nicht „1465")[49]. Man muß also davon ausgehen, daß beide Werke auf ein verlorengegangenes Vorbild zurückzuführen sind, das man sich unschwer vorstellen kann, wenn man beispielsweise an den segnenden Christus im *Braque-Triptychon* von Rogier van der Weyden denkt oder an den *Segnenden Christus und Madonna* von Robert Campin aus der Sammlung Johnson in Philadelphia, wo auch das Detail der auf der Brüstung aufliegenden rechten Hand vorkommt. Im Hinblick auf den *Salvator Mundi* von Antonello möchte ich jedoch mit Nachdruck auf folgendes hinweisen: Die Tatsache, daß Antonello eine derart offenkundig der exakten perspektivischen und formalen Darstellung dienende Korrektur der segnenden Hand vorgenommen hat und damit sein großes Streben nach getreuer Wie-

dergabe der Wirklichkeit unter Beweis gestellt hat, läßt Raum für die Vermutung, zwischen der ersten Fassung und der Korrektur könnte ein Abstand von mehreren Jahren liegen. Bei näherer Betrachtung des Gesichtes Christi fällt in der Tat auf, daß es in typologischer Hinsicht recht ungewöhnlich für Antonello ist und daß die kleinen, fast mandelförmigen Augen, vor allem jedoch das einer älteren Phase entsprechende geringere Maß an minuziöser Ergründung der Physiognomie, in gewisser Hinsicht an Petrus Christus erinnern.

Nach diesem ikonographischen Exkurs wollen wir uns wieder jener Phase zu Beginn der siebziger Jahre zuwenden, in der Antonellos Werk klar erkennen läßt, daß er die zweifachen Grundlagen seiner Malkunst, nämlich die flämische und die italienische Malweise, nunmehr perfekt beherrschte und auf beiden Registern meisterhaft zu spielen verstand. Neben der Gruppe der Ecce-Homo-Bilder stellt vor allem die schöne Sequenz seiner Bildnisse einen schlagenden Beweis für den „Bilinguismus" dieses Malers dar, den auch schon Cavalcaselle gesehen hat, als er die „auf Brügge verweisende Technik" erwähnte, in der sie gemalt sind.

Diese Sequenz wird eröffnet durch das *Bildnis eines Mannes* (Abb. 64) aus dem Museum in Cefalù, das in der Tat allgemein auf etwa 1470 datiert wird und das nach einer kürzlich durchgeführten Restaurierung wieder im alten Glanz der samtenen Schwarztöne und des leuchtenden Weiß erstrahlt. Die geradezu herausfordernde Vitalität dieses Mannes mit den typisch sizilianischen Zügen, die unglaubliche Sicherheit der formalen Gestaltung – der Bogen des in die Stirn gezogenen Baretts, der Kragen, die Aufschläge der Jacke – tun dem eindeutig flämischen Charakter dieses Bildnisses keinen Abbruch. Nicht nur der Bildaufbau ist flämisch, das heißt die zu drei Vierteln vor dunklem Hintergrund dargestellte Person, flämisch ist vor allem die Analyse der Lichteinwirkung auf der gemalten Oberfläche, bis hin zum Detail des in der Pupille erkennbaren Lichtpunktes.

Neben dieses Meisterwerk möchte ich das groß- artige *Bildnis eines Mannes* (Abb. 63) aus der Samm- lung Thyssen in Lugano stellen, das vermutlich einige Jahre später entstanden ist und eine intensiv erforschte Physiognomie mit inquisitorischem Blick und langer, spitzer Nase aufweist.

Diesem Porträt steht trotz des stärker formalen Aufbaus das *Bildnis eines Mannes* (Abb. 62) aus der National Gallery in London gegenüber, das dem in Los Angeles befindlichen *Bildnis eines Mannes* (Abb. 61) von Petrus Christus so sehr ähnlich ist, daß es auf den ersten Blick wie dessen Spiegelbild aussieht. Wie schon gesagt, hat Panofsky die Zuge- hörigkeit dieses Bildnisses zum Oeuvre des Petrus Christus verneint[50] und eine sehr viel spätere Datie- rung vorgeschlagen, und zwar eben wegen seiner eher italienisch anmutenden Charakteristika.

Die große Ähnlichkeit dieser beiden Porträts bestätigt eindeutig den ausgesprochen flämischen Charakter der Bildnismalerei Antonellos, stellt zu- gleich jedoch die an sich offenkundige Tatsache in Frage, daß Antonello für sein Bildnis dasjenige des Petrus Christus als Vorbild genommen haben könnte. Während sich nämlich das Porträt Antonel- los ohne Schwierigkeiten in dessen Sequenz von Bildnissen einreihen läßt, die eindeutig an van Eyck orientiert sind, weist auf der anderen Seite das Por- trät des Petrus Christus merkwürdigerweise Charak- teristika auf, welche es von seinen übrigen Bildnis- sen unterscheiden, die fast durchweg eine mehr oder weniger ausgeprägte architektonische Umrahmung aufweisen.

Auch in diesem Fall läßt sich die enge Verwandt- schaft der beiden Bildnisse, die in Wirklichkeit chro- nologisch rund zwanzig Jahre auseinanderliegen, nicht einfach damit erklären, daß Antonello sich an Vorbildern des Petrus Christus orientiert haben könnte. Dennoch stellen sie ein besonders ein- drucksvolles Beispiel für die zwischen diesen beiden Malern bestehenden Parallelen dar, die wir zum Anlaß nehmen wollen, abschließend einige Über-

legungen über diese Berührungspunkte zwischen Petrus Christus und Antonello anzustellen.

Diese Überlegungen sind mir bei der Lektüre einer sehr aufschlußreichen und wenig beachteten Passage am Ende des ersten Bandes von Friedländers Monumentalwerk über van Eyck[51] gekommen. Ent- gegen der damals verbreiteten Ansicht vertrat der große Kunsthistoriker die Auffasung, van Eyck habe, wiewohl Begründer der flämischen Malerei, dennoch keine echten Schüler gehabt. Wenn man als Schüler lediglich denjenigen ansieht, der in die Fuß- stapfen des großen Meisters tritt, so könne man Petrus Christus als den einzigen Schüler van Eycks bezeichnen; wenn man jedoch als Schüler im weiter- gehenden Sinne den Erben ansieht, also denjenigen, der ein Erbe künsterlischer Ideen übernimmt, sich diese zu eigen macht und sie verarbeitet, um sie dann weiterzugeben, so könnte man nur einen Maler als Erben van Eycks bezeichnen, nämlich Antonello da Messina.

Diese Überlegungen eines so profunden Kenners wie Friedländer, die ich für ebenso erstaunlich wie aufschlußreich halte, versetzen uns in die Lage, jen- seits aller philologischen und historischen Hypothe- sen das zu erfassen, worin meiner Meinung nach der tiefere Sinn dieser unzweifelhaft bestehenden Bezie- hung zwischen Petrus Christus und Antonello liegt, ungeachtet des geringeren künstlerischen Formats des ersteren und der Tatsache, daß letzterer der italie- nischen Tradition zutiefst verpflichtet ist.

Ich bin in der Tat der Meinung, daß wesentliche Grundlage dieser Beziehung das gemeinsame Vor- bild van Eyck war. Diese Feststellung, die für Petrus Christus auf der Hand liegt, für Antonello jedoch nicht ganz so naheliegend ist, verweist uns unmittel- bar auf die ebenso grundlegende Frage, ob nämlich aus Antonellos Kenntnis der flämischen Malerei, die sich in seinem Werk offenbart, die Schlußfolgerung gezogen werden darf oder vielleicht sogar muß, daß er tatsächlich eine Reise nach Flandern unternom- men hat.

Die Assimilierung Antonellos an den flämischen Stil, die sich in vielen seiner Werke zeigt, übertrifft an Qualität und Subtilität diejenige vieler anderer europäischer Maler des 15. Jahrhunderts und geht weit über eine bloße Übernahme kompositorischer, ikonographischer, maltechnischer und stilistischer Elemente hinaus, die für einen Großteil der europäischen Malerei jenes Jahrhunderts kennzeichnend ist. Eben diese „von innen kommende" Assimilierung an eine Formensprache legt es nahe, die alte, in Mißkredit geratene Angabe Vasaris, Antonello habe eine Reise nach Flandern unternommen, wieder aufzugreifen. In Mißkredit ist diese Angabe bekanntlich aufgrund grober Fehlinformationen geraten, wie etwa der angeblichen direkten Begegnung mit van Eyck (der ja bereits 1444 gestorben war), und aufgrund romanhaft ausgeschmückter Details, zum Beispiel über das „Geheimnis" der Ölmalerei, dessen Antonello sich bemächtigt habe, um es heimlich nach Italien zu bringen. Nachdem man zu Beginn unseres Jahrhunderts diese Hypothese fallen ließ, wird sie in neueren Untersuchungen wiederum für durchaus plausibel erachtet[52].

Angesichts der Tatsache, daß sich immer deutlicher rege Beziehungen zwischen den Malern des 15. Jahrhunderts abzeichnen, die offenbar wesentlich intensiver waren, als bislang angenommen wurde, ist nicht einzusehen, warum diese Hypothese a priori nur deshalb verworfen werden sollte, weil sich die von Vasari wiedergegebene Version als unhaltbar erwiesen hat, vielleicht aber auch deshalb, weil man zu sehr davon überzeugt war, daß die im 15. Jahrhundert in Neapel vertretene flämische Kunst an sich schon eine hinlängliche Erklärung für die so augenfälligen flämischen Tendenzen im Werke Antonellos darstelle.

Da sich zwischen 1465 und 1471 bekanntlich die sizilianischen Quellen über Antonello ausschweigen und man dieses Schweigen damit zu erklären pflegt, daß sich der Maler während dieser Zeit nicht auf Sizilien aufgehalten, sondern Reisen auf dem Festland

unternommen habe, ist nicht auszuschließen, daß ein Künstler wie Antonello, der schon von jungen Jahren an derart wißbegierig und reiselustig war, während dieser Jahre bis nach Flandern gelangt sein könnte. Dies umso mehr, als die siebziger Jahre durch verstärkte internationale Beziehungen zwischen Neapel, der Lombardei und Flandern gekennzeichnet sind. In die gleiche Zeit fallen auch die Reisen des Lombarden Zanetto Bugatto nach Brüssel und des Giovanni di Giusto von Neapel nach Brügge (1469-1470), während sich Laurana von Neapel aus in die Provence und Froment von der Provence aus nach Flandern begeben hat.

Schließlich sei noch darauf hingewiesen, daß sich von etwa 1465 an die flämische Kunst in Italien offenbar mehr als zehn Jahre hindurch außerordentlich großer Beliebtheit erfreute und eine wichtige Rolle als verbindendes Element zwischen den größten Meistern der italienischen Renaissance gespielt hat: Ich denke dabei an die Beziehungen zwischen Giovanni Bellini, Piero della Francesca und Antonello, auf die wir in den folgenden Kapiteln näher eingehen wollen.

Daß Antonello in den Jahren zwischen 1465 und 1471 erneut im Norden weilte, bestätigt, wie schon gesagt, die Hypothese einer Reise nach Venedig, und zwar noch vor dem bekannten und belegten Venedigaufenthalt von 1475/76, und möglicherweise auch die eines Aufenthaltes in Mailand; dort nämlich war Antonello nach Auskunft des Maurolico bereits „iperceleber". In dem berühmten Brief des Herzogs Galeazzo Maria Sforza, mit dem dieser Antonello nach Mailand beruft, heißt es unter anderem, der Kaufmann Cagnola sei über den Maler „informatissimo"[53]. Bekanntlich blieb Antonello jedoch in Venedig, um dort den Altar von San Cassiano fertigzustellen. Schon seit längerem wurde auf einige auffallende stilistische Parallelen hingewiesen, die zwischen den Flügelbildern eines nicht mehr erhaltenen Polyptychons von Antonello mit der Darstellung der Heiligen Gregor, Hieronymus und Augustinus

(Palermo, Galleria Nazionale della Sicilia) sowie den Heiligen eines lombardischen Polyptychons bestehen, das dem Zanetto zugeschrieben wird und das sich heute in Gazzada (Varese) in der Villa Cagnola befindet. Auf dem Mittelteil dieses Polyptychons, dessen Flügel verloren gegangen sind, ist die *Thronende Madonna mit dem Kind und Engeln* (Abb. 150) zu sehen. Der wunderschöne hl. Gregor von Antonello wirkt aufgrund der leuchtenden Farben und der formalen Klarheit tatsächlich fast wie ein Ebenbild des *Heiligen Ambrosius* (Abb. 144) auf dem Polyptychon des Zanetto Bugatto (London, Sammlung Matthiesen).

Die thronende Madonna im Mittelteil des *Polyptychons des hl. Gregor* (Abb. 69, 70) im Museum von Messina weist sehr viel stärkere flämische Anklänge auf, als dies üblicherweise eingeräumt wird. Der wunderbare Faltenwurf des weiten Umhangs, die auf die Schultern fallenden blonden Haare, rücken diese Madonna noch ganz in die Nähe der von Petrus Christus aufgegriffenen Vorbilder van Eycks. Mit dem Polyptychon von Messina oder wenig später beginnt also jene Phase im Werke Antonellos, die gekennzeichnet ist durch die Tendenz zu einer so könnte man sagen, „Rückkehr zu den Ursprüngen", voller Archaismen und flämischer Ikonographien, die nunmehr durchsetzt sind von italienischer Form-, Raum- und Lichtgestaltung. Tatsächlich ist im Polyptychon von Messina das vorherrschende Element die klare räumliche Gliederung, die sich vor allem an der perfekten Wiedergabe der kleinen halbrunden Stufe vor dem Thron zeigt.

Diese Mischung aus flämischen Stilelementen und italienischer Renaissance, oder besser gesagt, diese italienische Renaissance mit flämischem Einschlag ist noch deutlicher sichtbar in der 1474 für Palazzolo Acreide gemalten *Verkündigung* (Abb. 68), die sich heute im Museum von Syrakus befindet. Der düstere Innenraum, die kleinen Sprossenfenster und das Stück Landschaft, das durch sie hindurch erkennbar ist, die wie Stilleben anmutenden schö-

nen Details erinnern uns wiederum an die Komposition des Petrus Christus in der *Verkündigung* (Abb. 71) von Berlin. Sofern sich der Blick nicht durch die großflächig abblätternde Farbe ablenken läßt, ist eine Vielzahl raumgliedernder Elemente auszumachen, kleine Stufen, Konsolen, Säulen, Tragebalken, die alle dank des einfallenden Sonnenlichts klar hervortreten. Die Tatsache schließlich, daß die ganze Szene mit einem in Grisaille gehaltenen architektonischen Rahmen eingefaßt ist, verweist auf Rogier van der Weyden, greift jedoch mit der Gliederung des Raums nach dem Prinzip des „goldenen Schnitts" zugleich auf klassische Vorbilder zurück. Die ganze Szene ist in einer gegenüber der Mittelachse des Raumes leicht verschobenen Perspektive wiedergegeben, wodurch der Eindruck der „prospettiva plurima" entsteht, statt der sonst in der italienischen Malerei üblichen Zentralperspektive. Hier zeigt sich die meisterhafte Fähigkeit Antonellos, beide Stilrichtungen miteinander zu vereinen.

Entsprechendes läßt sich auch hinsichtlich des Bildes *Der hl. Hieronymus im Gehäus* (Abb. 67) der National Gallery in London sagen, das ursprünglich aus Venedig stammt, wo Michiel es sehr bewundert hat. Zu Recht hat er die Frage aufgeworfen, ob es sich dabei um das Werk eines flämischen oder eines italienischen Meisters handelt, wobei er zwischen Memling, van Eyck und Jacometto schwankte. Eine Analyse der zahlreichen Komponenten dieser kleinen Tafel könnte einen Beitrag zur umstrittenen Frage ihrer Datierung leisten, die sich wohl zwischen den ersten Jahren der Tätigkeit Antonellos – in Anbetracht der vielen typisch flämischen Elemente – und seinem Aufenthalt in Venedig im Jahre 1475 bewegt. Betrachten wir zunächst einmal die Thematik. Schon in der allerersten Zeit der Verbreitung des flämischen Stils war dieses Thema überaus beliebt (davon zeugt auch das Tafelbild Colantonios); hier allerdings wird es in unerhört neuer Art und Weise bearbeitet und unterscheidet sich vollständig von früheren Interpretationen, die sich auf die Darstel-

124

71.   Petrus Christus, *Verkündigung*. Berlin, Staatliche Museen

lung eines den Vordergrund ausfüllenden düsteren, engen, mit „nature morte" überladenen Raumes beschränkten. Antonello dagegen nimmt erstmals ganz unvermittelt eine unglaubliche Erweiterung des Themas vor, indem er eine außergewöhnliche Vielfalt an Raummotiven und an perspektivisch gestalteten Durchblicken einbringt, die in krassem Widerspruch zu den minimalen Ausmaßen dieser Tafel steht (46 x 36,5 cm). Die dreifachen gotischen Gewölbe des weitläufigen, mysteriösen Raumes (halb Studierzimmer, halb dreischiffige Kirche), die schräg nach hinten verlaufende Flucht gotischer Arkaden, das streng geometrisch gegliederte, vom Fliesenboden sich erhebende Holzpodest mit dem Schreibpult des Heiligen, schließlich die Einrahmung der gesamten Szene mit einem Torbogen in aragonesischem Stil, dies alles verleiht dem Ganzen durch den spielerischen Einsatz der Perspektive unter Rückgriff auf Elemente des alten neapolitani-

schen Formenschatzes ein raffiniertes Flair. Hier tritt also wieder jener Reichtum räumlicher Gestaltung, verbunden mit einer in subtiler Weise perspektivisch „kontaminierten" Darstellung in Erscheinung, wie dies bereits bei der Verkündigung von Palazzolo Acreide der Fall war. Sie steht im Gegensatz zu der typisch italienischen Zentralperspektive und der Monumentalität des *Hl. Sebastian* und des *Altars von San Cassiano,* zwei Werken, die auf den Aufenthalt in Venedig zurückzuführen sind und somit zur gleichen Zeit entstanden sind, wie *Der hl. Hieronymus im Gehäus.* Den letzten Ausschlag für eine relativ späte Datierung dürfte die monumentale Gestaltung des Heiligen geben, der wie auf einer Medaille im Profil dargestellt ist, ansonsten aber mit dreidimensionaler Raumwirkung in seinem Gestühl sitzend dargestellt ist. Wir haben es hier also nicht mehr mit dem Bild des mittelalterlichen Gelehrten zu tun, sondern mit dem für die Renaissance typischen Humanisten.

125

Bevor wir die Betrachtungen über den Aufenthalt Antonellos in Venedig abschließen, ist zumindest eine kurze Anmerkung über die „vexata quaestio" der Beziehungen zwischen Antonello und Bellini angebracht, die seit langem viele Kunsthistoriker beschäftigt hat, die Frage nämlich, ob der Einfluß Bellinis auf Antonello größer war, oder umgekehrt. Wenn auch der Aufenthalt Antonellos in Venedig und insbesondere die Bekanntschaft mit Giovanni Bellini für die letzte Phase seines Schaffens zweifellos von großer Bedeutung gewesen ist, so bin ich doch der Meinung, daß bei beiden Malern die Waagschalen von Geben und Nehmen in etwa ausgewogen sein dürften. Und in der Tat besteht kein Zweifel daran, daß Antonellos bedeutendstes venezianisches Werk, der *Altar von San Cassiano,* im Gefolge desjenigen entstanden ist, den Bellini für die Kirche San Giovanni e Paolo (1464-1468) gemalt hat, und auch der *Christus auf dem Grab* im Museum Correr ist sicher zurückzuführen auf ein bei Bellini überaus beliebtes und häufig bearbeitetes Thema, dem er allerdings den unverwechselbar flämischen Landschaftsausschnitt hinzugefügt hat. Zugleich ist jedoch nicht zu übersehen, daß der „nordische" Einschlag bei Bellini, der sich schon lange in seiner Malerei abgezeichnet hatte, wie wir noch sehen werden, durch die Präsenz Antonellos zwangsläufig wesentliche Impulse erhielt. Dies gilt nicht zuletzt auch im Hinblick auf seine Maltechnik, die auf allen Gebieten ganz hervorragende Ergebnisse zeitigte, und nicht nur auf dem Gebiet der Bildniskunst, wie immer wieder behauptet wird. Einfacher ausgedrückt: Bei beiden Künstlern hat die Begegnung tiefe Spuren hinterlassen und den Stil ihrer Malerei jeweils in entscheidendem Maße geprägt.

Damit sind wir bei der letzten Phase des Wirkens von Antonello angelangt, dem nach seiner Rückkehr nach Sizilien nur noch wenige Jahre bis zu seinem frühen Tode im Jahre 1479 verbleiben sollten. Diese Zeit hat kürzlich Previtali näher beleuchtet, der zu Recht nachdrücklich auf Antonellos Streben

nach plastischer und anatomisch genauer Wiedergabe hingewiesen hat[54]. Ergänzend möchte ich noch hinzufügen, daß diese so typisch italienischen Bestrebungen Antonellos einhergehen mit seiner Vorliebe für minuziöse, analytische Darstellungen, die letztlich durch seine Erfahrungen mit der flämischen Malerei bedingt ist. Nicht zu vergessen ist auch, wie Previtali aufgezeigt hat, das Problem der Mitwirkung der Mitarbeiter seiner Werkstatt (insbesondere seines Sohnes Jacobello), die mit Hand an seine Werke gelegt haben. Gleichwohl sind diese Bilder Ausdruck seines überragenden Genies, wie etwa *Christus als Schmerzensmann* aus dem Prado und vielleicht auch die *Madonna mit dem Kind* (sog. Madonna Benson) in der National Gallery in Washington, die somit relativ spät, auf etwa 1475/76, zu datieren wäre.

Diese Bestrebungen seiner letzten Jahre bringt wohl am eindrucksvollsten die *Kreuzigung* (Abb. 66) im Museum von Antwerpen zum Ausdruck, deren Entstehung etwas später anzusetzten ist, als die *Kreuzigung* (Abb. 65) von London, wie Previtali, in Umkehrung der herkömmlichen Reihenfolge postuliert hat[55]. Vor allem die Darstellung der beiden im Todeskampf sich krümmenden Schächer wirkt durch den Einsatz der perspektivischen Verkürzung dermaßen plastisch und steckt so voller dynamischer Neuerungen, daß sie fast schon gewisse Darstellungen des frühen Cinquecento, insbesondere Michelangelos, vorwegzunehmen scheint. Im Gegensatz dazu strahlt die *Kreuzigung* von London eine Ruhe und eine Harmonie aus, die an das Frühwerk Raffaels erinnert; sie ist gekennzeichnet durch die ovale Anordnung, die räumliche Gliederung, das milde Sonnenlicht. Ikonographisch betrachtet greifen diese beiden Kreuzigungsszenen ein letztes Mal das alte flämische Thema des Kalvarienberges auf und vollenden damit eine mit der *Kreuzigung* von Bukarest begonnene Entwicklung, die hier allerdings gekennzeichnet ist durch eine noch größere Detailtreue in der Gestaltung des Vordergrundes und durch den Zusatz der im Hintergrund abgebildeten Stadt Jerusalem sowie durch das Motiv der sich entfernenden Personen.

Die hier erkennbar werdende Treue gegenüber den ikonographischen Traditionen ist ein letztes Charakteristikum Antonellos, das ihn mit der flämischen Malerei verbindet. Während des ganzen 15. Jahrhunderts griffen im Anschluß an van Eyck und Rogier van der Weyden zwei bis drei Generationen flämischer Maler ständig auf die alten Themenkreise zurück, von Dirk Bouts bis Memling, von Hugo van der Goes bis Gerard David – ein bemerkenswerter und im allgemeinen weniger bekannter Aspekt der flämischen Malerei des 15. Jahrhunderts.

Anmerkungen

[1] Wir beschränken uns hier auf den Hinweis auf die beiden kürzlich erschienen umfangreichen Monographien von R. Pane *Il Rinascimento nell'Italia Meridionale*, 2 Bde. Mailand 1975–77, und von F. Bologna, *Napoli e le rotte mediterranee nella pittura di Alfonso d'Aragona e Ferdinando il Cattolico*, Neapel, 1977.
Darüber hinaus sei auf die interessante Zusammenfassung von F. Sricchia Santoro verwiesen, die sich in dem bereits erwähnten Artikel *L'ambiente di formazione di Antonello...*, Rom 1981, findet. Für einen Überblick über die Handelsbeziehungen Neapels siehe den erwähnten Band von M. Del Treppo, *I mercanti catalani...*, Neapel 1972.

[2] Der Text dieses Briefes wurde publiziert von F. Nicolini, *L'arte napoletana e la lettera di Pietro Summonte a Marco Antonio Michiel* in: „Napoli nobilissima", 1925. Der gleiche Text mit einer kritischen Neubearbeitung findet sich in dem ersten Band des erwähnten Werkes von R. Pane, Mailand 1975, S. 65ff.

[3] Vgl. den Beitrag von O. Pächt, *René d'Anjou et les van Eyck*, in: „Cahiers de l'Association internationale des Etudes françaises", 1956, S. 41ff.

[4] Es ist nicht möglich, hier die noch weitgehend ungeklärten Probleme auch nur zu umreißen, die sich im Zusammenhang mit der Frage stellen, welche Rolle Robert Campin bei der Verbreitung der flämischen Malerei im Süden, vor allem im südfranzösischen Raum gespielt hat. Was seine überaus starke Persönlichkeit betrifft, möchten wir uns hier auf den Hinweis beschränken, daß es langer und komplizierter Untersuchungen bedurfte, bevor man zu der allgemein anerkannten Feststellung gelangte, daß der Meister von Flémalle mit Robert Campin von Tournai identisch ist, jenem älteren Gefährten Rogiers van der Weyden, dessen Frühwerk man lange Zeit hindurch die Bilder Robert Campins zugeschrieben hat.

[5] Der Text von C. Tutini, *De' pittori, scultori architetti... napolitani* aus der Zeit um 1642, der von Croce in „Napoli nobilissima" VIII (1908) publiziert wurde, findet sich in O. Morisani, *Letteratura artistica a Napolit tra il ,400 e il' 600*, Neapel 1958.

[6] R. Pane, *Il Rinascimento...*, op. cit., Neapel 1972, I, S. 74.

[7] *Der Heilige Hieronymus im Gehäus* wurde von L. Demonts (*Le Maître de l'Annonciation de Aix*, in: „La Revue de l'Art", 1928, 5) dem Meister der Verkündigung von Aix zugeschrieben, während C. Aru sogar die Verkündigung von Aix Colantonio zuschrieb (Dedalo XI, 1931).

8 Vgl. C. Sterling, *La Pietà de Tarascon*, in: „Revue du Louvre", 5, 1955, S. 35ff, und in: „Propyläen Kunstgeschichte", VII, 1972, S. 184. Andererseits erscheint die von Pächt in *René d'Anjou et les van Eyck* (op. cit. 1956, S. 41) und in *René d' Anjou Studien* (op. cit., 1973) aufgestellte Hypothese durchaus wahrscheinlich, daß es sich bei König René selbst und jenem Miniaturmaler, der unter dem Namen ‚Meister von König René' bekannt ist, um ein und dieselbe Person handeln könne.

9 Der Kodex (ms. 358 aus der Pierpont Morgan Library) wurde publiziert von F. Avril, *Pour l'enluminure provençale: Enguerrand Quarton, peintre des manuscripts*, in: „La Revue de l'art", 35, 1977.

10 Vgl. L. Demonts, in: „Melangés Hulin de Loo", 1931, S. 123ff.

11 F. Bologna, *Il Maestro di Giovanni di Capestrano*, in: „Proporzioni" III (1950), S. 92.

12 Bezüglich des Bildes *Der Heilige Hieronymus* von van Eyck vgl. Anmerkung 8 im zweiten Kapitel.

13 R. Longhi, *Una Crocifissione di Colantonio*, in: „Paragone" 63, (1955), S. 6.

14 R. Pane, *Il Rinascimento . . .*, op. cit., I, S. 73.

15 Vgl. F. Bologna, *Napoli e le rotte . . .*, op. cit., S. 64.

16 F. Bologna, *Napoli e le rotte . . .*, op. cit., S. 89–90.

17 Vgl. *Collezioni Civiche di Como. Proposte. Scoperte. Restauri*, Mailand 1981, Abbildung Nr. 45 (herausgegeben von P. L. De Vecchi).

18 Hinsichtlich dieser beiden Zuschreibungen vgl. R. Longhi, *Una Crocefissione di Colantonio*, in: „Paragone" 63 (1955), S. 3ff, sowie *Frammento siciliano*, in: „Paragone" 63 (1955), S. 3ff.

19 Vgl. C. R. Post, *Flemish and Hispano-Flemish Paintings in the Crucifixion*, in „Gazette des Beaux-Arts", 1952, S. 234ff; die gleiche Auffassung vertritt C. Sterling, *Jan van Eyck avant 1432*, op. cit., S. 32. Ich selbst neigte eher der Zuschreibung Longhis zu (vgl. *I rapporti Italia-Fiandra II* in: „Paragone" Nr. 201, S. 44), bevor ich das Bild selbst zu Gesicht bekommen habe.

20 Tatsächlich hat Colantonio, wie Longhi feststellte (*Una Crocifissione di Colantonio*, art. cit., S. 9), diesen Landschaftstypus im Hintergrund der *Kreuzabnahme* in San Domingo fast bis ins letzte Detail übernommen.

21 Über diese neapolitanischen Bilder wissen wir Genaueres dank der schon mehrfach erwähnten Arbeit Bolognas *Le rotte mediterranee . . .*, Neapel 1977, insbesondere Kap. III. Dieser Aufzählung möchte ich noch eine weitere Tafel hinzufügen, die von Friedländer *Die altniederländische . . .* II, S. 130 und Abb. 121) publiziert wurde, bei der es sich vermutlich um eine spanische Kopie Rogiers handelt, die sich in der Sammlung Cernuschi, Paris, befindet und eine *Madonna mit dem Heiligen Joseph und einem Heiligen* darstellt. Abgesehen von der Datierung „ca. 1500", die mir zu spät angesetzt erscheint, möchte ich auf den augenfälligen flämisch-iberischen und neapolitanischen Einschlag dieser Tafel hinweisen.

22 Vgl. F. Bologna, *Napoli e le rotte . . .*, op. cit., S. 93–94.

23 Vgl. F. Bologna, *Napoli e le rotte . . .*, op. cit., S. 95.

24 Die umstrittene Frage der vermutlichen Präsenz Fouquets in Neapel, die von Bologna bereits seit 1950 postuliert wurde (*Il maestro di san Giovanni da Capestrano*, art. cit., S. 92–93), ist von Bologna mit neuen Präzisierungen aufgegriffen worden in *Le rotte . . .*, op. cit., S. 65ff (siehe auch die dort angeführte Bibliographie).

25 R. Longhi, *Frammento siciliano*, in art. cit., S. 21.

26 Vgl. die Hypothese, die F. Sricchia Santoro aufgestellt hat in dem Artikel *La prima attività di Antonello: documenti e ipotesi*, S. 73, des bereits erwähnten Kataloges zur Ausstellung *Antonello da Messina*, Rom 1981, in dem er die Auffassung vertrat, das Geburtsjahr des Malers sei zwischen dem Jahr 1420 und dem Jahr 1430 anzusetzen. Demzufolge würde sein Aufenthalt in Neapel eher in der Zeit um die Ankunft von Alfons von Aragonien liegen.

27 *Antonello da Messina*, herausgegeben von Alessandro Marabottini und F. Sricchia Santoro, Rom 1981.

28 Vgl. Anmerkung 18.

29 Diese Hypothese wurde von Longhi in *Frammento siciliano*, art. cit., S. 27–28, aufgestellt. Bologna (*Napoli e le rotte . . .*, op. cit., S. 90) hat die Unterscheidung akzeptiert, jedoch die erste Phase zeitlich sehr stark zurückverlegt, so daß sie mit dem ersten Aufenthalt in Neapel zusammenfällt. Mit dieser Hypothese stimme ich völlig überein. Previtali zufolge fällt die Entstehung der Kreuzigung dagegen möglicherweise in die zweite Hälfte der Sechziger Jahre (*Da Antonello da Messina a Jacopo di Antonello*, in „Prospettiva" Nr. 20, 1980, S. 30).

30 Die Parallelität zwischen der *Kreuzigung* Antonellos und derjenigen von Witz wurde von Lauts (*Antonello da Messina*, Wien 1940, S. 9–10) postuliert und von mir in *I rapporti Italia-Fiandra II* in: „Paragone" 201 (1966), S. 47, bestätigt.

31 Zu den eindrucksvollsten und geheimnisvollsten Beispielen für diese sich ausbreitende Stilrichtung zählt die *Pietà* aus der Sammlung Miss Helen Frick in New York. Vgl. G. Ring, *A Century of French Painting, 1400-1500*, London 1949, S. 224, Abb. 37; s. auch meine Ausführungen in dem Artikel *I rapporti Italia-Fiandra II*, art. cit., S. 57.

32 In diesem Zusammenhang erscheint mir der Hinweis auf eine handschriftliche Notiz Fioccos außerordentlich interessant (der auch in dem erwähnten Katalog *Antonella da Messina*, S. 87, aufgeführt wird). Diese Notiz, die bei der Fondazione Cini aufbewahrt wird, lautet folgendermaßen:

„Die Röntgenuntersuchung [der Lesenden Madonna Cini] ergab, daß auf der Tafel auch der Entwurf für die Kreuzigung von Hermannstadt zu sehen ist [wo sie sich ehemals befand, heute hängt sie in Bukarest]". Hierdurch würde die Hypothese von der zeitlichen Nähe beider Bilder gestützt.

33 Das Dokument von 1463 über ein Banner des Heiligen Nikolaus, das bei Antonello in Auftrag gegeben wurde, ist von Longhi (*Frammento Siciliano*, art. cit., S. 25) auf das Bild der Heilige Nikolaus auf der Kanzel bezogen worden, das bei dem Erdbeben von Messina im Jahre 1908 verlorenging und uns aus der Kopie bekannt ist, die Antonio Giuffré für die Kathedrale von Milazzo angefertigt hat. Es hat sich jedoch ergeben, daß die Kopie Giuffrés, und damit auch das von Cavalcaselle in Augenschein genommene Polyptychon, mit einem anderen verlorengegangenen Polyptychon in Zusammenhang steht, das für die Kirche San Nicola alla montagna bestimmt war.

34 Vgl. J. A. Crowe, G. B. Cavalcaselle, *A History of Painting in North Italy*, London 1871, II, S. 87; vgl. auch die Zeichnung zu dieser Tafel, die in Venedig aufbewahrt wird (Cod. Marc. It. IV, 2032 [= 12273] fasc. I) und im Katalog *Antonello da Messina*, Rom 1871, S. 90, abgedruckt ist.

35 Zu der Problematik der flämischen Quellen Antonellos und insbesondere zur Stellung von Petrus Christus siehe M. G. Paolini, *Problemi antonelliani – I rapporti con la pittura fiamminga*, in: „Storia dell'Arte" 1980, 38–40, S. 151-166, sowie L. Castelfranchi Vegas, *Osservazioni sulle fonti fiamminghe di Antonello*, in: „Atti del Convegno internazionale di studi su Antonello da Messina", Messina, November 1981, (im Druck).

36 Bezüglich des fraglichen Dokumentes vgl. F. Malaguzzi Valeri, *Pittori lombardi del Quattrocento. Ricerche*, Mailand, 1902; das Dokument wurde von Wittgens (in *Storia di Milano*, Bd. VII 1956, S. 751-752) aufgrund des Wortes ‚provvisionato' angezweifelt, womit nur diejenigen gemeint seien, die Söldnerdienste leisteten. G. Consoli (*Ancora sull'Antonello de Sicilia*, in: „Arte lombarda", I, 1967, S. 109ff) hat es erneut einer eingehenden Untersuchung unterzogen und die Bedeutung von „provvisionato" richtiggestellt. Er führte aus, daß die in dem Dokument erwähnten Zahlungen sich auf Dienstleistungen bezogen, die im Jahre 1453 erbracht wurden, und kam zu dem Schluß, daß eine Begegnung der beiden Maler als wahrscheinlich anzusehen sei.

37 Unlängst hat K. Wright (*Antonello da Messina. The Origins of Style and Technique*, in: „Art History", 3, 1980) die Hypothese aufgestellt, daß sich Antonello bereits während seiner Lehrzeit nach Flandern begeben habe und dort Petrus Christus begegnet sei.

38 Die Rekonstruktion des Wirkens von Petrus Christus wurde von M. J. Friedländer (*Die altniederländische...*, op. cit., I, S. 142-160) erstmals in Angriff genommen, der ihm letztlich die bescheidene Rolle eines Schülers von Jan van Eyck zugeschrieben hat. Panofsky (*Early...*, op. cit., S. 308-313) hat seine Eigenständigkeit im Vergleich zu den Gründervätern der flämischen Malerei herausgestrichen. Vor kurzem hat C. Sterling (*Observations on Petrus Christus*) die Anfänge der Schaffenszeit von Petrus Christus in ganz anderer Form rekonstruiert. Vor wenigen Jahren ist nun die erste Monographie über diesen Künstler erschienen (P. Schabacker, *Petrus Christus*, Utrecht 1974), und kurz darauf die Monographie von M. Panhaus-Bühler, *Eklektizismus und Originalität im Werk des Petrus Christus*, Wien 1978.

39 Vgl. C. Sterling, *Observations on Petrus Christus*, art. cit., S. 9.

40 E. Panofsky, *Early...*, op. cit., S. 310.

41 E. Panofsky, *ibid.*, S. 311, Anmerkung 8 und S. 489-490.

42 F. Bologna, *Napoli e le rotte...*, op. cit., S. 94-95.

43 Ein Beitrag über diese Parallelität findet sich in dem Artikel von L. Castelfranchi Vegas *Una Madonna fiamminga intorno al 1460 e il problema della Madonna Cagnola*, in: „Paragone" 381 (1982), S. 3-9.

44 Neben dem *Tod der Jungfrau* aus der Sammlung Santocanale in Palermo und dem nicht mehr erhaltenen ‚Christus in majestate', der bei Summonte erwähnt wird, ist in dem Medici-Inventar von 1492 eine ‚*dama francese di Pietro Cresti da Bruggia*' aufgeführt, von der Panofsky (*Early...*, S. 313, Anmerkung 7) annimmt, daß es sich dabei um das bezaubernde Bildnis einer Frau aus den Staatlichen Museen in Berlin handeln könne. Ein viertes Werk könnte jener *Heilige Hieronymus im Gehäus* sein, der in eben diesem Verzeichnis als von van Eyck stammend ausgewiesen wird; viele Kunsthistoriker meinen, es könne sich dabei um die kleine Tafel handeln, die sich heute im Institute of Art in Detroit befindet, die Petrus Christus zugeschrieben wird (Châtelet allerdings hält sie für ein Werk des ‚Meisters H.', wie er in seiner Arbeit *van Eyck*, op. cit., S. 56, schreibt).

45 Vgl. Longhi, *Frammento siciliano*, art. cit., S. 162-163.

46 Vgl. z. B. S. Bottari, *Antonello da Messina*, Mailand 1953, S. 16 und S. 90.

47 Im Hinblick auf das ikonographische Thema des *Dornengekrönten Christus* vgl. die Ausführungen auf Seite 87, Kap. II.

48 Das bedeutende kleine Tafelbild wurde von Friedländer publiziert (I, S. 116ff), als es sich in der Privatsammlung in Newcastle befand. Der Autor ging davon aus, daß es sich dabei um ein Original, und zwar um das Vorbild für die Kopien in der Alten Pinakothek in München und im Groeningemuseum in Brügge handelte.

[49] G. Previtali, *Da Antonello da Messina a Jacopo di Antonello*, I, *La data del ‚Cristo benedicente‘ della National Gallery di Londra*, in: „Prospettiva" n. 20 (1980), S. 27ff.

[50] E. Panofsky, *Early...*, op. cit., I, S. 311 und Anmerkung 8 auf Seite 311.

[51] M. J. Friedländer, *Die altniederländische...*, op. cit., S. 161-162.

[52] Da wir hier nur ganz kurz auf die unterschiedlichen Meinungen der Kunsthistoriker bezüglich der Hypothese einer Flandernreise Antonellos eingehen können, sei lediglich erwähnt, daß sie von Vasari aufgebracht wurde (*Vite...*, ed. cit., I, S. 132 und II, S. 434ff), aber mit wenig stichhaltigen Angaben versehen wurde. Die Hypothese Vasaris wurde nach Berichtigung der gröbsten Fehlinformationen von Cavalcaselle (*Storia dell'antica pittura fiamminga*, Florenz 1899, S. 229-239) übernommen, dann jedoch hinsichtlich der Quellen von Gronau definitiv verworfen (*Die Quellen der Biographie des Antonello da Messina*, in: Rep. f. Kw. XX, 1897, S. 347ff) und erneut zurückgewiesen von L. Venturi (‚sub voce‘ in: „Thieme Becker Kunstlexikon", I, 1907, S. 567), dann jedoch von A. Venturi (*Storia dell'Arte Italiana*, Bd. VII, Teil IV, S. 4ff) wieder aufgegriffen; anschließend hat Lauts sie erneut angezweifelt (*Antonello da Messina*, in „Jahrbuch d. Kunsth. Samm. in Wien", N. F. VII, 1933, S. 15ff). Damit wurde die Begegnung Antonellos mit der flämischen Malerei nach Neapel verlegt.
Die Hypothese einer Reise nach Flandern, die kürzlich von J. Wright (J. Wright, *Antonello da Messina. The Origins of Style and Technique*, in: „Art History", 3, 1980) wie auch von der Verfasserin in einem Vortrag auf dem ‚Convegno internazionale di Studi su Antonello da Messina‘ (im Druck) vertreten wurde, klingt auch in den bereits erwähnten Artikeln zu dem Katalog der Ausstellung über Antonello da Messina an, der 1981 in Rom erschienen ist.

[53] Der Text des Briefes von Herzog Galeazzo Maria Sforza, der im Staatsarchiv in Mailand aufbewahrt wird, findet sich in *Antonello da Messina*, Ausstellungskatalog, Rom 1981, S. 236.

[54] G. Previtali, *Da Antonello da Messina a Jacopo di Antonello*, II, *Il ‚Christo deposto‘ del Museo del Prado*, in: „Prospettiva", 1980, Nr. 21f.

[55] G. Previtali, *Da Antonello da Messina a Jacopo di Antonello*, I, *La data del ‚Cristo benedicente‘ della National Gallery di Londra*, in: „Prospettiva", 20 (1980), S. 29.

VIERTES KAPITEL

Piero della Francesca und der Höhepunkt der Vorliebe für den flämischen Stil in Urbino zwischen 1465 und 1475

Sicherlich war es vornehmlich Piero della Francesca, der Antonello die grundlegenden Kenntnisse strenger Formgebung vermittelt hat. Im übrigen wird heute allgemein angenommen, daß eine erste Begegnung zwischen Antonello und Piero della Francesca bereits im Jahre 1460 in Rom erfolgte[1]. Weniger bekannt ist, welchen Einfluß Antonello seinerseits auf Piero della Francesca ausgeübt hat; dieser Einfluß muß in der Zeit zwischen dem siebten und dem achten Jahrzehnt des 15. Jahrhunderts besonders groß gewesen sein, in jenen Jahren also, in denen die flämische Malerei in Urbino und auch in Venedig ihren Höhepunkt erlebte. In gewisser Hinsicht stellt dies eine Bestätigung dessen dar, was Vasari über die Einführung des großen flämischen „Geheimnisses" durch Antonello behauptet hatte, allerdings in einem umfassenderen Sinne, als Vasari meinte, der sich nur auf die Maltechnik bezog. Im Laufe dieses Jahrzehnts vollzog sich zuerst bei Piero della Francesca, dann auch bei Bellini eine Hinwendung zu der für die flämische Malweise charakteristischen nuancenreiche Lichtmodellierung sowie die Übernahme – oder vielleicht auch die Weiterentwicklung – einer Mischtechnik der Ölmalerei, und hierzu hat zweifelsohne auch die Begegnung dieser beiden Maler mit Antonello beigetragen.

Von Piero della Francesca ist schon lange bekannt, daß er sich gegen Ende seiner Laufbahn als Maler (die durch seine Erblindung im Alter von 60 Jahren beendet wurde) mit besonders schwierigen Problemen der Malerei befaßt hat. Darin zeigte sich sein unermüdliches Streben nach geistiger Durchdringung der mit der Malerei zusammenhängenden Fragestellungen, was sich dann später auch in seinen Abhandlungen über die Perspektive in eindrucksvoller Weise manifestieren sollte. Aber nahezu alle Werke dieser letzten Schaffensperiode Pieros lassen erkennen, daß er sich ganz besonders mit dem heiklen Problem der Einwirkung des Lichts auf die einzelnen Farben befaßte; ja man kann sogar sagen, daß Piero della Francesca in dieser Zeit eigentlich sein Hauptaugenmerk auf die wirklichkeitsgetreue Wiedergabe der verschiedenen Oberflächenstrukturen richtete, das heißt darauf, wie die einzelnen Dinge jeweils auf das einfallende Licht reagieren. Damit hatte sich Piero della Francesca also der flämischen Malweise zugewandt, deren „Geheimnis" er in vollendeter Weise mit der bestechenden Klarheit seiner Formen und seinen metaphysischen Andeutungen zu verbinden wußte.

Auf diese flämische Tendenz im Spätwerk des Piero della Francesca ist schon vor längerem hingewiesen worden[2], allerdings hat man sich stets damit zufrieden gegeben, sie mit dem Hinweis auf seine Lehrzeit bei dem „nordischen" Maler Domenico Veneziano zu erklären, sowie mit der Tatsache, daß bereits seit den fünfziger Jahren flämische Werke in Urbino vertreten waren.

Nachdem diese Tendenz als Faktum erkannt worden war, ist man der Frage, in welchem Umfang sie eigentlich zum Tragen kam, kaum mehr nachgegangen; vielmehr hat man sich darauf beschränkt, in ihr eine Spielart seiner genialen Synthese von Form und Farbe zu sehen, beziehungsweise gewissermaßen eine äußerste Sublimierung des Problems der Form schlechthin. An dieser Stelle scheint es nun geboten, sich mit der Tatsache auseinanderzusetzen, daß bei Piero della Francesca die analytische Vorgehensweise nach flämischem Vorbild in Wirklichkeit sehr viel breiteren Raum eingenommen hat, als gemeinhin bekannt ist. Man kann also sagen, daß Piero della Francesca in ähnlicher Weise italienische Form und flämische Analyse miteinander verband, wie dies bei Antonello der Fall war, wenn auch offensichtlich als Resultat einer ganz anderen Entwicklung. Diese Fusion beider Stilrichtungen ist also nicht, wie bei Antonello, das Ergebnis langen Experimentierens mit den beiden von Anfang an praktizierten Verfahren. Piero gelangte zur flämischen Malweise in reiferem Alter; er wandte sich ihr, nach ersten Ansätzen in dem schönen Polyptychon von Perugia, fast unvermittelt und uneingeschränkt zu, und zwar insbesondere im *Diptychon der Montefeltro* in den Uffizien und in der *Madonna von Senigallia*.

Ganz zu Recht hat Previtali[3] diese Neuorientierung Pieros auf die in Albertis Abhandlung *De pictura* angesprochene Problematik zurückgeführt; dieses Buch ist ja von jeher als eine Art von Leitfaden für Piero della Francesca angesehen worden. Ausgehend von der Intuition Longhis („In seinem Werk setzte Piero im Unterschied zu der auf Inspiration beruhenden Vorgehensweise das entgegengesetzte Verfahren ein und legte für die Skizzierung des Bildes

ein Theorem zugrunde, das dann nach und nach zu einem Ganzen erweitert wurde") stellte Previtali fest, daß Piero della Francesca sich nach den Fresken von Arezzo bei seiner Arbeit vor ein Problem gestellt sah, das dem dritten der von Alberti aufgezählten Punkte entsprach: *disegno, commensuratio, colorare*. Der Farbe also, beziehungsweise der Frage, wie die Farbtöne durch das Licht modelliert werden, galt von nun an das Hauptinteresse Pieros.

Diese Ausführungen Albertis[4] scheinen in einigen Punkten den perspektivischen und maltechnischen Bestrebungen der Flamen derart exakt zu entsprechen, daß nicht auszuschließen ist, wie Gombrich feststellte[5], daß Alberti die flämische Malerei aus eigener Anschauung gekannt haben könnte. Bemerkenswert ist insbesondere die Empfehlung, wie man leuchtende Effekte auf den Oberflächen erzielen kann: „So soll es sein: erst bis zum Rande eine hauchfeine Schicht.., alsdann eine zweite darüber und dann noch eine weitere...": Diese Worte scheinen direkt auf das berühmte Verfahren van Eycks bezogen zu sein, mehrere Farbschichten übereinander aufzutragen, um so dunkle, hellere und durchscheinende Farbnuancen zu erzielen. Es dürfte Piero della Francesca nicht entgangen sein, daß sich Domenico Veneziano im *Altar von Santa Lucia in Magnoli* (Uffizien) als erster in Florenz mit der Frage auseinandergesetzt hat, wie sich die florentinische Wissenschaft von der perspektivischen Darstellung mit der analytischen Qualität der Wirklichkeit in Einklang bringen läßt. Allerdings ist in diesem Zusammenhang die berechtigte Feststellung Gombrichs in Erinnerung zu rufen, daß die Analyse bei Domenico Veneziano sich nach wie vor im Rahmen der Variationen von Licht und Schatten bewegt, ohne daß er den „strahlenden Glanz eines frischgeschliffenen Schwertes" (Alberti) erreicht hätte, den die flämischen Meister erzielten.

Weiterhin ist nicht zu vergessen, daß Piero della Francesca auf seinen Reisen schon früh flämische Werke kennengelernt hatte, und zwar zum ersten

Mal in Ferrara bereits im Jahr 1450, dann in Urbino, wo die Vorliebe für den flämischen Stil schon sehr früh in Erscheinung trat, ähnlich wie auch in Ferrara; nicht zu vergessen ist auch der Eindruck, den eine Begegnung mit Antonello bei ihm hinterlassen haben mag, ob diese nun 1460 oder auch in einem anderen Jahr stattgefunden hat.

Schließlich stellt sich die wichtige Frage nach der Technik der Ölmalerei beziehungsweise nach der sogenannten Mischtechnik, die Piero vor allem in seinem Spätwerk anwandte. Darüber ist uns zwar nur wenig bekannt, aber Piero della Francesca muß sie, wie Chastel[6] meint, wissenschaftlich ergründet und dann vollständig in seine Malweise integriert haben. Diese ganze vielschichtige Entwicklung seines Malstils erreichte in den Jahren um 1465 ihren Höhepunkt, was sich an der Tatsache ablesen läßt, daß das um 1460 entstandene Polyptychon von Perugia, wie bereits erwähnt, eine unerhörte Subtilität in der Wiedergabe der Lichtwirkungen auf den Marmorflächen und den Stoffen aufweist.

Noch augenfälliger ist der Einsatz ausgesprochen flämischer Stilmittel im *Diptychon des Federigo da Montefeltro und der Battista Sforza*. Die auf Vorder- und Rückseite dieser beiden Tafeln abgebildeten Landschaften sind von typisch flämischer Weitläufigkeit, die sogar noch detaillierter ist, als wir dies von Antonello her kennen. Typische Elemente flämischer Malerei sind etwa der sich durch die Ebene windende Fluß und die darauf vorbeiziehenden Schiffe, vor allem aber die Gegenüberstellung und die Gleichrangigkeit des unendlich Nahen und des unendlich Fernen, wie Panofsky es genannt hat[7], also die Tatsache, daß Vorder- und Hintergrund gleichermaßen klar und deutlich wiedergegeben sind.

Die auf der Rückseite dieser kleinen Tafeln abgebildeten Triumphwagen mit den Allegorien und Musen (Abb. 74), durch welche die beiden Persönlichkeiten auf der Vorderseite jeweils verherrlicht werden, fahren auf einer Anhöhe vorüber, die den Blick über die unendliche Weite der Landschaft frei-

gibt. Damit hat Piero della Francesca das Verfahren der zweistufigen „terrassenartigen" Darstellung angewandt, das vor allem bei van Eyck sehr beliebt ist, wie Meiss festgestellt hat, da es dem Auge des Betrachters ermöglicht, wie von einem Aussichtspunkt im Vordergrund aus die unendliche Weite zu erfassen (vergleiche etwa die *Heilige Barbara* von Antwerpen oder die *Madonna Rolin* im Louvre).

Dem ist jedoch sogleich hinzuzufügen, daß Piero della Francesca diese Idee der mikrographischen Wiedergabe des Unendlichen nur aufgreift, um sie in neues Licht getaucht darzubieten, so daß sich alle Details, Bäume, Bauten und Berge, in ihrer Identität auflösen und mit den anderen Details verschmelzen, und sich alles wiederum zu einer vollkommenen Einheit zusammenfügt. Auch in dem berühmten *Bildnis des Federigo da Montefeltro* (Abb. 73), bei dem sich Piero della Francesca ebenfalls offenkundig an der betont analytischen Wirklichkeitswiedergabe der flämischen Malerei orientiert und hier sogar ausgesprochen „epidermisch" vorgeht, überwiegt eindeutig die italienische Form, trotz der Profildarstellung. Und in der Tat erlangt das von einem imaginären Fenster eingerahmte Profil zwischen den zwei gleichfarbigen Bildflächen derart körperlichen, „hemisphärischen" Ausdruck, wie bereits Longhi (1927) feststellte, daß die andere Hälfte des Kopfes geradezu aus „Symmetriegründen" durch das subtile Spiel der Gegensätze suggeriert wird.

In der vermutlich um 1470 gemalten *Madonna von Senigallia* (Abb. 77) verbindet sich diese geometrische und somit rationale Poesie auf bezaubernde Weise mit einer Poesie des Lichts. Dieses Bild scheint in einem der abgelegensten Räume jenes Palastes seinen Platz gehabt zu haben, den Federigo kurz zuvor hatte errichten lassen; dafür spricht der klare architektonische Aufbau des Raumes, in dem die Schattierungen der Weiß- und Grautöne fast lavendelfarben anmuten. Die klare Ruhe der geometrischen Formen spiegelt sich wider in der vollständigen Regungslosigkeit der Madonna und der Schutzengel

72.   Justus van Gent, *Die Kommunion der Apostel.* Urbino, Galleria Nazionale

– hier haben wir es mit der für Piero della Francesca typischen Metaphysik der Gefühle zu tun.

Im angrenzenden Raum dringt durch die offenen Fenster das helle Sonnenlicht herein, dessen milde Strahlen auf den beiseite geschobenen Klappläden Licht- und Schatteneffekte hervorrufen, die bereits an Vermeer denken lassen. In diesen ineinandergehenden Räumen verbinden sich ebenfalls Italien und Flandern, ferner in der reinen geometrischen Gestaltung der Pilaster, in der „nature morte" des in dem kleinen Korb liegenden Stoffes sowie in dem Licht, das auf die Gestalten fällt und den Haaren der Engel Glanzlichter aufsetzt und die Perlenkette glitzern

läßt, als ob sie aus farbigen Wassertropfen bestünde. Hier hat Piero della Francesca offenbar tatsächlich jenen „strahlenden Glanz eines frisch geschliffenen Schwertes" heraufbeschworen, von dem Alberti gesprochen hat.

Mit geradezu fassungsloser Bewunderung hat Meiss[8] darauf hingewiesen, daß „nur ein Bild van Eycks wie das der Madonna in der Kirche aus Berlin Piero della Francesca dazu inspiriert haben kann, das warme Sonnenlicht auf der Wand durch den leicht angedeuteten Schatten der Sprossenfenster zu kennzeichnen"[9]. Und Meiss fügte noch hinzu, daß die Malkunst van Eycks hier von Piero della Francesca in vollendetster Weise aufgegriffen wurde und daß das Wechselspiel von Licht und Farbe und die unglaublich sorgfältige Analyse der Oberflächen fast denselben Realismus des Sichtbaren erreicht, wie dies bei van Eyck der Fall ist.

Millard Meiss verdanken wir auch einen interessanten Artikel[10], den er anläßlich der Restaurierung des Altarbildes *Maria mit dem Kind und Heiligen* (1474) in der Brera geschrieben hat. Schon zuvor hat er darauf hingewiesen, daß die um die Jungfrau versammelte feierliche Gruppe nicht im Chor der schönen, im Stile Albertis und Bramantes gebauten Kirche steht, wie man denken möchte, sondern in dem sich daran anschließenden Schiff, also in dem Raum, der sich vor der vom Bilderrahmen eingefaßten Ebene fortsetzt.

Diesem für Piero della Francesca so grundlegenden Verhältnis zwischen Figur und Architektur kommt sehr wahrscheinlich darüber hinaus auch noch symbolischer Gehalt zu, ähnlich wie wir dies bei van Eyck und auch bei Rogier van der Weyden bereits gesehen haben[11]. Diese Interpretation war bisher in Italien unbekannt, läßt sich jedoch sowohl bei Antonello als auch bei Giovanni Bellini nachweisen. Maria ist hier die „Mater Ecclesiae", sie verkörpert die erlösende Kraft der Kirche, und der sie umgebende Kirchenraum erfüllt die gleiche symbolische Funktion, wie der um die Gläubigen gelegte Mantel in dem Frühwerk *Schutzmantelmadonna* von Borgo San Sepolcro.

Dieses Altarbild ist zwar als wunderbare mathematische Komposition von im Halbkreis stehenden und in klassischer Weise isometrisch angeordneten Figuren konzipiert, gleichwohl dominiert in der komplexen Problematik dieses Werkes die bildnerische Umsetzung. Das herrliche Spiel von im Halbschatten beziehungsweise im vollen Licht liegenden Bildflächen, die unterschiedliche Zuordnung der Figuren je nach den Lichtverhältnissen (die im Halbschatten Stehenden sind vor hellem Hintergrund abgebildet und umgekehrt), die sorgfältig vorgenommene Verteilung der Farben, die auf diese Weise noch an Leuchtkraft gewinnen – all dies zeugt davon, daß Piero della Francesca bei seiner Arbeit den Ratschlägen Albertis gefolgt ist, der auf folgendes hinwies: die „Freundschaft der Farben... eine neben die andere gesetzt, verleiht ihnen Würde und Anmut"; bei der Art und Weise, wie Licht und Schatten verteilt werden, „ist darauf zu achten, daß stets dem Licht auf der anderen Seite der Schatten entspricht", und vor allem darauf, wie „die Farben" sich durch das auf sie fallende Licht „verändern"[12].

Nur wenn man diesen dominierenden Aspekt der Lichtbehandlung im Auge behält, die hier in äußerst raffinierter Weise erfolgt, vermag man auch zu erkennen, daß in diesem Altarbild die flämische Detailfreudigkeit mit noch größerer Deutlichkeit zutage tritt. An Stoffen, Marmorflächen und Juwelen[13] zeigt sich ein Streben nach wirklichkeitsnaher Darstellung, die durch besagte bildnerische Umsetzung erfolgt.

Über den flämischen Einfluß, der bei der *Madonna mit dem Kind* (Abb. 77) in London ins Auge fällt, wäre noch sehr viel zu sagen; die Vermutung, daß dieses Bild nicht vollendet sein könnte, hat unter Kunsthistorikern eine heftige Diskussion um die sich daraus ergebenden Probleme ausgelöst. Auch wenn das Bild vielleicht nicht, wie Longhi vermutete, Gegenstand eines mißlungenen Restaurierungsversuch gewesen ist, sondern tatsächlich in der Form vollendet wurde, wie wir es heute kennen, so erweckt es doch den Eindruck mangelnder Homogenität. Piero della Francesca, dessen Kompositionen sich im allgemeinen durch ein hohes Maß an Kompaktheit auszeichnen, hat uns hier ein Bild hinterlassen, „das durch Andeutungen und offensichtliche Sprünge gekennzeichnet ist... durch kaum miteinander verbundene Elemente, die in helles Licht eingetaucht sind" (Longhi)[14].

Ich frage mich, ob Piero della Francesca zu diesen „kaum miteinander verbundenen Elementen", dieser Poesie der „kleinsten Details", wie Longhi wohl

CLARVS INSIGNI VEHITVR TRIVMPHO ·
QVEM PAREM SVMMIS DVCIBVS PERHENNIS ·
FAMA VIRTVTVM CELEBRAT DECENTER ·
SCEPTRA TENENTEM

73. Piero della Francesca, *Bildnis des Federigo da Montefeltro*. Florenz, Uffizien
74. Piero della Francesca, *Triumph des Federigo da Montefeltro* (Rückseite des *Bildnisses*). Florenz, Uffizien

75.   Piero della Francesca, *Maria mit dem Kind zwischen Engeln und Heiligen.* Mailand, Pinacoteca di Brera.
Rechts: Detail

76. Piero della Francesca, *Madonna mit dem Kind* (Natività). London, National Gallery

77. Piero della Francesca, *Madonna von Senigallia*. Urbino, Galleria Nazionale

78.   Justus van Gent, *Gruppenbildnis mit Federigo da Montefeltro*. Windsor Castle, Royal Collections

79. Justus van Gent, *Allegorie der Astronomie*. Berlin (DDR), Staatliche Museen
80. Justus van Gent, *Allegorie der Musik*. London, National Gallery

81. Pedro Berruguete, *Federigo da Montefeltro und sein Sohn Guidobaldo.* Urbino, Galleria Nazionale

mit seinen knappen Ausführungen andeuten wollte, nicht vielleicht durch die flämische Malerei gelangt ist, die unlöslich verbunden ist mit einer Art feierlicher, archaischer Schlichtheit. Bei genauerem Hinsehen stellt man fest, daß alle Elemente dieser Komposition, der baufällige Stall, die Grasbüschel und die Elster, das auf dem Boden liegende Kind, die vor ihm knieende Madonna, der kleine Engelschor, Ochs und Esel, der als Bauer dargestellte hl. Joseph, von jeher Bestandteil der großartigen flämischen Tradition waren. Wir haben es hier fast mit einer Anthologie von Komponenten zu tun, die wir in der Geburt Christi des Meisters von Flémalle (Dijon) oder in derjenigen des Petrus Christus (Berlin und Washington) wiederfinden. Es bedarf wohl kaum noch der Erwähnung, daß Piero della Francesca mit einem Mal jedem dieser ikonographischen Details den spezifischen, anekdotischen Gehalt und den ostentativen, fast schon zudringlichen Realismus nimmt.

Man sehe sich nur die in feierlicher Pose dastehenden Hirten an, die wie bäuerliche Propheten wirken, oder den hl. Joseph, der sich auf dem Sattel des Esels wie auf einem klassischen Faldistorium niedergelassen hat. Wer weiß, ob nicht einige der Elemente dieser Ikonographien womöglich aus den Skizzen zur Geburt Christi von Hugo van der Goes übernommen worden sind, die sich im Besitz des Justus van Gent in Urbino befunden haben müssen.

Piero della Francesca war in Urbino und befand sich dort auf dem Höhepunkt seines Schaffens, als Justus van Gent, oder wie er in Flandern hieß, Joos van Wassenhove, genannt Joos van Gent, mit der Tafel *Die Kommunion der Apostel* (Abb. 72) beschäftigt war, die vom Herzog in den Jahren 1473/74 bei ihm in Auftrag gegeben worden war, wie anhand von Urkunden belegt ist. Die Vorgeschichte dieser Tafel, die in den Urkunden auch als „tavola della Confraternita" bezeichnet wird, begann fast zehn Jahre zuvor, als Pietro Uccello in den Jahren 1467/68 die berühmte Predella mit dem *Hostienwunder* (Museum

von Urbino) vollendete. Weshalb Piero della Francesca die Ausführung des Altars, für den die Predella *Die Kommunion der Apostel* bestimmt war, nicht übernommen hat, obgleich er gekommen war, um sich die „táula", also die dafür bestellte Holztafel anzusehen, ist uns nicht bekannt. Vermutlich war für ihn die Übernahme dieses Auftrages deshalb problematisch, weil er den Brera-Altar sowie die Arbeiten für den Altar des hl. Augustinus in Borgo San Sepolcro noch nicht vollendet hatte. Bekannt ist jedenfalls von Herzog Frederigo folgendes: „da er in Italien keine Meister nach seinem Geschmack gefunden hatte, die sich auf die Ölmalerei verstanden, schickte er schließlich nach Flandern, um einen erfahrenen Meister zu finden und ihn nach Urbino kommen zu lassen, wo er sehr viele Gemälde durch seine treffliche Hand ausführen ließ ... "[16]. Diese Aussage ist insofern aufschlußreich, als sie die nunmehr eindeutige Vorliebe für die Ölmalerei bestätigt, die interessanterweise mit jener Forderung nach Erfahrung in der Darstellung feierlicher Szenen einherging, die ihn bei den Bildern Piero della Francescas offenbar so sehr fasziniert hat. Es wäre interessant zu erfahren, ob die Tafel des Justus van Gent zur Zufriedenheit des Herzogs ausgefallen ist oder nicht, denn obschon sie für die Bruderschaft Corpus Domini bestimmt war, muß sie ihm doch sehr am Herzen gelegen haben. Wie wir sie kennen, wirkt sie fast überladen mit einem umfangreichen und ungewöhnlichen ikonographischen Programm[17]. Vielleicht wurde ein so großes Format gewählt (283 x 305 cm), um alle Einzelheiten unterbringen zu können; dieses Format war für Italien ungewöhnlich, für einen Flamen jedoch ganz und gar ausgefallen.

Das Motiv „Die Kommunion der Apostel", das an sich recht selten in der flämischen Ikonographie vorkommt, ist hier im Innern einer romanischen Kirche dargestellt, dort, wo sich Quer- und Hauptschiff kreuzen, vor dem Hintergrund eines Chors und eines Chorumgangs. Nach der Interpretation Panofskys[18] versinnbildlicht die romanische Kirche seit van Eyck das neue, himmlische Jerusalem, die eschatologische Kirche. Der Vorgang der Kommunion der Apostel spielt sich also in einem symbolischen Raum ab, nämlich dem der neuen Kirche, die eben aus der Kommunion mit geweihtem Brot und Wein hervorgegangen ist; beide fallen auf dem gedeckten Tisch so stark ins Auge, daß von einer absichtlichen Bezugnahme auf die Kommunion in beiden Gestalten nach orthodoxem Ritus auszugehen ist.

Die ungewöhnliche Ikonographie deutet also sowohl auf das Priesteramt Christi hin, der vor dem Altar stehend die Kommunion erteilt, als auch auf die Vorstellung von der Kommunion als *koinonia* gemäß orthodoxer Tradition. Die starke Betonung des transzendenten Charakters des Vorgangs – der noch durch die Präsenz der Engel unterstrichen wird – spiegelt offensichtlich die theologische Orientierung der Bruderschaft Corpus Domini wider, während die auf der rechten Seite des Bildes dargestellte Gruppe sich auf Federigo, seine Familie und sogar auf diplomatische Vorgänge bei Hofe bezieht. Vielleicht ist es der Fülle ikonographischer Details, den großen Dimensionen des Bildes oder auch der knapp bemessenen Frist zur Fertigstellung zuzuschreiben, daß Justus van Gent hier nur wesentlich bescheidenere Ergebnisse erzielte, als sein zuvor bedeutendstes Gemälde, der große *Kalvarienberg* für die Kirche Sankt Bavo in Gent aus dem Jahre 1465 hätte erwarten lassen. Dort war ein vielversprechender Meister am Werke, der Hugo van der Goes an Größe durchaus ebenbürtig zu sein schien und der sogar bei diesem Beachtung fand wegen seines neuen, im Vergleich zu Rogier noch verfeinerten Pathos und wegen seiner kompositorischen Grandiosität, die mit einer neuentdeckten Vorliebe für das „Dekorum" einherging.

Gerade jedoch im Hinblick auf die kompositorische Einheit und Großartigkeit läßt *Die Kommunion der Apostel* angesichts der formalen Unsicherheit der fast unorganisch wirkenden Figuren ziemlich zu

wünschen übrig, und selbst die Maltechnik schwankt zwischen Intensität und Unschärfe hin und her: Alles an diesem Werk scheint den Händen des Künstlers entglitten zu sein, womöglich deshalb, weil er fern der Heimat und in einer für ihn völlig ungewohnten Umgebung arbeiten mußte. Wenn ich mit dieser Einschätzung richtig liege, so ergibt sich daraus die nachgerade paradoxe Schlußfolgerung, daß dieses Werk, das dazu ausersehen war, den hohen Stand der flämischen Kunst in Urbino und die persönliche Vorliebe des Herzogs Frederigo für die Flamen unter Beweis zu stellen, in Wirklichkeit zum schwächsten Glied in der historischen Kette der in Urbino schon seit vor 1450 vertretenen flämischen Malerei werden sollte, die dann mit den genialen Arbeiten Piero della Francescas zwischen 1465 und 1475 ihre Fortsetzung fand. In den Jahren nach diesem letztlich negativ zu beurteilenden Zwischenspiel setzten sich die italienisch-flämischen Kontakte mit einer Reihe von Werken fort, die sich bis heute nicht mit Sicherheit einem der Meister zuschreiben lassen.

Ich denke vor allem an die bekannte Serie der *Uomini Illustri* (Abb. 82, 83) der Philosophen, Theologen, Dichter und Juristen, die wie ein in achtundzwanzig Tafeln zusammengefaßtes Resümee der humanistischen Bildung Federigos dessen Arbeitszimmer schmückten; die eine Hälfte dieser Tafeln befindet sich heute im Louvre, die andere in der Pinakothek von Urbino. Ebenfalls dieser Gruppe zuzurechnen ist das *Bildnis des Federigo da Montefeltro* (Abb. 81), wie er vor seinem Lesepult sitzt (Urbino) und das *Gruppenbildnis mit Federigo da Montefeltro* (Abb. 78), auf dem dieser einem Vortrag lauscht (Windsor, Royal Collections), und schließlich noch die leider nicht mehr vollständige Reihe der *Artes Liberales,* von denen nur noch die *Musik* und die *Rhetorik* erhalten sind (London, National Gallery).

Die weitgehende Homogenität dieser Gruppe von Werken und die zugleich erkennbaren Unterschiede in der Malweise stellen einen faszinierenden

146

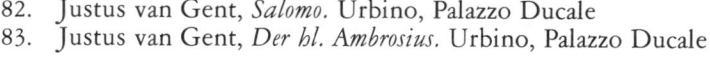
82. Justus van Gent, *Salomo*. Urbino, Palazzo Ducale
83. Justus van Gent, *Der hl. Ambrosius*. Urbino, Palazzo Ducale

Widerspruch dar, der die Kunsthistoriker bezüglich der Zuordnung in unterschiedliche Lager geteilt hat. Im Hinblick auf die bemerkenswerte Gruppe der achtunzwanzig als Brustbild dargestellten *Uomini Illustri* räumen alle übereinstimmend ein, daß der differenzierte formale Aufbau, der durch eine leicht verkürzte Darstellung und durch die Enge der architektonischen Räume noch intensiviert wird, eine auffallende Ähnlichkeit mit Melozzo aufweist. Diese italienische Grundlage wird durch flämische Charakteristika überlagert, die sich an der sorgfältigen Wiedergabe der Physiognomien und an der Liebe zum Detail ablesen lassen. Ich habe hier ganz bewußt von flämischen Charakteristika gesprochen,

weil ich der Ansicht bin, daß die Ausführung dieser *Uomini Illustri* schwerlich in toto Justus van Gent zuzuschreiben ist, wiewohl einige typologische Besonderheiten vor allem seine Handschrift verraten[19].

Eine plausible Lösung dieses Problems in Form eines klassischen Kompromisses besteht darin, daß die achtundzwanzig *Uomini Illustri* durch Justus van Gent begonnen wurden (womit man auch dem Rechnung tragen würde, was einst Vespasiano dei Bisticci bezeugte[20]), um dann durch den Spanier Pedro Berruguete ausgeführt zu werden, der im Jahre 1477 in Urbino weilte, wie aus Urkunden hervorgeht. Diese Form der „Arbeitsteilung" könnte eine Erklärung nicht nur für die zwischen den einzelnen

147

Bildnissen bestehenden Qualitätsunterschiede bieten, sondern auch für deren uneinheitliche stilistische Orientierung.

Damit tritt also auch Spanien auf dieser Bühne der italienisch-flämischen Beziehungen in Erscheinung. In der Tat kamen im Werk des Pedro Berruguete, der vermutlich um das Jahr 1470 in Neapel[21] angekommen war, zu den iberischen Grundlagen auch noch Merkmale der italienischen Malweise hinzu, so daß er, nach Auffassung Sterlings, zu einer Art spanischem Pendant des Antonello da Messina wurde.

Es spricht jedoch nichts gegen die Auffassung, daß der Anteil des Justus van Gent bei der Ausführung der Serie der *Uomini Illustri* größer war, als es vielleicht den Anschein hat. Es war wahrscheinlich so, wie Friedländer meinte, daß Justus van Gent während seiner Zeit in Urbino sehr stark durch Melozzo und ganz allgemein die italienische Malweise geprägt war, so daß es ebenso naheliegend erscheint, daß Berruguete, der ebenfalls unter dem Einfluß Melozzos stand, die begonnene Arbeit fortführte, und auf diese Weise ein stilistisches Kontinuum entstand, das sich heute kaum noch gegeneinander abgrenzen läßt[22].

Ungeachtet der diesen achtundzwanzig Bildnissen zugeschriebenen Bedeutung – die vielleicht in Anbetracht des nicht sehr guten Erhaltungszustandes und der im allgemeinen nicht gerade überwältigenden stilistischen Qualität etwas überzogen wirken mag – kann man doch sagen, daß die eigentliche Herausforderung in den übrigen Werken der erwähnten Gruppe besteht, nämlich in dem Bildnis *Federigo da Montefeltro und sein Sohn Guidobaldo* (Abb. 81) und in dem *Gruppenbildnis mit Federigo da Montefeltro* (Abb. 78) vor allem aber in der unvollständigen Reihe der *Artes Liberales*. Der lesende Herzog, der unter seinem reichverzierten roten Mantel in voller Rüstung steckt und Helm und Feldherrnstab zu seinen Füßen liegen hat, bildet fast eine Einheit mit der Serie der *Uomini Illustri,* so daß als Maler sowohl Justus van Gent als auch Berruguete genannt

werden, wobei sich die Kunsthistoriker wiederum in zwei Lager spalten, die das Bildnis dem einen oder dem anderen Meister zuschreiben (ich selbst bin allerdings der Meinung, daß es sowohl aus stilistischen wie auch aus chronologischen Gründen wahrscheinlicher ist, daß hier Berruguete allein am Werke war). Im Hinblick auf die anderen Bilder hingegen taucht der Schatten eines großen Unbekannten auf, eines „Dritten Mannes", wie ihn Chastel nennt, der eine ähnliche Malweise wie Berruguete aufweist, wenngleich sie mir auch von höherem Niveau zu sein scheint. Diese Malweise zeichnet sich dadurch aus, daß sie zu fast gleichen Anteilen aus einer italienischen Komponente der Raum- und Formgestaltung und einer iberisch beeinflußten flämischen Komponente besteht.

Die beiden in London[23] befindlichen Darstellungen der *Artes Liberales* wie auch die beiden nicht mehr erhaltenen Darstellungen aus Berlin wiesen eine ähnliche kompositorische Intention und eine stark verkürzte und seitlich verschobene Perspektive auf. Einige Stufen führen hinauf zum kleinen Thron, wo eine weibliche Symbolfigur die Huldigung einer auf den Stufen knieenden Gestalt entgegennimmt. In der *Allegorie der Musik* (Abb. 80) in London sehen wir einen jungen Mann, angetan mit der typisch höfischen Kleidung (wie sie auch in den Fresken des Schifanoia in Ferrara oder im Palazzo Ducale in Mantua zu sehen ist), der mit einer anmutigen Gebärde auf das kleine Modell einer Orgel hindeutet, die wie ein schönes Stück „nature morte" schräg auf der Stufe steht. Soweit die bislang noch relativ geringen Kenntnisse über Berruguete überhaupt ein Urteil zulassen, halte ich es für nicht ausgeschlossen, daß Berruguete selbst die *Artes Liberales* gemalt hat, und zwar in seiner besten Zeit, die am deutlichsten den italienischen Einfluß verrät; somit hätte er hier den Höhepunkt seiner Entwicklung erreicht, die sowohl auf seiner spanischen als auch auf seiner italienischen Lehrzeit beruhte und eine wesentliche Bereicherung durch die flämischen Anregungen erfahren hatte.

Es ist jedoch nicht zu übersehen, welche tiefgreifende Veränderung der italienisch-iberisch-flämische Stil bei Berruguete gegenüber den Zeiten Colantonios und Antonellos in Neapel ein Viertel Jahrhundert zuvor erfahren hat. Der Beitrag der italienischen Malerei, genauer gesagt des formal orientierten mittelitalienischen Stils eines Melozzo da Forlì, eines Perugino, eines Signorelli, war nunmehr offensichtlich die dominierende Komponente. Abschließend läßt sich also das wichtigste Faktum festhalten, daß wir es in Urbino im achten Jahrzehnt des 15. Jahrhunderts bei Justus van Gent und Berruguete mit einem ersten und besonders frühen Beispiel der Kontaktnahme zwischen Nord und Süd zu tun haben, die zu einer neuen gegenseitigen Befruchtung der Kunstrichtungen im Mittelmeerraum führte – eine Entwicklung, die sich im Laufe der letzten Jahre des ausgehenden Jahrhunderts und in den ersten Jahren des 16. Jahrhunderts noch verstärken sollte und auf die wir bei unserer Schlußbetrachtung über die Beziehungen zwischen Italien und Flandern noch zurückkommen werden.

Anmerkungen

[1] Vgl. A. Marabottini, *Antonello: la vita e le opere*, im Katalog zur Ausstellung *Antonello da Messina*, op. cit., S. 34, und ebenda, F. Sricchia Santoro, *La prima attività di Antonello: documenti e ipotesi*, S. 79.

[2] Die ersten aufschlußreichen Hinweise auf ‚flämische‘ Züge in der Malerei von Piero della Francesca finden sich in R. Longhi, *Piero della Francesca*, Mailand 1927, S. 99. Aus der nicht sehr umfangreichen Literatur zu diesem Thema möchten wir vor allem auf die überaus bedeutsamen Betrachtungen in dem Artikel von M. Meiss, *Jan van Eyck and the Italian Renaissance*, (op. cit., S. 63–65) und in dem Artikel von demselben Autor, *La Sacra Conversazione di Piero della Francesca* (in: „Quaderni di Brera“, I, Florenz, 1971) hinweisen; vgl. auch G. Previtali, *Piero della Francesca*, Mailandd 1963.

[3] F. Previtali, loc. cit., s. vorstehende Anmerkung.

[4] L. B. Alberti, *Della Pittura* (1436), in: *Prosatori volgari del Rinascimento*, in Bd. XIV von *La Letteratura italiana. Storia e testi*, hrsg. von Mattioli, Pancrazi, Şchiaffini, Bd. XIV, Mailand-Neapel 1955, S. 520ff; der Abschnitt über die Lehre von den ‚lumi‘ findet sich auf S. 539ff.

[5] E. H. Gombrich, *The Heritage of Apelles*, op. cit., S. 30; vgl. auch die Ausführungen im ersten Kapitel dieses Bandes.

[6] Vgl. A. Chastel, *Le grand atelier d'Italie*, Paris 1965 (it. Übers. *La grande Officina*, Mailand 1966, S. 284). Siehe auch die Anmerkungen von P. L. De Vecchi in: *Tutta la pittura di Piero della Francesca*, Mailand 1966, S. 85.

[7] Vgl. E. Panofsky, *Early…*, op. cit., I, 3.

[8] M. Meiss, *Jan van Eyck and the Italian Renaissance*, op. cit., S. 63–65.

[9] Ibidem, S. 64.

[10] M. Meiss, *La Sacra Conversazione di Piero della Francesca*, Quaderni di Brera, I, Florenz 1971.

[11] Die Interpretation der Symbolik der Maria in der Kirche wurde in diesem Fall von M. Aronberg Lavin (*Piero della Francesca's Montefeltro Altarpiece: A Pledge of Fidelty*, in: „Art Bulletin“, LI, 1969, S. 367ff) auf die Sacra Conversazione in der Brera übertragen und von Meiss, loc. cit., erneut aufgegriffen. Interessant scheint mit der Hinweis von Meiss (art. cit., Anmerkung 3), die Röntgenuntersuchung habe ergeben, daß in einem früheren Stadium die Jungfrau einen großen Edelstein auf der Stirn trug – ein Detail, das mir typisch für den flämischen Stil jener Zeit zu sein scheint (vgl. die Madonnen von Rogier, Bouts und Memling).

[12] Vgl. L. B. Alberti, *Della Pittura*, ed. cit., S. 542 und 540.

[13] Bereits Longhi (1927) hatte die Vermutung geäußert, das Gesicht, die Hände und die Rüstung des Federigo da Montefeltro könnten von der Hand des Pedro Berruguete stammen. Diese Auffassung wird heute weitgehend geteilt, abgesehen jedoch von der Rüstung (vgl. Aronberg, Lavin, op. cit., 1969); zu der Frage, ob in diesem Altarbild auch Federigo abgebildet ist, s. die Interpretation von Meiss, art. cit., (1971).

[14] Longhi, *Piero della Francesca*, Mailand 1927, S. 99.

[15] Diese Hypothese wird von M. Aronberg Lavin vertreten (The Altar of Corpus Domini, in: *Urbino: Paolo Uccello, Justus van Gent, Piero della Francesca, in: „Art Bulletin", 1967, S. 388, Anmerkung 141, S. 22*).

[16] Dieser Hinweis findet sich in dem Band von Vespasiano da Bisticci, dem mit Federigo befreundeten Buchhändler (1421-1498), *Virorum illustrium CIII qui saeculo XV extiterunt vitae*, hrsg. P. d'Ancona u. E. Aeschlimann, Mailand 1951, S. 209.

[17] Bezüglich der reichhaltigen Ikonographie dieser Tafel und der Identifizierung der neben dem Herzog abgebildeten Personen vgl. die eingehende Untersuchung von Aronberg Lavin, art, cit, (1967).

[18] Vgl. E. Panofsky, *Early...*, op. cit., I, S. 136ff.

[19] Aus der umfangreichen Literatur über die Autorenschaft dieser Gruppe von Werken s. vor allem Bombe, *Justus van Gent in Urbino*, in: Mitteilungen d. kunsthist. Instituts in Florenz, 3 (1909), S. 111ff, dem die erste Rekonstruktion der gesamten Ausschmückung mit den ‚Uomini Illustri' zu verdanken ist. Für deren Zuschreibung an Justus van Gent plädierten J. Lavalleye, (*Juste de Grand, peintre de Frédéric de Montefeltro*, Löwen 1936, S. 157ff) und M. J. Friedländer (*Die altniederländische...*, op. cit., III, S. 74ff). Die Zuschreibung der Serie an Pedro Berruguete, die erstmals von Gamba in „Dedalo" VII, 1926-27, S. 638 vorgenommen wurde, ist von Longhi *(Piero della Francesca*, 1927, S. 183) übernommen und von G. Briganti (*Su Giusto di Gand*, in: „Critica d'Arte", XV, 1938, S. 104ff) erneut aufgegriffen worden. Hulin de Loo (*Berruguete et les portraits d'Urbin*, Brüssel 1947) vertrat die Auffassung, daß diese Serie von Justus van Gent begonnen und von Pedro Berruguete vollendet worden sei. Diese Linie wird im wesentlichen auch von A. Chastel (*La grande Officina*, op. cit., S. 280-281) vertreten. Desgleichen auch im Katalog zur Ausstellung *Juste de Gand, Berruguete et la Cour d'Urbin*, Gent 1957, sowie von J. Lavalleye, *Le Palais Ducal d'Urbin* (*Les primitifs flamands, Corpus*) 1964, der eine Ausführung der Arbeiten durch mehrere Meister, darunter auch Berruguete, in Betracht zieht. Vgl. zu dieser Frage die ausführliche Übersicht von Davies über Justus van Gent in dem Katalog *Early Netherlandish School* der National Gallery in London, 1968. Nach Meinung von Davies ist die gesamte Gruppe, einschließlich der *Artes Liberales*, Justus van Gent zuzuschreiben (S. 70-78).

[20] Vespasiano da Bisticci, *Descrizione del Palazzo ducale d'Urbino*, Rom 1724, S. 57. Der Name Justus van Gent taucht in den Urkunden aus der Zeit nach 1476 auf.

[21] Zu der Hypothese eines Neapelaufenthaltes von Berruguete vgl. F. Bologna, *Napoli e le rotte...*, op. cit., S. 175. Der Aufenthalt Berruguetes in Urbino wird durch ein Dokument belegt, das Pungileoni 1822 auf einen Maler namens Pietro Spagnolo bezogen hat, der 1477 in Urbino weilte (dieses Dokument ist nicht mehr auffindbar). Eine weitere Bestätigung der Präsenz Berruguetes in Urbino stellt das unmittelbare Zeugnis des spanischen Historikers Pablo de Céspedes dar, der in einer Schrift aus dem Jahre 1604 ausführte, daß die im Palast von Urbino ausgestellten „Köpfe" von einem spanischen Maler ausgeführt worden seien (zit. nach J. Allende Salazar, *Pedro Berruguete en Italia*, in: „Archivio Español de Arte y Arquelogia", III, 8, 1917, S. 133). Es ist auch darauf hingewiesen worden, daß das Buch, das Albertus Magnus in Händen hält, eine spanische Aufschrift trägt (vgl. Sanchez Cantòn in: „Archivio Español", 1933, S. 146-148).

[22] Vgl. Propyläen, Bd. VII, 1972, ‚sub voce' *P. Berruguete* von C. Sterling

[23] Eine genaue Beschreibung und eine kritische Erörterung der gesamten Serie und insbesondere der beiden in London befindlichen Exemplare, die Justus van Gent zugeschrieben werden, findet sich in Davies *Early Netherlandish Painting*, cat. cit., S. 71-78. Die beiden nicht mehr erhaltenen Exemplare der Berliner Museen, die *Dialektik* (?) und die *Astronomie*, wiesen Züge auf, die ausgesprochen auf Berruguete hindeuteten, insbesondere das letztere. Im Katalog von Berlin aus dem Jahre 1931 waren sie Melozzo da Forlì zugeschrieben.

FÜNFTES KAPITEL

Flämische Einflüsse
auf die venezianische Malerschule
und auf die Malerei
Giovanni Bellinis

Nach Antonello und Piero della Francesca ist *Giovanni Bellini* der dritte große Meister der italienischen Renaissance, in dessen Werk flämische Einflüsse praktisch durchweg eine wichtige Rolle gespielt haben. Dies ist offenbar unter italienischen Kunsthistorikern der am wenigsten bekannte Aspekt seiner stilistisch außerordentlich großen Produktivität. Insofern mag es überraschen, wenn ein namhafter Kunsthistoriker wie Millard Meiss oder ein Bellini-Kenner wie Robertson[1] die Malerei Giovanni Bellinis als die vollendetste Synthese zwischen Flandern und Italien bezeichnen. Von den italienischen Kunsthistorikern gibt lediglich Brandi einen kurzen Hinweis auf den „erstaunlich befruchtenden flämischen Einfluß, der bei Giovanni Bellini noch bedeutender ist als bei Antonello"[2]. Die Begegnung zwischen Bellini und Antonello fand im Jahr 1475 oder allenfalls einige Jahre zurvor statt – die heikle Frage des gegenseitigen Gebens und Nehmens wollen wir hier zunächst einmal ausklammern. Zu jener Zeit war die „flämische Frage" in Venetien bereits seit nahezu vierzig Jahre aktuell: Mit der Präsenz einiger Werke in Venetien hatte die flämische Malerei gewissermaßen ihre Premiere auf der italienischen Bühne, also noch bevor sie in Neapel Fuß faßte.

Der berühmte Hinweis des Marco Antonio Michiel, in Venetien gebe es zahlreiche „opere ponentine" in Privatsammlungen, ist in diesem Zusammenhang von unschätzbarem Wert, beweist er doch, daß auch in Venetien die Sammelleidenschaft um sich gegriffen hatte (wobei dahingestellt sei, ob diese Bilder einerseits womöglich erst in den ersten Jahrzehnten des 16. Jahrhunderts dorthin gelangt sind und ob andererseits die Zuschreibung an flämische Meister sowie die Datierung tatsächlich zuverlässig sind[3]). Hier allerdings traten nicht so sehr die Adeligen oder die Kaufleute als Sammler in Erscheinung, sondern das venezianische Patriziat und die gebildeten Kreise. Man denke nur an Grimani, an Pietro Bembo, oder auch an jenen Marco Barbarigo, der 1449 venzianischer Konsul und 1485 Doge wurde, dessen heute in der National Gallery in London befindliches Bildnis von einem direkten Nachfolger van Eyks gemalt wurde, und zwar in London, wie auf dem Bild vermerkt ist; dieses Bildnis befand sich vermutlich ursprünglich in Familienbesitz, das heißt also in Venedig[4]. Michiel haben wir es auch zu verdanken, daß jenes Adjektiv „ponentino" geprägt wurde, das sich für die italienische Kunstkritik als sehr hilfreich erwiesen hat und heutzutage in Italien eine wichtige Rolle spielt, da es zur

Bezeichnung von „Dingen mit nordischem Einschlag" und somit gleichbedeutend mit „flämisch" verwendet werden kann.

Kein Kunsthistoriker hat sich bislang darangemacht, plausible historische Gründe dafür zu suchen, daß die flämische Malerei schon zu einem so frühen Zeitpunkt in Venedig vertreten war. Die einzige etwas simple Erklärung ist die, daß der nordische Stil bei einigen venezianischen Malern aus der dunklen Zeit der dreißiger und vierziger Jahre offensichtlich Anklang gefunden hat. Anregungen aus dem Norden muß auch Domenico Veneziano um 1435 erhalten haben, wie sich an der *Anbetung der Könige* zeigt, bei der er bereits die nordische Malweise mit dem rationalen Aufbau der florentinischen Malerei zu verbinden suchte. Der bei Pisanello festzustellende eindeutige Übergang von der spätgotischen Linearität zu einer mikrographischen Darstellung, die insbesondere bei vielen Skizzen zu seinen Bildnissen[5] vorwiegend auf der Linienführung und auf einem schon fast die Renaissance vorwegnehmenden „Realismus" beruht, legt die Vermutung nahe, daß er möglicherweise flämische Werke aus eigener Anschauung kannte. Um nur eines von vielen Beispielen zu nennen: Wo sonst hätte sich in Italien im fünften Jahrzehnt des 15. Jahrhunderts ein Gegenstand finden lassen, der derart akribisch bis in die letzten Feinheiten mit einer fast an den Meister von Flémalle erinnernden Intensität wiedergegeben ist, wie der große, aus Stroh geflochtene „Sombrero" des hl. Georg in dem Tafelbild in der National Gallery in London? Vielleicht läßt sich die noch immer ungeklärte Frage, ob der Realismus Pisanellos eher der Spätgotik oder der Frührenaissance zuzurechnen ist, um eine weitere Hypothese ergänzen, nämlich die, daß es sich dabei um einen Realismus nordischer Prägung handeln könnte, wobei zu jener Zeit in Venedig „nordisch" bereits gleichbedeutend sein konnte mit „flämisch".

Wie wir schon gesehen haben, hat es in Venedig bereits im vierten Jahrzehnt des 15. Jahrhunderts einige flämische Werke gegeben, und außerdem sind unzählige Beispiele für die Übernahme flämischer Stilelemente zu verzeichnen. Ich denke etwa an die kleine Tafel in der Ca' d'Oro mit einer Darstellung der *Kreuzigung* (Abb. 87) oder besser gesagt des *Kalvarienberges,* die auf den ersten Blick identisch zu sein scheint mit derjenigen des *Kalvarienberges* aus dem Turiner Stundenbuch, die Châtelet mit gutem Grund dem engsten Mitarbeiter van Eycks zugeschrieben hat, der als „Meister H." bezeichnet wird[6]. Und Châtelet war es auch, der eben diesem „Meister H." auch das kleine Tafelbild in der Ca' d'Oro zugeschrieben hat und der mit aller gebotenen Vorsicht die bemerkenswerte Hypothese aufgestellt hat, diese *Kreuzigung* in der Ca' d'Oro könne in Italien, ja sogar „in loco" ausgeführt worden sein, und zwar aufgrund gewisser externer Faktoren, zum Beispiel in Anbetracht der im Hintergrund abgebildeten Baulichkeiten, die eher einen südlichen Charakter aufweisen, als dies bei dem Blatt aus dem Turiner Stundenbuch der Fall ist. Er kommt daher zu dem Schluß, daß das Tafelbild dann bis auf den heutigen Tag dort verblieben sei. Zu dem Thema *Kalvarienberg* (Abb. 88) gibt es bekanntlich eine Reihe italienischer Varianten. Eines dieser Bilder, auf das Châtelet ebenfalls hingewiesen hat und das sich im Museum in Padua befindet, lehnt sich ausgesprochen eng an das Vorbild in der Ca' d'Oro an, auch wenn es nicht von einem flämischen Meister stammt. Das gleiche gilt für eine ganze Reihe von Kreuzigungsszenen der venezianischen Schule, die um die gleiche Zeit in Venedig entstanden sind, beispielsweise diejenige, die sich in der Accademia in Venedig befindet und die von Longhi dem Nicola di Maestro Antonio zugeschrieben wurde[7], oder diejenige des umbrischen Malers Giovanni Boccato (Abb. 84), die sich ebenfalls im Museum der Ca' d'Oro befindet und wie auch die übrigen auf das fünfte Jahrzehnt zu datieren ist; letztere fällt insbesondere durch die reichlichen Gold- und Edelsteinverzierungen auf, und sie steht in ikonographischer Hinsicht angesichts der großen Zahl der abgebildeten Ritter und Soldaten dem großartigen Vorbild von Jan van Eyck, dem Flügelbild mit der *Kreuzigung* im Metropolitan Museum in New York, noch näher[8].

Mir ist nicht bekannt, daß von irgendeiner Seite schon einmal darauf hingewiesen worden wäre, daß auch Jacopo Bellini in seinem berühmten „Skizzenbuch" im Louvre mehrfach auf diese Art der Komposition zurückgreift, und insbesondere auf das Motiv des Pferdes auf der rechten Bildseite und des Reiters, der sich vom Kalvarienberg entfernt[9] (Abb. 90). Eine Auseinandersetzung mit den möglicherweise flämisch beeinflußten Themenkreisen eines so überaus eklektischen und vielseitigen Künstlers wie Jacopo Bellini hat bisher noch nicht stattgefunden.

Mit dem ikonographischen Detail der davonreitenden Soldaten, die damit ihr Desinteresse an dem dramatischen Vorgang der Kreuzigung bekunden, hat sich Meiss eingehend beschäftigt, der dies für einen Apsekt von großer Bedeutung hält. Ebenso bedeutungsvoll ist die Tatsache, daß die Kreuzigungsszenen van Eycks auf einer Art von Anhöhe dargestellt sind, sozusagen auf einem Plateau, das Meiss zufolge von Mantegna für die *Kreuzigung* (Abb. 89) der Predella von San Zeno (Louvre) abgewandelt worden ist. Meiss hält es für sicher, daß Mantegna dieses Motiv ebenso wie auch andere ikonographische Details von irgendeiner flämischen Darstellung des Kalvarienberges übernommen hat, was ihn zu der Schlußfolgerung veranlaßt, daß diesem Wegbereiter unter den oberitalienischen Malern Werke van Eycks bekannt gewesen sein müssen. So überraschend diese Behauptung erscheinen mag und so problematisch ikonographische Vergleiche auch sein mögen, sollte man diesen Spuren dennoch unbedingt nachgehen. Dabei wird man mit Erstaunen feststellen, daß Mantegnas Spätwerk der *Grottenmadonna* von 1489 aus den Uffizien in seinem Aufbau an die *Heilige Barbara* van Eycks aus dem Museum in Antwerpen erinnert. Vor allem der enorme Kontrast zwischen dem Felsplateau, auf dem die Gestalt im Vordergrund sitzt, und dem riesigen Turm im Hintergrund, an dem sich zahlreiche Arbeiter zu schaffen machen, wiederholt sich bei Mantegna, wo ein abrupter Übergang von der Madonna zur steilen Felswand der „Grotte" besteht.

Geht man diesen Spuren noch weiter nach, so ist darauf zu verweisen, daß das Frühwerk *Christus am Ölberg* aus derselben Predella von San Zeno (Turin) noch augenfälligere Analogien zu der Darstellung *Christus am Ölberg* (Abb. 92) aus dem Turiner Stundenbuch aufweist, das dem „Meister H." zugeschrieben wird.

Doch wir wollen uns nicht weiter mit diesen ins Auge fallenden Parallelen aufhalten, sondern uns auf das Wesentliche beschränken. Festzuhalten bleibt, daß die ersten Beispiele flämischer Neuerungen nach Venedig gelangt waren, noch bevor Giovanni Bellini seine Tätigkeit aufgenommen hatte, und daß dieser sie entweder persönlich zu Gesicht bekommen hat, oder sie über die Zeichnungen seines Vaters, das heißt also aus den berühmten Skizzenbüchern in London und vor allem in Paris, kennengelernt hat.

Allerdings kamen die flämischen Einflüsse in der venezianischen Malerei erst richtig mit Giovanni Bellini zum Tragen, der sie in unterschiedlichem Ausmaß und in verschiedenen Phasen seiner langen künstlerischen Laufbahn aufgegriffen hat. In Anbetracht des bisher Gesagten wird es nicht weiter verwundern, daß erste flämische Anklänge schon relativ frühzeitig im Werke Bellinis in Erscheinung traten, und zwar bereits um 1450, in seiner allerersten Schaffenszeit, also zur Zeit der Arbeit an der Predella von San Zeno.

Eines der weniger bekannten Beispiele für die frühen Parallelen zwischen Mantegna und Bellini stellt das interessante Manuskript von 1453 über *Leben und Passion des hl. Mauritius* dar (Bibliothèque de l'Arsenal, Paris, Ms. 940). Das Bildnis des venezianischen Feldherrn Jacopo Marcello, das teils Mantegna (Meiss), teils Bellini (Robertson) zugeschrieben

84.   Giovanni Boccati, *Kreuzigung*. Venedig, Ca' d' Oro

wird, weist einige nordische Elemente auf, wie etwa die an van Eyck erinnernde geschnitzte Brüstung. Auch ein anderes Blatt mit dem Titel *Congresso dei Cavalieri* zeigt einen Innenraum, der gewisse flämische Einflüsse verrät. Obgleich ich persönlich der Meinung bin, daß zumindest das Bildnis des Jacopo Marcello wohl eher Mantegna zuzuschreiben ist[10], möchte ich kurz die Geschichte des Manuskripts in Erinnerung rufen. Es wurde von Jacopo Marcello an Jean Cossa geschickt, den Seneschall der Provence und Berater von König René von Anjou, der sich zum Einmarsch nach Italien anschickte, um Neapel zurückzuobern. Dies ist nur ein kleines, beliebig ausgewähltes Beispiel für historische Vorgänge, die in enger Beziehung zur Geschichte einzelner Kunstwerke stehen und die einen Beweis für die auf internationaler Ebene bestehenden ständigen Kontakte darstellen.

Einige der ganz frühen Werke Giovanni Bellinis, bei denen gewöhnlich nur das Vorbild Mantegnas beziehungsweise des Vaters Jacopo gesehen wird, lassen also, wie wir gesehen haben, schon vor 1460 einige nordische, insbesondere flämische Anklänge erkennen. Ich denke etwa an die *Kreuzigung* (Abb. 85) im Museum Correr oder an *Christi Verklärung* (Abb. 93) im gleichen Museum und vor allem an das Bild *Christus am Ölberg* (Abb. 91) in London. Im ersten Fall stellen die Niveauunterschiede der Landschaft und die wie riesige Holzmaserungen anmutenden Wege, auf denen ein milder Schein

155

85. Giovanni Bellini, *Kreuzigung.*
Venedig, Museo Correr

liegt, der sich in der Ferne in den Wasserflächen spiegelt, etwas für jene Zeit vollkommen Neues dar. Außerdem habe ich den Eindruck, daß der Einfluß Mantegnas in dieser ersten Phase der Malerei Bellinis nicht so groß gewesen sein kann, wie gewöhnlich behauptet wird: Die wunderbaren farblichen Abstufungen bei den Gewändern der Apostel in der *Verklärung Christi* spielen nämlich eine ungleich größere Rolle, als die geologisch exakte Wiedergabe des Felsens, und die Beleuchtung ist hier in einer Weise gestaltet, daß die ganze Landschaft in zauberhaftes Abendlicht getaucht erscheint.

Bei dem Bild *Christus am Ölberg* (Abb. 91) liegen die Dinge anders. Die Anlehnung an die Predella

Mantegnas als ikonographisches Vorbild gilt als sicher, wenngleich sich beide durchaus auch von dem Blatt aus dem Turiner Stundenbuch ableiten lassen.

Bei der Interpretation des Bildes von Bellini kann man von den wunderbaren Abstufungen des Lichts am Himmel und von dessen Widerschein in der abwechslungsreich gestalteten Landschaft ausgehen. Wie auch in der *Verklärung,* vielleicht sogar in noch höherem Maße, ist das Licht in seiner Funktion untrennbar verbunden mit dem lyrischen und emotionalen Gehalt der kleinen Tafeln. Von Anfang an ist also für Bellini das Licht das „göttliche" Element, welches Mensch und Raum beseelt.

156

„Die Umsetzung der gestaltenden und spirituellen Funktion des Lichts stellt das eigentlich Neue bei Bellini dar."[11] Mit dieser Äußerung trifft Robertson genau das, was uns das verbindende Element zwischen der flämischen Malerei und derjenigen Bellinis zu sein scheint, so daß man geradezu von einer natürlichen Konvergenz der Bestrebungen sprechen kann: Die Funktion des Lichtes liegt in erster Linie in der Wahrnehmung und in der Wiedergabe der Realität; das Licht bringt die Farben zum Leuchten und verleiht der Oberfläche der Dinge eine deutlich wahrnehmbare Ausstrahlung.

Diese vorrangige Funktion des Lichts und der lyrische Charakter der Landschaft stellen also eine Verbindung her zwischen der Malerei des jungen Bellini und dem Hauptanliegen van Eycks, und sie unterscheidet zugleich Bellini von seinem Schwager Mantegna. Eine zweite Gruppe von frühen, kleinformatigen Werken Bellinis, bei denen die abgebildete Figur eindeutig dominiert, besteht aus kleinen Andachtsbildern, die vermutlich im Laufe des sechsten Jahrzehnts entstanden sind. Sie lassen erkennen, daß Bellini sich auch für das zweite große Motiv der flämischen Malerei aufgeschlossen zeigte, nämlich für die pathetische Pietà-Darstellung nach dem Vorbild Rogiers van der Weyden. Ich denke etwa an die kleine *Pietà* (Abb. 95) in der Accademia Carrara in Bergamo oder an die Tafel *Segnender Christus* (Abb. 96) im Louvre, an *Das Blut des Erlösers* in London, bei denen sich deutlich eine Intensivierung des pathetischen Gehalts zeigt, der bei näherem Hinsehen eher der Handschrift Rogiers van der Weyden gleicht, als derjenigen Mantegnas. Dieses gewisse Pathos bleibt dominierend und ist genau das, was diesen Bildern den nordischen Einschlag verleiht und insbesondere an Rogier van der Weyden erinnert.

Es läßt sich natürlich nicht feststellen, ob und auf welchem Wege Giovanni Bellini möglicherweise Werke Rogiers kennengelernt hat – ob er zum Beispiel in Ferrara sein bedeutendes Bild *Grablegung*

oder auch eines der kleinen Andachtsbilder gesehen hat oder nicht; fest steht nur, daß dieser Einfluß Rogiers mehr als ein Jahrzehnt hindurch in der Malerei Bellinis erkennbar bleibt. Die subtile und ausdrucksvolle graphische Komponente in der *Pietà* der Accademia von Bergamo mit den drei gestisch und mimisch hervorragend gestalteten Figuren hinter der Brüstung – eine Vorwegnahme der Pietà aus der Brera – erinnert sehr stark an die psychologisch explorierende Darstellungsweise der Personen bei Rogier, die hier jedoch verkürzt erscheint und den Eindruck einer schlichten, ruhigen Intimität vermittelt, insofern also ganz in der venezianischen Tradition steht. Deutlicher sichtbar ist der Einfluß Rogiers in Bellinis Bild *Segnender Christus* aus dem Louvre, das in psychologischer wie ikonographischer Hinsicht von außergewöhnlicher Subtilität ist. Die schmächtige, geschundene Gestalt Christi, das gütige, ergreifende Lächeln, das in weichen Locken herabfallende Haar – diese Merkmale sind an sich schon für die italienische Malerei untypisch. Hinzu kommt noch das kostbare weiße Gewand mit der ausgewogenen Geometrie der Falten, die „nature morte" des Buches, die stark hervorgehobenen Details der Wundmale. Das kleine Stück Landschaft unter dem hohen, wolkendurchzogenen Himmel weist bereits Gruppen von kleinen, kugelförmigen Bäumen mit schimmernden Lichtreflexen auf, Baumtypen, wie sie auch schon bei Rogier in Erscheinung treten. Wäre es da wohl übertrieben zu sagen, daß wir hier ein kleines, „al modo ponentino" gemaltes Tafelbild vor uns haben, das für irgendeinen venezianischen Liebhaber der flämischen Malerei bestimmt war?

Dieser frühe Höhepunkt nordischer Stilelemente im Werke Bellinis sollte erst wieder mit der *Pietà* (Abb. 97) in der Brera erreicht werden, wo noch einige Neuerungen hinzukamen. Bellini verwendet dort das bereits bekannte und in der Folge vielfach wiederholte Motiv der Brüstung, an der ein kleiner „Zettel" angebracht ist. Die geradezu mit Vehemenz im Bildvordergrund in Erscheinung tretenden Figuren führen den physischen und seelischen Schmerz praktisch in Nahaufnahme vor Augen und veranlaßen den Betrachter, sich intensiv damit auseinanderzusetzen. Diese „Nahaufnahme" läßt auch Einzelheiten der Oberflächengestaltung erkennen, die nur durch einen unglaublich raffinierten Einsatz der Temperafarben zu erzielen waren. Man kann also sagen, daß die Temperafarben hier von Bellini im Grunde genommen in analoger Weise eingesetzt werden wie die Ölfarbe.

Hier wären nun noch einige Anmerkungen zum Motiv der Brüstung nachzutragen[12] (das schon in der kleinen Pietà in Bergamo vorkam, wie wir gesehen haben, und zwar versehen mit dem kleinen „Zettel"). Die Brüstung dient sozusagen als Trennwand zwischen dem realen und gemalten Raum, zwischen dem Betrachter und der Abbildung. In dieser Weise wurde sie bereits durch van Eyck im Bildnis des sogenannten *Thimoteus* (London, National Gallery) eingesetzt, und hat dann Eingang in die venezianische Malerei gefunden, ebenso wie auch der kleine „Zettel" mit dem illusionistischen Effekt. Worauf ich jedoch besonders hinweisen möchte, ist die Tatsache, daß mit dem häufigen Auftreten dieses kompositorischen Motivs eine Gegenüberstellung von Vordergrund und Hintergrund (mit der sich in weite Ferne erstreckenden Landschaft) erfolgt, die ebenfalls an flämische Einflüsse denken läßt und bei Bellini vor allem in seinen Madonnenbildern in Erscheinung tritt.

Die überaus häufige Bearbeitung dieses Themas, die sich bei Bellini sicherlich nicht zuletzt durch entsprechende Wünsche der Auftraggeber und den in seiner Umgebung vorherrschenden Geschmack erklären läßt, ist insofern auffällig, als sie bei keinem anderen italienischen Maler festzustellen ist, trotz der denkbaren Kontakte der Maler untereinander und der weitverbreiteten Herstellung von Kopien. Im Gegensatz hierzu findet die Serie der von Bellini in allen Variationen der Gestik und Emotionalität

dargestellten Madonnen eine erstaunliche Entsprechung in der großen Anzahl der in der flämischen Malerei vorkommenden Madonnen mit Kind, die auf die „Pietà mariana" Rogiers van der Weyden zurückzuführen sind und die dann vor allem durch Memling aufgegriffen wurden. Wie wir im folgenden noch sehen werden, weisen einige Madonnen bei Bellini und Memling bemerkenswerte Parallelen auf.

Nur wenige Werke Bellinis mit flämischem Einschlag bleiben noch zu erwähnen, bevor wir uns seinem großen Altarbild *Marienkrönung* in Pesaro und der Begegnung mit Antonello da Messina zuwenden, die den Wendepunkt in seinem Schaffen kennzeichnen. Besondere Erwähnung verdient der *Heilige Christophorus* aus dem Polyptychon des hl. Vinzenz Ferrer[13] in der Kirche Santi Giovanni e Paolo (1464-1468), dessen riesige Gestalt mitten im Flusse watend vor dem in silbrigem Lichte erstrahlenden Himmel abgebildet ist und der in seiner Ikonographie eher nordisch als italienisch anmutet. Weitere Beispiele sind das schöne Fragment *Betende Hände* (Ravenna, Sammlung Cavalli), das ebenfalls deutlich nordische Züge aufweist, oder die Rückseite eines kleinen Tafelbildes, auf der ein *Totenkopf* zu sehen ist (Florenz, Privatsammlung), dessen makabrer Realismus durch die sanfte Beleuchtung abgemildert wird, ähnlich wie wir dies auch von der Rückseite einiger kleiner Tafelbilder Memlings kennen[14].

Damit sind wir nun mit Beginn der siebziger Jahre an jenem Wendepunkt in der künstlerischen Entwicklung Giovanni Bellinis angelangt, der durch grandiose Meisterwerke und die erstmalige Anwendung der Öltechnik markiert wird. Es braucht hier wohl nicht wiederholt zu werden, wie ungenau eigentlich der Ausdruck „Öltechnik" ist, mit dem eine Vielzahl kaum gegeneinander abgrenzbarer Varianten und maltechnischer Anwendungsformen zusammengefaßt werden, die sich durch die dem Öl zugesetzten Stoffe und vor allem den verwendeten

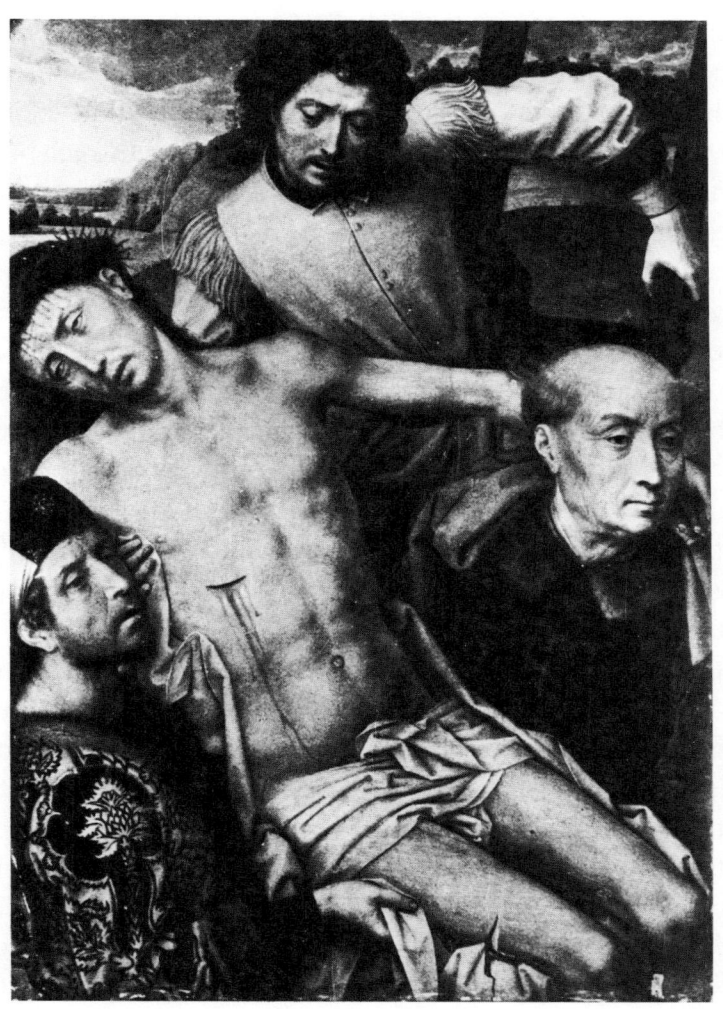

86. Hans Memling,
Kreuzabnahme.
Granada, Capilla Real

Firnis unterscheiden. Zweifellos war Giovanni Bellini mit dem Übergang zur Öltechnik ein Mittel an die Hand gegeben, das es ihm ermöglichte, jene Intensität abgestufter Lichtwirkungen zu erzielen, mit deren Hilfe er Nah und Fern gegeneinander abzusetzen und minimale mit maximalen Lichtwerten zu verbinden wußte, um die immer monumentaler und klassischer anmutende „Form" mit immer subtileren Farbabstufungen zu vereinen.

Alle Kunsthistoriker, angefangen von Cavalcaselle, waren von jeher davon überzeugt, daß Bellini die neue Technik durch Antonello kennengelernt hat: „Wenn wir die Fortschritte in der Malerei Bellinis in den mehr als zehn Jahren nach der Ankunft

von Antonello da Messina in Venedig richtig interpretieren, dann können wir sagen, daß er keinen Moment in seinen Bemühungen nachgelassen hat, dieses technische Mittel noch besser in den Griff zu bekommen."[15] Wie ich schon an anderer Stelle angemerkt habe, bestätigt dies meiner Ansicht nach, daß die von Vasari gemachten Angaben im Kern der Wahrheit entsprechen, leider jedoch mit legendärem Beiwerk versehen sind. Wenn allerdings Bellini diese Maltechnik von Antonello persönlich gelernt und sie bereits in dem Altarbild von Pesaro verwendet haben soll, das wohl zwischen 1471 und 1475 entstanden ist, dann muß man davon ausgehen, daß Antonello schon einige Jahre vor 1475 nach Venedig gekommen sein muß, worüber sich inzwischen viele Kunsthistoriker einig sind.

Somit hätten wir es also in diesen ersten Jahren des achten Jahrzehnts mit einem der faszinierendsten Höhepunkte der italienischen Malerei des Quattrocento zu tun, stellt doch die *Pala di Pesaro* (Abb. 98) das herausragende Meisterwerk im Oeuvre Bellinis dar, der sich die Lehre des Piero della Francesa gründlich zu eigen gemacht hatte und durch die Begegnung mit Antonello neue Mittel und Wege kennengelernt hatte, die für eine raffinierte optische Wiedergabe der Realität „alla fiamminga" besser geeignet war.

Absolut zutreffend ist, um es mit den Worten Longhis zu sagen, daß „in der Marienkrönung von Pesaro letztlich eine ans Wunderbare grenzende Raumgestaltung ... zu einer vollkommenen Harmonie der in sich ausgewogenen Architektur, der demutsvollen und beladenen Menschheit und der freien Natur führt. Auf diesem Register sollte Bellini fortan mehr als ein Viertel Jahrhundert hindurch meisterhaft spielen."[16] Es trifft freilich auch zu, daß diese „ans Wunderbare grenzende Raumgestaltung" nicht nur der Entdeckung des Piero della Francesca zu verdanken ist. Sie ist auch jener Errungenschaft in der Malerei zuzuschreiben, die in einem durch das Licht hervorgerufenen Zusammenspiel von Raum und Gestalten besteht (ein Ziel, das Bellini eigentlich von jeher angestrebt hat), aber auch dem Bestreben, mit Hilfe der Beleuchtung die Beschaffenheit der Materie jeweils in ihrer ganzen Schönheit erstrahlen zu lassen und jede noch so geringe Einzelheit in das sinfonische Largo der Farbe einzubeziehen.

Dieser doppelte Interpretationsansatz, anhand dessen sich uns nunmehr viele der großen Werke Bellinis aus dem letzten Viertel des 15. Jahrhunderts erschließen, zeigt uns, daß wir es bei Bellini erneut mit einem Fall genialer Synthese zwischen italienischer und flämischer Malerei zu tun haben, wie wir dies bereits bei Antonello gesehen hatten. Bei Bellini allerdings ist, wie dies auch schon für Piero della Francesca galt, eine stärkere Verwurzelung in der italienischen Tradition erkennbar: Sowohl für Piero della Francesca als auch für Giovanni Bellini brachte nämlich die Ergründung des flämischen Geheimnisses im Grunde genommen lediglich eine Intensivierung ihrer Wahrnehmungsweise mit sich, daneben aber auch eine Bereicherung der nach wie vor unverkennbar „italienischen" Form, die durch die akribisch genaue Wiedergabe der Lichteinwirkungen nur noch abgerundet wurde.

Von „freier Natur" hat Longhi im Hinblick auf die *Pala di Pesaro* gesprochen – und ich möchte besonders darauf hinweisen, daß es bei Giovanni Bellini vornehmlich die Landschaft ist, an der sich die eingetretenen Veränderungen ablesen lassen. Von Beginn der siebziger Jahre an wird sie nämlich zusehends bereichert durch eine naturgetreue Wiedergabe der Vegetation sowie durch topographische Besonderheiten und menschliche Gestalten im Bildhintergrund. Auf der anderen Seite bleibt die Landschaft untrennbar verbunden mit den Figuren der dargestellten Szene, nicht im Sinne eines perspektivischen Rahmens wie bei den Florentinern, sondern aufgrund des alles einbindenden wechselvollen Spiels des Lichts, wie man dies nicht einmal in Flandern je erleben sollte.

In der *Marienkrönung* des Mittelteils der *Pala di Pesaro* bleibt freilich die klare Landschaft mit ihrem warmen Kolorit gegenüber den abgebildeten Personen untergeordnet. Eingerahmt durch das Fenster, das sich hinter der Gruppe auftut (vielleicht „alla fiamminga"?), vermag sie meiner Ansicht nach keine wirkliche Beziehung zwischen Innen- und Außenraum herzustellen, wie dies Meiss meinte und bei der Predella auch tatsächlich der Fall ist. Mit der wundervollen *Pietà* (Abb. 99), die den Altar krönte und sich heute in der Pinacoteca Vaticana befindet, führt uns Bellini eine Variation über dieses Thema vor, das sich meiner Meinung nach dafür anbietet, die neuesten Entwicklungen der flämischen Malerei aufzuzeigen.

87.   Flämischer Meister des 15. Jahrhunderts, *Kreuzigung*. Venedig. Ca' d' Oro

88. Paduanischer Meister des 15. Jahrhunderts. *Kreuzigung.* Padua, Museo Civico
89. Andrea Mantegna, *Kreuzigung.* Paris, Louvre
90. Jacopo Bellini, *Kreuzigung,* Zeichnung. Paris, Louvre, Cabinet des dessins

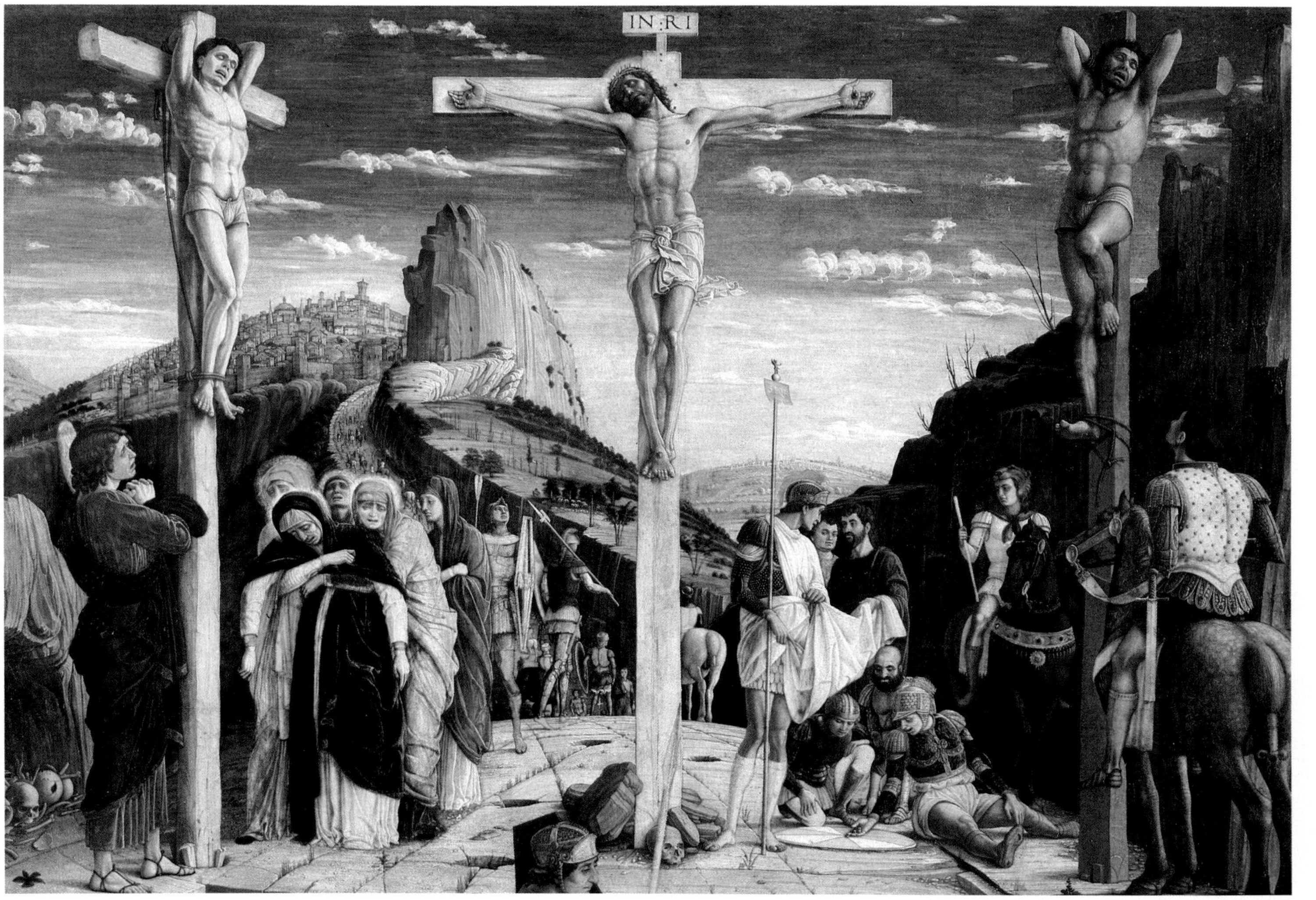
IN:RI

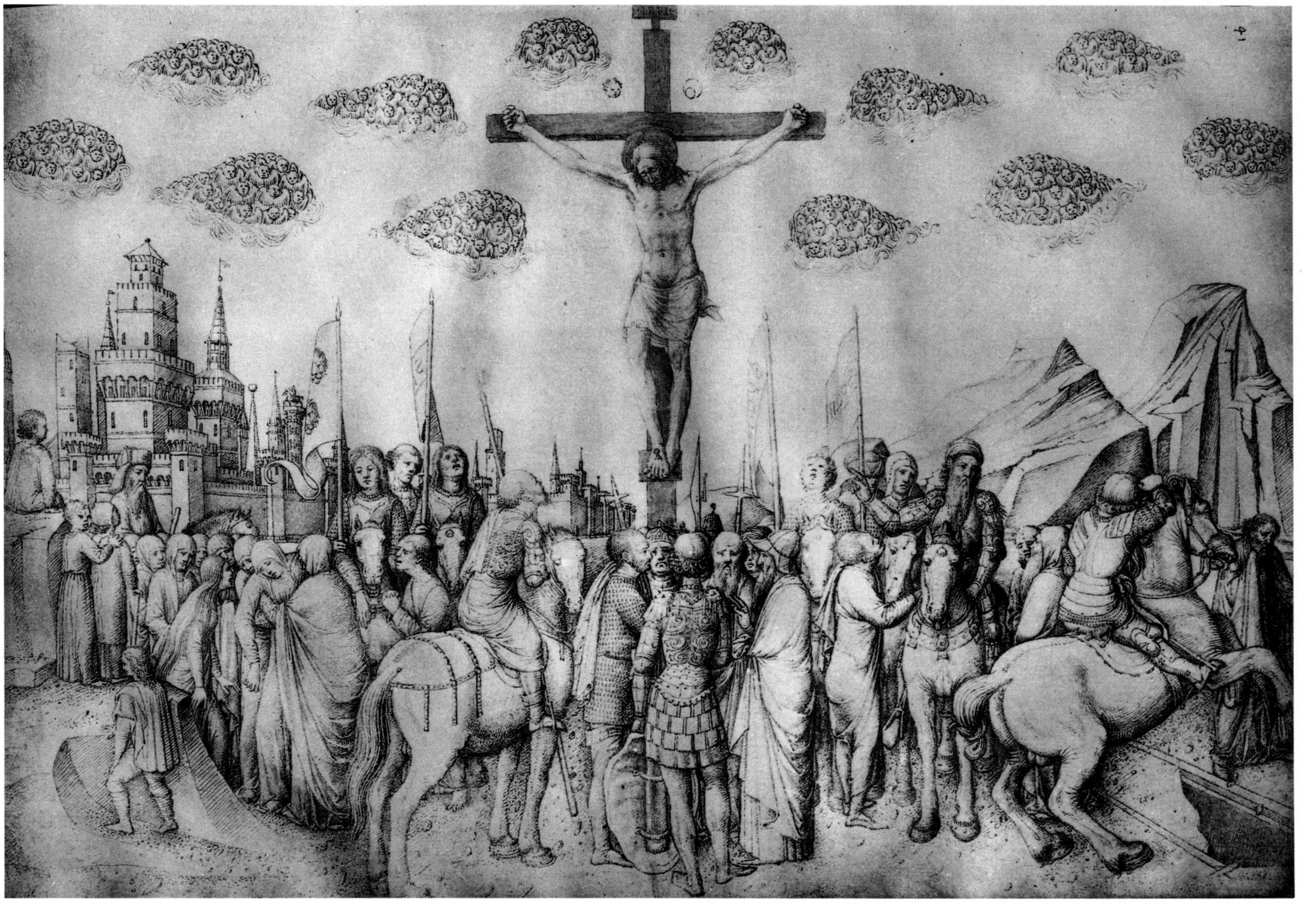

91. Giovanni Bellini, *Christus am Ölberg*. London, National Gallery
92. Meister „H" (zugeschrieben), *Christus am Ölberg*, f. 30ᵛ des *Turiner Stundenbuches*. Turin, Museo Civico

os autem gloriari oportet in ariice
domini nostri iesu xpristi in quo est
salus uita et resurrectio nostra per quem
saluati et liberati sumus. Ps. Deus mi

93. Giovanni Bellini, *Christi Verklärung*. Venedig, Museo Correr

94.   Giovanni Bellini, *Der hl. Christophorus* (Detail des *Polyptychons des hl. Vinzenz Ferrer*). Venedig, SS. Giovanni e Paolo

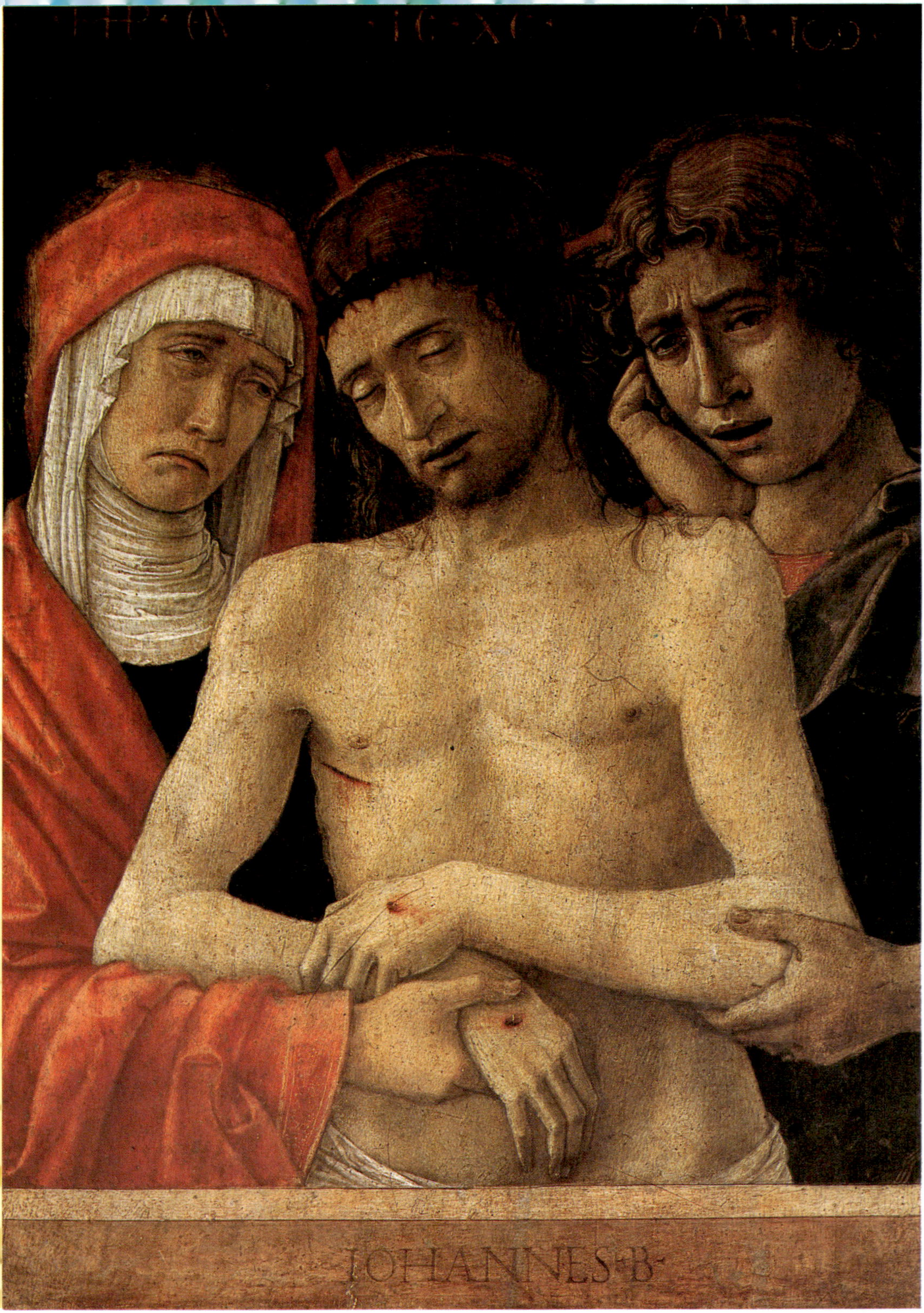
IOHANNES·B·

Auf den vorhergehenden Seiten:
95. Giovanni Bellini, *Pietà.* Bergamo, Accademia Carrara
96. Giovanni Bellini, *Segnender Christus.* Paris, Louvre

97. Giovanni Bellini, *Pietà.* Mailand, Pinacoteca di Brera

98.   Giovanni Bellini, *Marienkrönung*. Pesaro, Musei Civici

101. Giovanni Bellini, *Verklärung Christi.* Neapel. Museum Capodimonte

102.   Giovanni Bellini, *Auferstehung Christi*. Berlin, Staatliche Museen

103.   Jacometto, *Bildnis des A. Contarini*. New York, Metropolitan Museum
104.   Jacometto, *Damhirsch an der Kette* (Rückseite des *Contarini-Bildnisses*). New York, Metropolitan Museum

105. Jacometto, *Bildnis einer Nonne*. New York, Metropolitan Museum

106.   Giovanni Bellini, *Bildnis des Jorg Függer.* Florenz, Slg. Contini-Bonacossi

107.   Giovanni Bellini, *Bildnis des Pietro Bembo*. Hampton Court, Royal Collections

108. Hans Memling, *Bildnis eines Mannes mit Medaille*. Antwerpen, Musée Royal des Beaux-Arts

109.   Hans Memling, *Bildnis eines jungen Mannes*. Venedig, Galleria dell' Accademia

110.   Hans Memling, *Moreel-Triptychon* (Haupttafel). Brügge, Groeningemuseum

111.   Giovanni Bellini, *Verzückung des hl. Franziskus.* New York, The Frick Collection

Auf der folgenden Seite:
112.   Hans Memling, *Madonna mit Kind.* London, National Gallery

Die diagonal und in aufsteigender Linie angeordneten Gestalten, die den gesamten Bildvordergrund ausfüllen, weisen Elemente pathetischer Gefühlsregungen auf, die der Tradition Rogiers van der Weyden und seiner Nachfolger durchaus ebenbürtig sind. Dies wird etwa an der Figur der Magdalena sichtbar, die sanft über die Hand des toten Christus fährt. Dieser Hinweis möge uns hier zur Verdeutlichung der Tatsache genügen, daß das in dieser *Pietà* zum Ausdruck kommende Gefühl und die allgemeine Konzeption nicht sehr weit entfernt sind von Memlings Diptychon in Granada (Capilla Real), und insbesondere von dem Flügelbild *Die Heiligen Frauen* (Abb. 86) aus den Staatlichen Museen in Berlin. Auch die in Grisaille gemalte ausdrucksvolle *Pietà* (Abb. 100) aus den Uffizien – ob sie nun vollendet ist oder im letzten Stadium der Vorzeichnung, sei dahingestellt – weist ebenfalls das in reine italienische Form eingebundene Pathos auf.

Wie gesagt, scheint uns die Frage nach dem gegenseitigen Geben und Nehmen bei Antonello und Bellini müßig, da die Begegnung für beide außerordentlich fruchtbar gewesen sein muß. Auch die *Pala di San Cassiano* von Antonello ließe sich nicht erklären ohne das Vorbild von Bellinis verlorengegangenem Altar für die Kirche Santi Giovanni e Paolo, und der *Heilige Sebastian* wäre ebenfalls undenkbar ohne das Zusammenwirken von Piero della Francesca und Bellini. Es sei hier noch hinzugefügt, daß Antonellos *Pietà* aus dem Museum Correr im Grunde genommen nur die erneute Umsetzung eines bei Bellini sehr beliebten Themas darstellt, mit dem Zusatz der „flämischen" Landschaft, von dem es viele ältere Versionen gibt, wie die wunderschöne *Pietà* aus der National Gallery in London, die der Darstellung Antonellos sehr nahe kommt. Andererseits sollte sich das, was Bellini von Antonello gelernt hat, nicht auf die an sich unzweifelhaft wichtige Öltechnik beschränken. Hinzu kamen noch eine ganze Reihe von Veränderungen und Neuerungen, in erster Linie in der Porträtkunst.

Bellinis kleines *Bildnis des Jorg Függer* (Florenz, Sammlung Contini Bonacossi, Abb. 106), auf 1474 datiert, eröffnet diese Reihe seiner Porträts mit flämischem Einschlag. Es könnte somit eine Bestätigung dafür darstellen, daß die Malerei Antonellos schon vor 1475 nach Oberitalien gelangt ist, was hauptsächlich seinen überaus begehrten, nach flämischer Art gemalten Porträts zuzuschreiben wäre. Nicht uninteressant ist in diesem Zusammenhang auch der Umstand, daß es aus der gleichen Zeit, zu der das Bildnis des Jorg Függer entstanden ist, eine kleine Gruppe von Porträts gibt, die früher Bellini beziehungsweise Antonello zugeschrieben wurden, wie das *Bildnis eines Humanisten* aus dem Museo del Castello Sforzesco in Mailand, das *Bildnis eines jungen Mannes* aus der Accademia Carrara oder das *Bildnis eines Mannes* aus den Staatlichen Museen Berlin, die alle vor ganz dunklem Hintergrund gemalt sind und vermutlich um das Jahr 1475 entstanden. Diese Gruppe ist also älter als diejenigen Porträts, bei denen hinter der abgebildeten Figur der Himmel zu sehen ist, wie bei der venezianischen beziehungsweise von Bellini stammenden Variante, die, wie wir sehen werden, derjenigen Memlings nahe kommt.

Im Hinblick auf die großen Meisterwerke, die während des überaus fruchtbaren Jahrzehnts im Anschluß an das Jahr 1475 vollendet wurden, kann man sagen, daß sie allesamt Anzeichen dieser unglaublich bereichernden flämischen Einflüsse erkennen lassen, die bis heute freilich nur vereinzelt beachtet wurden, wenn man einmal von dem Bild *Der hl. Franziskus empfängt die Stigmata* (oder: *Verzückung des hl. Franziskus*) aus der Sammlung Frick in New York absieht, das von Meiss sehr eingehend und mit großem Engagement untersucht worden ist[17]. Meiss war es auch, der den bemerkenswerten Gegensatz zwischen der enzyklopädischen, überaus minuziös registrierten Vielfalt der Gräser und Pflanzen im Vordergrund und den stark geometrisch gegliederten Felsformationen aufgezeigt hat. Seiner Ansicht nach manifestiert dieser Gegensatz die zwischen

Flandern und der Toskana bestehenden Verbindungen, die „ein Maximum an Ausdrucksfähigkeit der Malerei des 15. Jahrhunderts" gewährleisten.[18] In der Tat hatte kein italienischer Maler bis dahin die Natur in derart überwältigender Vielfalt im Bilde festgehalten, wie wir dies nur vom Polyptychon von Gent her kennen. Jede Einzelheit aus der realen Umgebung des hl. Franziskus ist hier mit liebevoller Sorgfalt wiedergegeben: die weinumrankte Pergola, die Felsspalte mit dem Lesepult, der junge, kräftige Lorbeerstrauch, das Röhricht; hinzu kommen noch weitere interessante Details, wie etwa die auf dem Boden liegenden Holzschuhe (vielleicht mit symbolischer Bedeutung, wie in dem Doppelbildnis der Arnolfini?) sowie das in den Gürtel gesteckte Stück Papier, das eine Anspielung auf den Sonnengesang darstellen könnte[19].

Die trotz aller Ökonomie der Darstellung gebieterische Grandiosität der Natur wird noch unterstrichen durch die zarte Gestalt des Heiligen, der unbewegt im hellen Sonnenlicht dasteht. Was für die Lichtqualität dieses Meisterwerkes charakteristisch ist und ihm unter allen Werken Bellinis einen herausragenden Stellenwert verleiht, ist die Abstufung der Farben von jenen kalten Tönen im Vordergrund bis hin zu den warmen Tönen im Hintergrund.

In der *Auferstehung Christi* (Abb. 102) aus den Staatlichen Museen in Berlin, die vielleicht etwas früher entstanden ist, und mehr noch in der *Verklärung Christi* (Abb. 101) aus Neapel (die zusammen mit dem *Heiligen Franziskus* eine Trias von Meisterwerken bilden, die innerhalb weniger Jahre gemalt wurden), bewirkt das Licht eine faszinierende Einheit der Landschaft. Die *Auferstehung Christi* (Abb. 102) wirkt zwar kompositorisch weniger geschlossen, weist jedoch Einzelheiten von hinreißender Schönheit in der Darstellung der Landschaft auf, die ganz in das von der ersten Morgenröte ausstrahlende Licht getaucht ist. Gegen den von zarten Wolkenbändern durchzogenen Himmel hebt sich die Figur Christi in wunderbarer formaler Strenge

ab. Ein Blick auf das herrliche Detail des flatternden Stoffes und der Falten des um die Hüften geschlungenen Tuches legt uns die Frage nahe, ob diese formale Intensität nicht eine Huldigung an den flämischen Stil darstellt.

Was aber soll man angesichts der geradezu musikalischen „Ligatur" der Beleuchtung in der *Verklärung Christi* (Abb. 101) sagen? Nach dem fast konstruierten Auftakt des diagonal verlaufenden Geländers weitet sich die Landschaft mit eindrucksvollem Crescendo in vergilischer Anmut. Im Hinblick auf diese Landschaft befand Cavalcaselle: „Hier nun erweist sich Giovanni Bellini als der große Meister der Ölmalerei"[20], und führte dann weiter aus (ich zitiere den englischen Text, da dieser wie der Vers eines englischen Dichters der Romantik klingt): „One sees that summer is gone, an autumn day is broken", wobei dieses „Man sieht" die nicht in Worte zu fassende Wahrheit der Stunde, des Lichts und der Situation zum Ausdruck bringt, zu der nur Bellini den Schlüssel zu besitzen scheint.

Diese Betrachtungen über flämische Anklänge bei Giovanni Bellini wären unvollständig, wenn wir nicht noch auf seine weitere Entwicklung in seinem Spätwerk hinweisen würden. Daß sich die Hinwendung zum flämischen Stil bei Giovanni Bellini bis in die ersten Jahre des Cinquecento hinein verfolgen läßt, zeigt die großartige *Kreuzigung* oder besser gesagt der *Kalvarienberg* aus der Sammlung Niccolini da Camugliano (Florenz). In ihm werden neben flämischen Einzelheiten des Vordergrundes und den sich am Horizont verlierenden Weiten der Landschaft Parallelen sichtbar zu den beiden letzten Bildern Antonellos zum selben Thema, nämlich der *Kreuzigung* von London und derjenigen von Antwerpen; hier allerdings wird die schreckliche Einsamkeit des Gekreuzigten über der weiten Landschaft aufgezeigt – ein sehr selten verwendetes Motiv.

Vor allem jedoch bei den Madonnen und den Porträts sind einige neue Elemente der Anlehnung an Memling erkennbar, die möglicherweise nicht völlig

 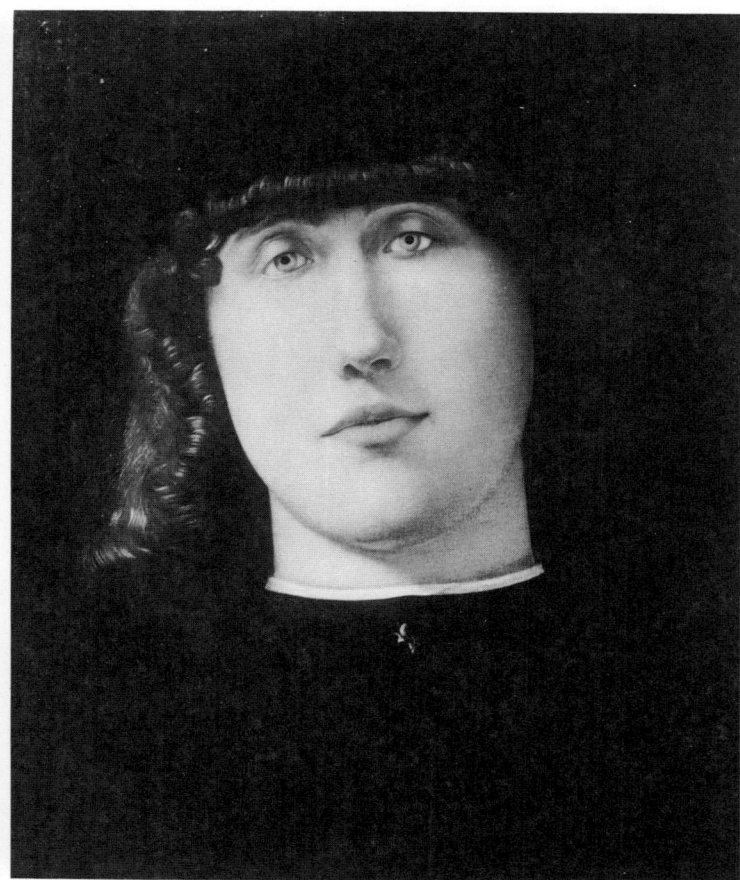

113. Giovanni Bellini, *Bildnis eines jungen Mannes*. Washington, National Gallery of Art, Samuel H. Kress Collection
114. Lorenzo Lotto, *Bildnis eines jungen Mannes*. Bergamo, Accademia Carrara

dem Zufall zuzuschreiben sind. So wissen wir etwa dank der Ausführungen Michiels, daß Werke Memlings sich bei den venezianischen Sammlern großer Beliebtheit erfreuten[21]. Und man kann sich in der Tat leicht vorstellen, daß die anmutige Darstellung der Pietà bei Memling den Venezianern sehr zusagte, da sie eine Sensibilität aufwies, die im Grunde genommen ihrer eigenen Mentalität entsprach. Ähnliches läßt sich auch bezüglich seiner Porträts sagen, die bekanntlich bei den in Brügge lebenden Italienern ebenfalls sehr begehrt waren. Es läßt sich nicht leugnen, das gewisse italienische, teilweise sogar venezianische Anklänge in einigen Bildnissen Memlings festzustellen sind, wie etwa in dem berühmten *Bildnis eines Mannes mit Medaille* (Abb. 108) aus dem Museum in Antwerpen. Wir

haben es also hier mit einer Reihe interessanter Berührungspunkte zwischen Antonello und Bellini zu tun, die zusätzlich zu den bereits angesprochenen in Erscheinung treten.

Es ist auch recht aufschlußreich, daß zwei Bildnisse Memlings, nämlich das *Bildnis eines Mannes* aus der Galleria Corsini und das *Bildnis eines Mannes* (Abb. 109) aus der Galleria dell'Accademia in Venedig, früher Antonello zugeschrieben wurden. Auch das zwischen 1480 und 1490 entstandene *Bildnis eines jungen Mannes* aus der National Gallery in Washington mit einem leichtbewölkten Himmel als Hintergrund liegt in den Augen Longhis „auf halbem Wege zwischen Antonello und Memling". Es ist daher durchaus wahrscheinlich, daß Bellini seine Anregungen durch die flämische Bildniskunst Antonello zu verdanken hat, und es ist nicht auszuschließen, daß es sogar eine unmittelbare Bereicherung durch die persönliche Anschauung von Werken Memlings erfahren hat. Mit anderen Worten: Vermutlich hat Bellini die für Antonello kennzeichnende intensive Erforschung der Physiognomie reduziert und sich insofern der Bildnismalerei Memlings angenähert, so wie dieser die überwältigende Detailfreudigkeit van Eycks reduziert hat.

Von Bellini selbst scheint die Idee zu stammen, hinter den abgebildeten Personen den Himmel darzustellen, und zwar von einem etwas tieferen Blickwinkel aus, wodurch ein interessanter Übergang zu der Verbindung mit der Außenwelt gegeben war, so in den beiden im neunten Jahrzehnt entstandenen Porträts aus Washington beziehungsweise aus dem Museo Civico in Padua, beide mit dem Titel *Bildnis eines jungen Mannes* (Abb. 112).

Nur bei dem sogenannten *Bildnis des Pietro Bembo* (Hampton Court, Royal Collections, Abb. 107) aus der Zeit um 1505 ist die Figur vor dem Hintergrund einer Landschaft wiedergegeben, die den für Bellinis Spätwerk typischen Liebreiz aufweist und fast schon an den frühen Giorgione erinnert. Man kann also sagen, daß dieses Porträt von seiner Komposition her eindeutig auf Memling verweist (selbst die Brüstung und das Zettelchen fehlen nicht), und zugleich in Stil und Qualität unverkennbar von Bellini stammt.

Weitere Beispiele für venezianische Bildnisse mit Anklängen an Memling sind diejenigen des geheimnisvollen *Jacometto*[22], der von 1472 bis 1498 tätig war. (Michiel äußerte sich über ihn voller Bewunderung und nannte sogar seinen Namen im Zusammenhang mit Antonellos Bild *Der hl. Hieronymus im Gehäus*.) Ich denke an jene beiden Porträts, die Michiel im Hause Contarini gesehen hatte und bei denen es sich vermutlich um das *Bildnis des A. Contarini* (Abb. 103) und um das *Bildnis einer Nonne* (New York, Metropolitan Museum, Abb. 105) handelte, deren offenkundig flämischer Charakter und insbesondere an Mem-

ling erinnernde Malweise noch durch den wunderschönen *Damhirsch an der Kette* (Abb. 104) auf der Rückseite des Contarini-Bildnisses unterstrichen wird. Die an Miniaturmalerei erinnernde Art der Darstellung dieses Damhirsches stellt Jacomettos hohen Rang als Miniaturmaler unter Beweis, der auch an den wenigen übrigen von ihm erhaltenen Werken abzulesen ist[23]. Ausgesprochen nordisch wirkt auch das *Bildnis eines Mannes* (Abb. 114), das von dem jungen Lotto gemalt wurde und das heute in der Accademia Carrara in Bergamo zu sehen ist. Das Zusammenwirken von Antonello und Bellini nimmt hier geradezu expressionistische Züge an.

Die Frage der Berührungspunkte zwischen Bellini und Memling, die noch eingehender Klärung bedarf, weist noch weitere interessante Aspekte auf, auch außerhalb des Bereichs der Bildnismalerei. Bereits Brandi wies darauf hin, daß bei Memling die Tendenz erkennbar ist, das flämische Ambiente im Raum aufgehen zu lassen[24], womit er sich auf Memlings vereinfachte Darstellung der Landschaften bezog, bei dem die Natur nicht mehr bis in die letzte Einzelheit genauestens wiedergegeben wird. Doch mehr noch: Wenngleich es sich nur schwerlich erklären läßt, ist doch nicht zu übersehen, daß einige der Madonnen aus dem Spätwerk Memlings, wie beispielsweise die *Madonna* (Abb. 112) aus der Sammlung Wernher in London oder die *Madonna mit Kind* mit dem im Hintergrund herabhängenden Tuch aus der National Gallery in London, sich für einen Vergleich mit der Gruppe der Madonnen Bellinis aus den letzten beiden Jahrzehnten des 15. Jahrhunderts anbieten, sowohl hinsichtlich der Komposition als auch der Interpretation. Es ist zwar durchaus denkbar, daß Bellini einige der Madonnen Memlings zu Gesicht bekommen haben könnte, ungeklärt ist jedoch, warum andererseits die Madonnen aus Memlings Spätwerk italienische Merkmale aufzuweisen scheinen, wie dies bei den beiden obenerwähnten Madonnen der Fall ist, noch sehr viel stärkere allerdings bei den Tafelbildern mit Madonnen,

Heiligen und Engeln (*Madonna des Jacob Floreins* aus dem Louvre), bei denen dekorative Elemente auftauchen, die für die italienische Renaissance typisch sind.

Die zunehmende kompositorische Ausgewogenheit und die verstärkt formale Gestaltung der Figuren, die manchen der späteren Werke Memlings fast italienische Züge verleihen, tritt beispielsweise besonders deutlich in den Seitenflügeln des *Moreel-Triptychons* (Abb. 110) von 1484 aus Brügge und auch in dem Lübecker *Triptychon* von 1491 in Erscheinung. Der vier Heiligen auf den beiden Doppelflügeln des Mittelteils im Lübecker Triptychon sind durch einen einheitlichen Innenraum miteinander verbunden, wobei das verbindende Element bei der Wiedergabe von Boden, Wänden und Fenstern in der dreidimensionalen perspektivischen Gestaltung besteht – ein für die italienische Malerei kennzeichnendes Merkmal, hier auf einen lichten Innenraum übertragen, wie ihn auch der in den gleichen Jahren tätige Lombarde Bergognone hätte konzipieren können. Wie läßt sich andererseits erklären, daß der *Segnende Christus* Giovanni Bellinis in Ottawa, obschon von fast an Giorgione gemahnender Sanftheit im Ausdruck, lediglich eine Variante zu Memlings Bild Segnender Christus aus der Sammlung Knoedler darstellt?

Mit dem bisher Gesagten sollen nicht neue historische Fakten behauptet, sondern die recht auffallenden Konvergenzen zwischen Memling und Italien aufgezeigt werden, die während des neunten Jahrzehnts des 15. Jahrhunderts in Erscheinung traten. In dieser Zeit vollzog sich innerhalb der flämischen Malerei trotz nach wie vor enger Anlehnung an die alte flämische Tradition ein geistiger Wandel, der durch eine Hinwendung zu italienischer Formgebung gekennzeichnet war und im Laufe weniger Jahre deutlich sichtbar wurde und die historische Entwicklung der flämischen Malerei entscheidend beeinflußte.

Damit wären wir am Ende dieses kurzen Überblicks über flämische Einflüsse auf die venezianische Malerei angelangt, deren Hauptfigur bis zuletzt der große Meister Giovanni Bellini bleiben sollte. Die vielen Bellini-Schüler tragen zur Lösung der Frage, um die es uns hier geht, nur wenig oder überhaupt nichts bei. Im Hinblick auf die Verbreitung der nordischen Malweise im Süden, beziehungsweise auf die Beziehungen zwischen Venedig und Flandern ist jedoch darauf hinzuweisen, daß diese Kontakte in der Zeit zwischen dem ausgehenden 15. und dem frühen 16. Jahrhundert erneut aufleben sollten, und zwar spielte dieses Mal Deutschland die Vermittlerrolle. Die starke Expressivität der Deutschen, ihre Vorliebe für eine nicht so sehr realistische, als vielmehr traumhafte Lichtwiedergabe stieß in Venedig auf großes Interesse und beflügelte die Phantasie einiger Maler ungemein, ganz besonders jedoch die des Jacopo de' Barbari und des noch ganz jungen Lotto. Bekanntlich fällt diese Entwicklung zusammen mit dem Aufenthalt Dürers in Venedig, der von 1505 an in der Stadt weilte. Seine Freundschaft mit Jacopo de' Barbari und dessen enge Zusammenarbeit mit dem jungen Lotto führten dazu, daß Barbari zur zentralen Figur dieser neuen Kontakte wurde, ja unter umgekehrten Vorzeichen fast zu einem zweiten Dürer, wenngleich er natürlich nicht dessen Format erreichte. „Jacomo de Barberino veneziano che andò in Alemagna e Borgogna e fece molte cose": so charakterisierte ihn schon Michiel, und in der Tat sollte er der wichtigste Vermittler der Kontakte zwischen Deutschland und Italien werden, die sich zum Beispiel an einem Großteil der venezianischen Porträts ablesen lassen, wie etwa denen des Bartolomeo Veneto, die zuweilen eher deutsch als italienisch anmuten.

Anmerkungen

[1] G. Robertson, *Giovanni Bellini*, Oxford 1968; M. Meiss, *Giovanni's Bellini St. Francis in the Frick Collection*, New York 1964.

[2] C. Brandi, *Spazio italiano e ambiente fiammingo*, Mailand 1960, S. 31.

[3] Die wertvollen Hinweise Michiels wurden bekanntlich von Jacopo Morelli publiziert, und zwar unter dem Titel *Notizie d'opere di disegno nella prima metà del secolo XVI esistenti in Padova, Cremona, Milano, Pavia, Bergamo, Crema, Venezia, scritte da un anonimo di quel tempo*, Bassano 1800; den Nachdruck besorgte G. Frizzoni, Bologna 1884. Zuweilen scheint Michiel van Eyck und Memling miteinander zu verwechseln, wie etwa im Fall des kleinen Bildes im Hause Lampugnano in Mailand, *„un quadretto a mezze figure del patron con el fattor"*, mit Datierung von 1440, *„de Zuan Heic, credo Memelino Ponentino"*. Bei dem Bildnis der Isabella von Aragonien, das Memling zugeschrieben wird und von 1450 datiert, kann es sich offensichtlich nicht um ein Werk Memlings handeln, sondern um eine Kopie des Bildnisses, das Jan van Eyck von Isabella von Aragonien im Jahre 1429 gemalt hat.

[4] Zu dem *Bildnis des Marco Barbarigo*, das von einem anonymen Meister stammt, vgl. die außerordentlich sorgfältig zusammengestellte Übersicht von M. Davies im Katalog *Early Netherlandish Painting* der National Gallery in London von 1968, S. 55–56; die ‚inscriptio‘ des Bildnisses bezieht sich auf das Jahr 1443 oder 1448, und das Wort ‚londonis‘ unten links scheint darauf hinzudeuten, daß es in London gemalt wurde, wo im übrigen keiner der Schüler van Eycks gearbeitet hat. In früheren Katalogen war dieses Bildnis Petrus Christus zugschrieben worden.

[5] Ich beziehe mich insbesondere auf die Studien zu Männerköpfen aus dem Codice Vallardi im Louvre, die ihm Degenhart zugeschrieben hat, der sie zeitlich etwa dem vierten Jahrzehnt zuordnete; zum Beispiel auf den Kopf eines Schwarzen Nr. 2324 (Fossi-Todorow hat sich allerdings gegen diese Zuschreibung ausgesprochen), vor allem jedoch auf den Kopf eines alten Mannes Nr. 2336, der in seiner realistischen Gestaltung fast der Zeichnung für das Bildnis des Kardinals Albergati von van Eyck (Dresden) ebenbürtig ist.

[6] A. Châtelet, *Un collaborateur de van Eyck en Italie*, in: „Rélations artistiques entre les Pays Bas et l'Italie à la Renaissance, Etudes dédiées à Susanne Sulzberger", in: „Etudes d'Histoire de l'Art publiées par l'Institut historique belge de Rome", Brüssel, Bd. IV (1980), S. 57. Châtelet, der bereits in früheren Untersuchungen mit großem Scharfsinn die Persönlichkeit des als ‚Meister H.‘ bezeichneten anonymen Miniaturmalers rekonstruiert hatte, stellt in dieser Untersuchung ergänzend die interessante Hypothese auf, dieser Miniaturmaler könne mit Jacques Coëne identisch sein.

[7] R. Longhi, *Calepino Veneziano VI, Gli inizi di Nicola di Maestro Antonio di Ancona*, in: „Arte Veneta" 1945, S. 158–159. Diese Zuschreibung wird von M. Meiss (*Jan van Eyck . . .*, art. cit., S. 66–67) in Frage gestellt.

[8] F. Zeri, in: *Due dipinti, la filologia e un nome: il Maestro delle tavole Barberini*, Torino 1961, S. 57, weist auf weitere Versionen zum gleichen Thema von Boccati hin (Perugia und Venedig, Sammlung Cini) und hebt besonders die van Eyckschen Charakteristika hervor, von denen er annimmt, daß Boccati sie von Domenico Veneziano in Perugia übernommen haben könnte.

[9] Vgl. vor allem die *Kreuzigung* (f. 36) aus dem Skizzenbuch im Louvre.

[10] Vgl. M. Meiss, *Andrea Mantegna as Illuminator. An Episode in Renaissance Art, Humanism and Diplomacy*, New York 1957. Vgl. auch G. Robertson, *Giovanni Bellini*, op. cit., S. 17–21; G. Mariani Canova, *La miniatura veneta del Rinascimento*, Venedig 1969, S. 16 und 141; J. J. Alexander, *Italian Renaissance Illuminators*, London 1977, S. 55–59.

[11] G. Robertson, *Giovanni Bellini*, op. cit., S. 33.

[12] Zum Vorkommen der Brüstung in der venezianischen Malerei vgl. M. Meiss, *Andrea Mantegna as Illuminator*, op. cit., S. 27. Als Beleg für flämische Tendenzen in Padua nennt Meiss (*Jan van Eyck and the Italian Renaissance*, op. cit., S. 62) die Madonna von Corneto Tarquinia von Filippo Lippi aus dem Jahre 1437, bei der erstmals in der italienischen Malerei der kleine ‚Zettel‘ vorkommt. Überdies weist sie weitere an van Eyck erinnernde Charakteristika auf, die Meiss zu der Überlegung veranlassen, Lippi könne sie während seines Aufenthaltes in Padua im Jahre 1434 dort direkt kennengelernt haben. Bezüglich der flämischen Herkunft des ‚Zettelchens‘ weist Meiss zudem darauf hin, daß es vor Bellini auch schon bei der *Madonna* von Squarcione aus dem Musée Jacquemart-André in Paris vorkommt. Angesichts der Tatsache, daß bei Antonello die ersten ‚Zettel‘ nicht vor 1474 vorkommen, ist meiner Meinung nach nicht auszuschließen, daß Antonello dieses Detail während eines als wahrscheinlich anzusehenden Venedigaufenthaltes vor dem Jahre 1475 übernommen haben könnte.

[13] Im Zusammenhang mit dem Polyptychon Ferrer ist auf die Beobachtung von Robertson (*Giovanni Bellini*, op. cit., S. 44) hinzuweisen, daß die ungewöhnliche Form des Polypty-

chons und insbesondere die quadratischen Flügel des oberen Teils mit der *Maria der Verkündigung* und dem *Engel der Verkündigung* an das Polyptychon aus Messina erinnern, das Antonello da Messina 1473 vollendet hat. Nach Ansicht Robertsons hat Antonello nämlich in Venedig das Polyptychon des Heiligen Vincenz Ferrer gesehen und diese Anregung bei der Gestaltung der oberen Flügel des Polyptychons von Messina aufgegriffen.

[14] Memling hat häufig auf die Rückseite seiner kleinen Tafelbilder ein Stilleben gemalt. Vgl. zu dem Bild *Totenkopf in einer Nische* die Darstellung mit demselben Motiv auf dem kleinen tragbaren Altar von Memling im Museum in Straßburg.

[15] J. A. Crowe - G. B. Cavalcaselle (*A History of Painting in North Italy*, London 1871) sprechen von der zunehmend erkennbaren und intensiv erarbeiteten Technik der Ölmalerei durch Bellini, der nach Meinung Cavalcaselles erst in den Achtziger Jahren herausragende Ergebnisse erzielen sollte.

[16] R. Longhi, *The Giovanni Bellini Exhibition*, in „The Burlington Magazine" 1950, S. 281. Der von uns zitierte Satz ist in einer Anmerkung auf italienisch verzeichnet.

[17] M. Meiss, *Giovanni Bellini's St. Francis in the Frick Collection*, op. cit., Anmerkung 1. Meiss kommt in seiner sorgfältig durchgeführten ikonographischen Interpretation zu der Schlußfolgerung, daß das Thema des Bildes lautet: *Der Heilige Franziskus empfängt die Stigmata*; ich selbst neige auch in Anbetracht der von Meiss selbst angeführten Details eher zu der Annahme, daß es sich hier um *Die Verzückung des Heiligen Franziskus* handelt.

[18] M. Meiss, loc. cit., S. 14.

[19] Die auf dem Boden liegenden Pantinen in dem Doppelbildnis der *Arnolfini* in London deuten (so Panofsky) auf das am Berge Sinai an Moses ergangene Gebot hin, er solle sich seiner Sandalen entledigen, da dies ein heiliger Ort sei. Hier könnte die Thematik der Version des Göttlichen und die Felswand diese symbolische Bedeutung rechtfertigen.

[20] J. A. Crowe - G. B. Cavalcaselle, *A History of Painting in North Italy*, op. cit., S. 161.

[21] Von Memling erwähnt Michiel im Hause Bembo in Padua ein Diptychon mit Johannes dem Täufer und „la nostra Donna" (das sich heute in München beziehungsweise in Washington befindet); Friedländer vertritt die Ansicht, daß dieser Johannes der Täufer identisch sein könne mit jenem kleinen Tafelbild, das Bembo im Jahre 1502 an Isabella d'Este

ausgeliehen hat. Darüber hinaus erwähnt Michiel noch folgende Werke, die von Memling stammen und sich im Hause des Kardinals Grimani befanden: ein Selbstbildnis, das Bildnis zweier Eheleute und „molti altri quadretti de Santi con portelle innanzi", und schließlich noch Miniaturen; dieser letzte Hinweis ist insofern recht bedeutsam, als er Memlings Tätigkeit als Miniaturmaler belegt. Cavalcaselle (*Storia dell'antica pittura fiamminga*, op. cit., S. 371) hält es für ausgemacht, daß es sich dabei um einen Hinweis auf die Mitwirkung Memlings an dem berühmten Breviarium Grimani handelt. Das Bildnis der Isabella von Aragonien, das sich ebenfalls im Hause des Kardinals Grimani befand, ist dagegen mit dem nicht in Frage kommenden Entstehungsjahr ,1450' versehen. Wie schon gesagt, könnte es sich dabei um eine Kopie des Bildnisses der Isabella handeln, das van Eyck im Jahre 1429 gemalt hat.

[22] Michiel äußerte sich sehr lobend über eine Reihe von Werken des Jacometto, bei denen es sich durchweg um Miniaturmalereien handelt. Zu den wenigen uns erhaltenen Werken, die dem Jacometto zuzuschreiben sind, zählen die wunderbaren Titelseiten des ersten und zweiten Bandes der Werke des Aristoteles (New York, Pierpont Morgan Library E.41.A, E.2.78.B), vgl. J. J. G. Alexander (*Italian Renaissance Illuminations*, London 1977, ill. 17 und 18), der ihn als einen der bedeutendsten Miniaturmaler ansieht. Das Portrait von *Alvise Contarini* und das der *Nonne* (New York) sind in ihren Abmessungen außerordentlich klein. Von diesen beiden Personen gibt es in der Sammlung Liechtenstein in Vaduz zwei Miniaturen, die praktisch mit den Tafelbildern identisch sind. Zu dieser Gruppe wäre noch das *Bildnis eines Knaben* aus der National Gallery in London zu zählen, das zwischen Antonello und Giovanni Bellini einzuordnen ist, aber angesichts der starken Intensivierung der Details und der Maltechnik charakteristisch ist für die Miniaturmalerei.

[23] C. Brandi, *Spazio italiano e ambiente fiammingo*, op. cit., S. 31.

[24] Zu diesem faszinierenden Themenkomplex (der noch eingehender Untersuchung bedarf) im Zusammenhang mit der erneut aufkommenden ,atmosfera ponentina' der venezianischen Malerei, die jedoch nunmehr eine ausgesprochen deutsche Note aufweist, vgl. die interessanten Hinweise von E. Castelnuovo, *L'Europa all'aprirsi del Cinquecento*, Mailand 1963.

SECHSTES KAPITEL

Die Flamen in Florenz

Nachdem unsere Reise durch Italien ihren Ausgang in Florenz genommen hatte, wo wir der Frage nachgingen, inwiefern sich der neue Ansatz Masaccios zur Wiedergabe der Wirklichkeit von dem überaus einfühlsamen und detailfreudigen Ansatz van Eycks unterschied, kehren wir nun mit einer anderen Fragestellung eben dorthin zurück. Wir wollen feststellen, welche Spuren der flämische Einfluß auf die florentinische Malerei nach Masaccio hinterlassen hat. Dieser flämische Einfluß sollte sich im Laufe des 15. Jahrhunderts nicht zuletzt aufgrund der Sammelleidenschaft der Medici noch verstärken und schließlich im letzten Viertel des Jahrhunderts eine entscheidende Rolle spielen.

In der Malerei der Toskana fehlte ein großer Meister, der es in ähnlicher Weise wie Antonello, Piero della Francesca und Giovanni Bellini verstanden hätte, den flämischen Mikrokosmos mit der italienischen Formgebung zu vereinen. Und dennoch kann man sagen, daß gerade die Malerei der Toskana in den letzten beiden Jahrzehnten des 15. Jahrhunderts zahlreiche flämische Stilelemente aufwies, etwa im Hinblick auf die Landschaften, die Interieurs, die Porträts und die stillebenartigen Arrangements. Zwar bedarf dieses Phänomen noch eingehender Klärung, allerdings zeichnet sich bereits eine Konvergenz zwischen nordischem Realismus und florentinischem Realismus ab. Bei letzterem hatte sich im Laufe eines halben Jahrhunderts in der Tat ein allmählicher Wandel vollzogen: Er zielte nun nicht mehr so sehr auf Plastizität ab, sondern wandte sich mehr der flexiblen und subtilen Linienführung zu, wobei ein zunehmendes Interesse für das von Alberti aufgeworfene Problem der „Rezeption des Lichts" zu verzeichnen war.

Wenn wir auf die Anfänge dieser Vorliebe der Florentiner für den flämischen Stil zu sprechen zu kommen, das heißt also, auf das Jahr 1440, läßt sich sagen, daß die Sammelleidenschaft der Medici, auf die wir im folgenden kurz eingehen wollen, eine nicht unwichtige Rolle gespielt hat. Ein bei Warburg sehr beliebter Text, auf den er immer wieder Bezug nimmt[1], ist ein Brief des Fruoxino, eines Agenten der Medici in Brügge, den dieser im Jahre 1448 an Giovanni dei Medici, den Bruder Pieros, geschrieben hat.

Fruoxino war beauftragt worden, in Brügge nach Bildteppichen („panni fiandreschi") Ausschau zu halten, die er allerdings auf der Messe in Antwerpen vergeblich gesucht hatte, da sie gemäß den ihm vorliegenden Maßen für die Räumlichkeiten der Medici zu groß waren. Es ist anzunehmen, daß diese Vorlie-

194

be für die „panni fiandreschi" in Florenz auf die in Brügge lebenden florentinischen Kaufleute zurückzuführen ist. Offenbar waren diese Wandbilder, auf denen Szenen aus dem Leben der gehobenen Kreise oder auch des einfachen Volkes abgebildet waren, bei denen es sich somit um Vorläufer der niederländischen Genremalerei handelte, ein weniger kostspieliger Ersatz für die außerordentlich teuren höfischen Bildteppiche.

Neben diesem relativ bescheidenen Gegenstand ihrer Sammeltätigkeit entwickelten die Medici unter Piero de' Medici eine wahre Leidenschaft für die eher aristokratischen Objekte der Goldschmiedekunst und allgemein des Kunsthandels, die sie vermutlich von ihren burgundischen Kunden übernommen hatten: Sie sammelten Gemmen, Münzen und Schmuckstücke, denen Piero in „D'Annunzianischer Anwandlung" (Gombrich) die kostbaren Ausgaben seines Cicero, seines Plutarch, seines Plinius und seines Aristoteles hinzufügte. Ungeheure Summen wurden für diese Objekte ausgegeben: Die berühmte „Tazza Farnese" kostete den stolzen Preis von zehntausend Florin. Sehr viel bescheidener fielen zweifellos die Preise für die Bilder aus, wenn wir in diesem Punkt den für die Medici-Sammlungen vorliegenden Quellen Glauben schenken dürfen[2].

Aus diesen Verzeichnissen, genauer gesagt aus dem Inventar der Sammlung des Lorenzo dei Medici, das in seinem Todesjahr 1492 erstellt wurde, geht hervor, daß für einen *Heiligen Hieronymus* von van Eyck[3] aus dem Jahre 1442 (den auch Vasari erwähnte und von dem einige Kunsthistoriker heute glauben, daß es sich dabei um eine im Stile van Eycks gemalte kleine Tafel handeln könnte, die sich im Museum von Detroit befindet) nur dreißig Florin bezahlt wurden. Des weiteren wurde eine kleine Tafel mit dem in Öl gemalten Bildnis einer französischen Dame aufgeführt, „opera die Pietro Cresti da Bruggia", für die vierzig Florin bezahlt wurden; bei dieser Tafel handelt es sich vermutlich um das schöne *Bildnis einer Dame* von Petrus Christus, das

heute in den Staatlichen Museen in Berlin hängt – „quasi una Gioconda del Nord", wie Longhi meinte[5]. Seit wann diese Werke Bestandteile der Medici-Sammlungen sind, wissen wir leider nicht; es ist nicht ausgeschlossen, daß sie erst von Lorenzo de' Medici erworben wurden, obgleich sie schon fast ein halbes Jahrhundert alt waren.

Was die Situation der Malerei in Florenz in den vierziger Jahren anbelangt, kann man sagen, daß nach dem frühen Tode Masaccios die wichtigsten Vertreter der florentinischen Malerei bekanntlich Fra Angelico und Domenico Veneziano waren, die der flämischen Malerei, wie bereits erwähnt, sehr viel näher standen als Masaccio. Die überaus mannigfaltige Malerei des Fra Angelico, Domenico Venezianos Vorliebe für freundliche Farbtöne und für die „lumi" trugen dazu bei, daß diese beiden Maler bei manchen nordischen Malern wie Rogier oder Fouquet zweifellos ein höheres Ansehen genossen, als andere italienische Maler.

Darüber hinaus ist noch auf die aus den dreißiger Jahren stammenden wunderbaren Fresken des Chiostro degli Aranci in der Badia mit den vermutlich von dem Portugiesen Gonsalvo di Cordoba zwischen 1436 und 1439 gemalten *Legenden des hl. Benedikt* (Abb. 121) hinzuweisen, in denen sich die perspektivische Darstellung des jungen Fra Angelico mit einer Klarheit des optischen Eindrucks flämischer Prägung verbindet[6].

Noch eindrucksvoller jedoch ist das Beispiel des jungen Filippo Lippi, der 1434 von seinem dreijährigen Aufenthalt in Padua zurückgekehrt war. Vor allem Meiss[7] hat darauf hingewiesen, daß einige der ikonographischen Lösungen Filippo Lippis nur auf eine unmittelbare Begegnung mit der flämischen Malerei zurückgeführt werden können, von der er in Padua einige Exemplare zu Gesicht bekommen haben könnte. Insbesondere die *Madonna von Corneto Tarquinia* (Abb. 119) von 1437 (Rom, Galleria Nazionale) weist nicht nur das erste „Zettelchen" („Cartellino") der italienischen Malerei auf, sondern auch ein Interieur, ein durch das Fenster hindurch erkennbares Stück Landschaft und eine Vorliebe für die Wiedergabe von Kleinodien, der auf ein flämisches Vorbild schließen läßt.

Ebenfalls von besonderem Interesse ist in diesem Zusammenhang das unergründliche *Doppelbildnis* von Filippo Lippi, das sich im Metropolitan Museum in New York befindet, bei dem die im Profil abgebildete Dame vor einem genrehaften Hintergrund flämischer Prägung zu sehen ist, dessen Fenster eine Landschaft einrahmt. Schließlich möchte ich noch auf die bekannte *Verkündigung* (Abb. 120) aus der Galleria Nazionale in Rom hinweisen, obgleich sie erst später entstanden ist, bei der vor allem die bewundernswerte Darstellung der fließenden Linien des Gewandes und die kunstvolle Wiedergabe des vielfach gegliederten Raumes auffallen. Weniger Beachtung fanden bislang die beiden Stifter, die in einem engen Betstuhl gezwängt und halb abgeschnitten dargestellt sind. Die Gesichter stehen in ihrem Realismus demjenigen der beiden bemerkenswerten Proträts in nichts nach, bei denen es sich, wie aus den auf der Rückseite gemalten Wappen hervorgeht, um *Zwei Bildnisse von Mitgliedern der Familie Medici* (Zürich, Landolthaus, Abb. 115) handelt, – möglicherweise um Piero und Giovanni – die Longhi mit einiger Wahrscheinlichkeit für Kopien von Petrus Christus hielt[8]. Ich würde jedoch Vorbehalte gegen eine Datierung dieser Porträts auf die zweite Jahrhunderthälfte anmelden, da wir es hier mit Bildnissen nach „altflämischer" Art mit dunklem Hintergrund zu tun haben, die zudem eine gewisse Verwandtschaft mit bekannten florentinischen Profilbildnissen aufweisen, die teils Masaccio, teils Paolo Uccello zugeschrieben wurden (Washington, Boston, Chambéry). Desgleichen würde ich nicht für die Vermutung plädieren, daß sie von flämischer Hand stammen könnten, was erst kürzlich erneut postuliert wurde[9], da sich, wie ja auch schon Longhi festgestellt hat, ihr florentinischer Einschlag an der hellen Beleuchtung erkennen läßt, durch

welche die Plastizität der Gesichter verstärkt wird. Die Gestaltung der Kopfbedeckungen ist überdies typisch florentinisch. Es zeigt sich also, daß hier das toskanische Streben nach Formgebung verbunden ist mit dem flämischen Streben nach Wiedergabe der Lichteinwirkung.

Das sicherlich bedeutendste und interessanteste Beispiel für nordische Einflüsse in der florentinischen Malerei des vierten und fünften Jahrzehnts des 15. Jahrhunderts stellen nach wie vor die Werke Domenico Venezianos dar, wobei sich allerdings die praktisch nicht zu klärende Frage nach seiner Lehrzeit im Norden stellt. Auch Longhi hat diese Frage zu Recht offen gelassen, nachdem er für die *Anbetung der Könige* (Abb. 118) in Berlin, deren Herkunft aus Florenz gesichert ist, eine sehr frühe Entstehungszeit zwischen 1430 und 1435 angenommen hat. Die einzigartige Kombination verschiedener Stilrichtungen dieses Tondos wurde von Longhi in die unübertrefflichen Worte gefaßt: Domenico Veneziano „erweist sich als den Flamen ebenbürtig in der lentikulären Wahrheit ... als Masaccio ebenbürtig in der Raumgestaltung, als Fra Angelico ebenbürtig in den freundlichen Farben und in allem, was ‚anmutig', ‚reichhaltig' und ‚mannigfaltig' ist". Dies entspricht, wohlgemerkt, den Empfehlungen, die Alberti in seiner kleinen Abhandlung über die Malerei gegeben hat, der vermutlich seinerseits unter dem Eindruck seiner im Norden verbrachten Lehrjahre stand. Longhi hat sich hierüber folgendermaßen geäußert: „Wenn es zutrifft, daß Domenico Veneziano in dem Jahrzehnt zwischen 1430 und 1440 mit den verschiedenen Stilrichtungen am erfolgreichsten experimentierte und er der brillanteste „Dilettant" war, so ist es wohl nicht allzu vermessen festzustellen, daß die Betrachtungen Albertis in der Praxis des künstlerischen Schaffens allenfalls denjenigen Domenico Venezianos vergleichbar sind"[10].

Die in der *Anbetung der Könige* erkennbare zweifache stilistische Ausrichtung verweist uns also wiederum auf die ungeklärte Lehrzeit Domenico Vene-

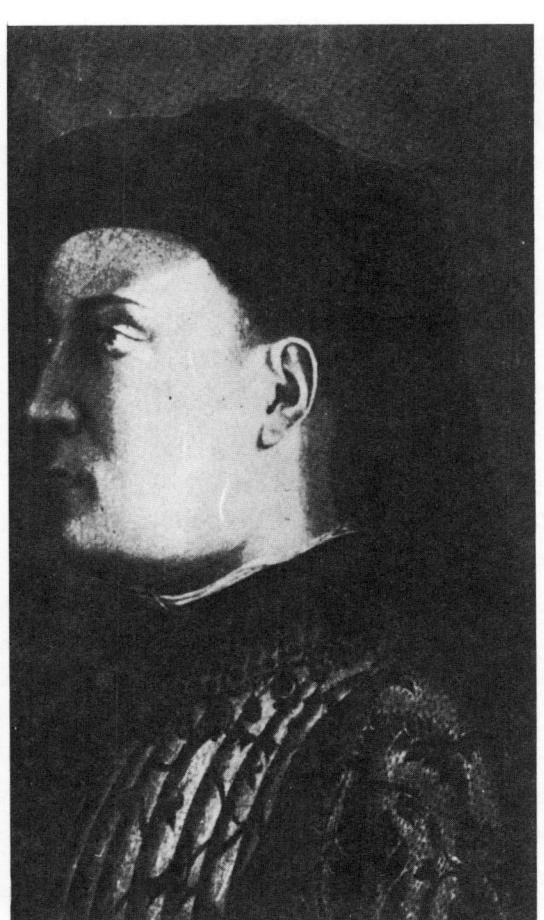

115.   Flämischer Meister des 15.Jahrhunderts, *Zwei Bildnisse von Mitgliedern der Familie Medici.*
Zürich, Landolthaus.

zianos. Unter den verschiedenen bislang aufgestell-
ten Hypothesen ist vor allem diejenige bemerkenswert, die kürzlich von Wohl[11] wieder aufgegriffen
und mit einer Vielzahl von Argumenten untermauert worden ist, derzufolge Domenico Veneziano
von Gentile da Fabriano in die Malerei eingeführt
wurde, der sich bekanntlich nach Venedig begeben
hat und dann mit Domenico Veneziano nach Florenz kam. Schaut man sich die *Anbetung der Könige*
ganz unvoreingenommenen aus der Nähe an, so ist
nicht zu verkennen, daß die „historia copiosissima"
durchaus gewisse Ähnlichkeiten mit manchen der
Miniaturmalereien von Jan van Eyck oder sogar
noch älteren Meistern aufweist. Geradezu an die

Brüder von Limburg erinnert die Minuziosität von
Duktus und Komposition sowie das ganz und gar
„internationale" Gepränge, zu dem Domenico Veneziano auch durch manch ein Blatt des im Norden
von einem Hof zum anderen ziehenden Pisanello
inspiriert worden sein könnte.

An florentinischen Kennzeichen weist diese *Anbetung der Könige* – und dies ist ganz wesentlich – jenen
„pugno di cristallo della prospettiva" (Longhi) auf,
der all die vielen Menschen und Tiere miteinander
verbindet. Im übrigen ist nicht zu übersehen, daß in
Florenz während der dreißiger Jahre unzählige *cassoni*
(Hochzeitstruhen) und *deschi da parto* (reich verzier-
te Holztabletts, auf welchen man den Wöchne-

197

rinnen Essen schickte) im reinsten „internationalen" beziehungsweise spätgotischen Stil bemalt wurden, die allesamt nichts mit den rigorosen Bestrebungen der Neuerer gemein hatten. Und auch von Domenico Veneziano stammen zwei solcher anläßlich der Hochzeit von Marco Parenti und Caterina Strozzi bemalte Truhen[12].

Den Höhepunkt des nur lückenhaft bekannten Werdegangs von Domenico Veneziano bildet das große Meisterwerk *Altar von Santa Lucia in Magnoli* (Uffizien, Abb. 122), der vermutlich zwischen 1440 und 1450 gemalt wurde. Bei diesem Altarbild mit der wunderbaren perspektivischen Darstellung der luftigen, marmorverzierten Loggia erweist sich Domenico Veneziano als der bedeutendste Vertreter des florentinischen Stils in seiner reinsten Form. Und dennoch liegt, wie man weiß, die Poesie dieses Altarbildes mehr noch als in der Perspektive in dem Licht, das den mit buntem Marmor ausgestatteten Raum durchdringt (wie dies auch bei dem in der Brera befindlichen Altarbild von Piero della Francesca der Fall ist), aber auch in der Veränderung der Farben, je nach der „ricezione dei lumi", also der Rezeption des Lichts und der „amistà", der Freundschaft der Farben. Und Poesie liegt auch in der überwältigenden Klarheit des Lichts, das jedes kleinste Detail der Edelsteine, der Tapisserien und der Kleidungsstücke noch unterstreicht: Das prächtige Pluviale des hl. Zenobius, ein wahres Meisterwerk der Wirkkunst, und die reichlich mit Perlen versehene Tiara wetteifern mit denen des hl. Donatianus von van Eyck aus der *Madonna des Kanonikus van der Paele* (Abb. 12) in Brügge.

Hier sei nochmals auf den von Gombrich[13] angestellten Vergleich zwischen dem hl. Zenobius von Domenico Veneziano und dem hl. Donatianus von Jan van Eyck hingewiesen. Der kleine, aber wesentliche Unterschied liegt in den „tastbaren Werten", die bei dem hl. Zenobius fundamentales Kennzeichen sind, und der wunderbar leuchtenden Textur des hl. Donatianus van Eycks. In der Fotografie wird

dieser Unterschied mit „glänzend" und „matt" gekennzeichnet. Ist dieser Unterschied aber tatsächlich auf die Verwendung der Temperafarben bei Domenico Veneziano und der Ölfarben bei van Eyck zurückzuführen? Dies würde bedeuten, so meint Gombrich, der alten Legende Vasaris Glauben zu schenken, daß es nämlich ein „Geheimnis" der Ölmalerei gegeben habe, dessen sich Domenico Veneziano bemächtigt habe, wofür er dann von Andrea del Castagno umgebracht worden sei. Diese Gegenüberstellung ist vielmehr eine Bestätigung dafür, daß die Verwendung der Ölfarbe in der Malerei an sich nicht so sehr wesentlich ist wie die Maltechnik des mehrfachen Auftragens dünner Farbschichten bei den Flamen. Der Unterschied liegt also nicht in erster Linie in dem eingesetzten Mittel, sondern in der grundlegenden Divergenz der Zwecke, für deren Erreichung man sich dieser Maltechnik bedient.

Wollten wir nun mit der Aufzählung derjenigen Fakten fortfahren, die uns im Zusammenhang mit unserer Fragestellung interessieren, so wäre sicherlich das augenfälligste Faktum der sechziger Jahre in Florenz die Präsenz des großen Triptychons des provenzalischen Malers Froment mit der *Auferstehung des Lazarus* (Uffizien). Es war im Jahre 1460/61 nach dem Aufenthalt Froments in Brüssel entstanden, zu eben der Zeit also, als auch Zanetto Bugatto dort von Mailand kommend anlangte. Dieses Triptychon war provenzalisch und zugleich ausgesprochen flämisch. Auftraggeber war der päpstliche Legat Francesco Coppini, der seinerseits in engem Kontakt mit dem Herzog von Mailand stand. Coppini selbst brachte das Triptychon bei seiner Rückkehr im Jahre 1462 nach Prato und schenkte es aus politischen Erwägungen, aber auch als Geste der Freundschaft Cosimo dei Medici, der es wiederum kurz vor seinem Tode im Jahre 1464 dem Kloster San Francesco al Bosco im Mugellotal vermachte[14].

Sehr wahrscheinlich fand dieses Triptychon mit der geradezu peniblen Mimik der abgebildeten Personen, ihrer verrenkten Gestik und der überladen

116. Fra Bartolomeo,*Bildnis des Matteo Sassetti,* New York, Slg. Linsky.
117. Filippino Lippi, *Die Auferweckung des Sohnes des Theophilus* (Detail). Florenz, S. Maria del Carmine.

wirkenden Komposition bei dem alten Cosimo kein Gefallen und hätte auch der florentinischen Öffentlichkeit kaum zugesagt. Nach seiner Rückkehr in die Provence malte Froment dann im Jahre 1476 für König René von Anjou das berühmte *Triptychon des brennenden Dornbuschs,* das voll von allegorischen Anspielungen ist, aber bei aller Kleinteiligkeit in eine derart leuchtende und perspektivisch so kunstvoll arrangierte Landschaft eingebunden ist, daß sich einem der Gedanke aufdrängt, Froment habe möglicherweise Gelegenheit gehabt, das eine oder andere florentinische Werk des Pollaiuolo oder des Baldovinetti kennenzulernen. Auch dieses Werk vereint also Nord und Süd miteinander, entsprechend der schon

von jeher bestehenden Vorliebe seines großen Auftraggebers.

Damit wären wir also im achten Jahrzehnt des 15. Jahrhunderts angelangt. In dieser Zeit wurde, wie sich aus den wenigen erhaltenen Quellen schließen läßt, erneut eine ganze Reihe bedeutender Aufträge erteilt, wobei Tommaso Portinari auf der einen und Memling auf der anderen Seite die Hauptrolle spielten. Diese Tatsache ist nicht auf die ersten begeisterten Reaktionen auf die flämischen Neuerungen zurückzuführen, sondern ist ganz konkreter Ausdruck einer Geschmacksänderung, die sich insbesondere in Florenz bemerkbar machte. Sie wirkte sich vor allem in der Bildnismalerei aus und erreichte ihren Höhepunkt mit der aufsehenerregenden Ankunft des großen Altars mit der *Anbetung der Könige* von Hugo van der Goes in Florenz.

Unter den florentinischen Auftraggebern nahm, wie wir sahen, Tommaso Portinari eine herausragende Stellung ein, die sich schwerlich mit derjenigen der anderen italienischen Auftraggeber vergleichen läßt. Tommaso Portinari war im Jahr 1460 nach Brügge gekommen (zunächst als Mitarbeiter Jacopo Tanis, der die Niederlassung der Medici-Bank leitete) und übernahm 1465 selbst die Leitung der Bank. Sein Name ist verbunden mit dem Tafelbild *Die Passion Christi* von Memling, das sich heute in der Galleria Sabauda in Turin befindet, auf dem er selbst und, ihm gegenüber, seine Gemahlin Maria Maddalena Baroncelli abgebildet ist. Dieses Tafelbild war für das Spital von Santa Maria Nuova bestimmt, ging dann jedoch in den Besitz Cosimos über, wie auch Vasari vermerkte[15]. Ein zweites Mal ließ sich Portinari wenige Jahre nach seiner Vermählung 1470 in einem heute im Metropolitan Museum in New York befindlichen Diptychon gemeinsam mit seiner Frau porträtieren. Dieses Diptychon, in dem Portinaris Frau mit flämischer Haartracht abgebildet ist, wies ursprünglich als Mittelteil eine Madonna mit Kind auf. Die ganze Familie Portinari schließlich war auf den Flügeln des großen Triptychons von Hugo van der Goes abgebildet.

Tommaso Portinari hatte auch seine Hände im Spiel bei der bekannten und mißlichen Episode um *Das Jüngste Gericht* vom Memling. Dieses von Jacopo Tani in Auftrag gegebene große Triptychon wurde nämlich auf einer der Gallionen Portinaris verschifft, die vor der Küste Danzigs von Piraten ausgeraubt wurde. Infolgedessen gelangte das Triptychon nicht an seinem Bestimmungsort an, sondern befindet sich heute noch im Museum in Danzig. Dieser Vorgang fiel zusammen mit dem Beginn einer Reihe finanzieller Fehlschläge, die Lorenzo de' Medici dazu veranlaßten, sich im Jahre 1480 von Tommaso Portinari zu trennen. Dieser mußte das große Haus an der Rue des Aiguilles in Brügge verlassen, das von Piero de' Medici angekauft worden war[16], und die Leitung der Bank übernahmen Folco und Benedetto Portinari[17].

Zu jenem Zeitpunkt hatte Tommaso Portinari bereits ein Geschäft abgewickelt, das mit dem sicherlich bedeutendsten Auftrag in Zusammenhang stand, der überhaupt je von einem Italiener an einen flämischen Meister erteilt worden war. Die Rede ist von jenem Triptychon, auf dessen Mittelteil das große Bild *Die Anbetung der Könige* (Abb. 128) zu sehen ist, das im Jahr 1476 bei Hugo van der Goes in Auftrag gegeben worden war und vermutlich 1478 fertiggestellt wurde, und schließlich 1483 glücklich in Florenz anlangte.

Bevor wir uns jedoch diesem Meisterwerk zuwenden, wollen wir auf jene Jahre eingehen, in denen die Bildnismalerei Memlings ihren Höhepunkt erreichte, und feststellen, welche Auswirkungen sie möglicherweise auf Florenz gehabt haben mag. Über die Gründe für den Erfolg Memlings als Bildnismaler haben wir schon gesprochen. Auf der einen Seite war er auf diesem Gebiet offenbar Nachfolger van Eycks und Rogiers, wenngleich ohne die überwältigende Detailgenauigkeit des ersteren und ohne die unbeirrbare Dichotomie von Geist und Körper, die für letzteren kennzeichnend ist. Er war vielmehr derjenige, der einen ausgewogenen und würdevollen Realismus eingeführt hat, welchen er in gediegener Weise verarbeitete, und der vor allem eine Reihe kompositorischer Varianten eingeführt hat, daß die umfangreiche Galerie seiner Porträts nicht monoton wirken sollte. Das Thema „der Mensch in seiner Welt", ob nun in einem Innen-oder einem Außenraum dargestellt, wurde so auch im Vergleich zu Petrus Christus oder Dirk Bouts wesentlich bereichert, obgleich sich auch schon bei ihnen vergleichbare Ansätze finden.

So gibt es eine ganze Reihe später Porträts von Memling, die er um die achtziger Jahre gemalt hat und in denen die betreffende Person vor dem Hinter-

Auf der vorhergehenden Seite:
118.   Domenico Veneziano, *Anbetung der Könige*.
Berlin. Staatliche Museen

119.   Filippo Lippi, *Madonna von Corneto Tarquinia*. Rom, Galleria Nazionale

120.   Filippo Lippi, *Verkündigung*.
Rom, Galleria Nazionale.
Rechts: Detail

121. Anonymer portugiesischer Maler (Gonsalvo di Cordoba), *Legenden des hl. Benedikt. Das Wunder der Sense im See.*
Florenz, Chiostro degli aranci

122. Domenico Veneziano, *Altar von Santa Lucia in Magnoli.* Florenz, Uffizien

123. Hans Memling, *Bildnis eines jungen Mannes*. Florenz, Uffizien

124. Hans Memling, *Bildnis eines Mannes*. New York, Frick Collection

125.   Hans Memling, *Tomaso Portinari und seine Frau.* New York, Metropolitan Museum

126. Leonardo da Vinci, *Bildnis der Ginevra Benci.* Washington, National Gallery of Art

127. Sandro Botticelli, *Bildnis eines Mannes mit der Medaille Cosimos d. Ä.* Florenz, Uffizien

Auf den folgenden Seiten:
130.   Alessio Baldovinetti,
Geburt Christi. Florenz,
Chiostro dell'Annunciata
131.   Filippino Lippi,
Maria der Verkündigung.
San Gimignano, Museum

132.   Fra Bartolomeo, *Madonna mit dem Kind.* New York, Metropolitan Museum

133.   Piero di Cosimo, *Bildnis des Giuliano da Sangallo.* Amsterdam, Rijksmuseum

134. Piero di Cosimo, *Venus und Mars*. Berlin, Staatliche Museen. Rechts: Detail
135. Piero di Cosimo, *Tod der Prokris*. London, National Gallery

136. Antonio del Pollaiolo, *Apollo und Daphne.* London, National Gallery
137. Sandro Botticelli, *Bardi-Madonna* (Detail). Berlin, Staatliche Museen
Auf Seite 224:
138. Sandro Botticelli, *Anbetung der Könige.* London, National Gallery

ECCE AGNVS DEI QVITOLLIS PECHATA

grund einer sich in weite Ferne öffnenden Landschaft abgebildet ist: ein „Genre", das bei den italienischen Auftraggebern besonders beliebt war. Eine kleine Gruppe von Bildnissen aus den Uffizien, die sich vermutlich „ab antiquo" in Florenz befanden, stellen die Vorliebe der Florentiner für Memling unter Beweis. Besonders bemerkenswert ist das schöne *Bildnis eines jungen Mannes* aus der Galleria Corsini in Florenz, das in seiner monumentalen Komposition und angesichts der Schönheit der im Hintergrund abgebildeten weitläufigen Landschaft fasziniert. Nicht minder eindrucksvoll ist meinem Gefühl nach das nicht ganz so bekannte *Bildnis eines Mannes* (Abb. 124) aus der Sammlung Frick in New York, das durch die Intensität des sensiblen Gesichtes, den klaren Blick und die ausgesprochen italienischen Gesichtszüge besticht.

Einige Kunsthistoriker, darunter Pope-Hennessy und Panofsky[18], vertreten die These von einem italienischen Einfluß auf die Bildnismalerei Memlings, der sich vor allem in den Landschaften zeige, die vielfach an Perugino erinnern. Es ist jedoch recht schwierig, diesen italienischen Anleihen nachzugehen, da sich angesichts der in zahlreichen Quellen belegten unermüdlichen Tätigkeit Memlings in Brügge eine Reise nach Italien nicht mit hinreichender Wahrscheinlichkeit zeitlich unterbringen läßt, so daß wir uns auf die Hypothese beschränken müssen, daß er wohl in Flandern italienische Werke kennengelernt haben wird.

Wesentlich leichter lassen sich dagegen einige offenkundige Anleihen der florentinischen Bildnismalerei des letzten Viertels des Quattrocento bei derjenigen Memlings nachweisen. Es ist jedoch vorauszuschicken, daß die florentinische Malerei selbst im Laufe eines halben Jahrhunderts im Gefolge des kulturellen, philosophischen und geistigen Wandels ihre Auffassung vom Menschen allmählich verändert hatte, der nun nicht mehr so ideal oder heroisch, sondern in zunehmendem Maße in seiner jeweiligen Individualität dargestellt wurde. Somit

wird also verständlich, daß die Bildniskunst Memlings den neuen Tendenzen vollauf entsprach und daß insbesondere die Einbeziehung des Innen- wie auch des Außenraumes in das Bildnis völlig in Übereinstimmung mit der florentinischen Maltradition stand.

Zu den florentinischen Künstlern, die als erste neue Elemente des flämischen Stils in die Bildnismalerei eingeführt haben, auch wenn diese in gänzlich eigenständiger Weise interpretiert wurden, zählt vor allem *Botticelli*. Eines seiner ältesten Porträts (1471), das der *Smeralda Bandinelli* oder *Donati* (London, Victoria and Albert Museum), knüpft an die frühen, flämisch beeinflußten Bildnisse Filippo Lippis an. In diesen Bildnissen steht das „Modell" vor einem äußerst raffiniert gestalteten, abstrakt wirkenden architektonischen Hintergrund mit halbgeschlossenen Fensterläden und Doppelfenstern, die auf den Wänden ein interessantes Spiel von Licht und Schatten verursachen. Das vermutlich auf flämische Anregungen zurückzuführende Detail des Fensterladens wird hier mit fast metaphysischen Licht-und Spiegeleffekten eingesetzt. Was schließlich das *Bildnis eines Mannes mit der Medaille Cosimos des Älteren* (Abb. 127) von Anfang der Siebziger Jahre betrifft, so ist dessen Ähnlichkeit mit dem *Bildnis eines Mannes mit Medaille* von Memling[19] derart augenfällig, daß man sich fast fragen muß, welches von beiden wohl dem anderen als Vorbild gedient haben mag. Das Motiv des Mannes, der einen kostbaren Gegenstand in der Hand hält, taucht bei Botticelli mehrfach auf, etwa in dem *Bildnis eines Medici* (ehemals Florenz, Galleria Corsini), der einen Diamantring in der Hand hält, das Privatemblem der Medici. Wir haben es hier mit einem Motiv zu tun, für das es wiederum zahlreiche bekannte Vorbilder in der flämischen Tradition gibt[20].

Ebenfalls im Zusammenhang mit der florentinischen Bildnismalerei stoßen wir bereits zu einem recht frühen Zeitpunkt, vielleicht schon vor 1475, auf das *Bildnis der Ginevra Benci* (Abb. 126) von Leonardo da Vinci, das sich heute in der National Gallery in Washington befindet. Dieses Bildnis weist in überraschendem Maße flämische Elemente auf, etwa im Hinblick auf das überaus zarte, bleiche Inkarnat, die ebenfalls außerordentlich zarten Gesichtszüge, die Haare. Und mag auch die Idee, dieses bleiche Antlitz vor dem dunklen Hintergrund des wie ein japanischer Paravent anmutenden Blattwerks darzustellen, unverkennbar von Leonardo stammen: Die Landschaft rechts ist von nordischer Weitläufigkeit, wenngleich Leonardo sie mit bläulichen Schleiern versehen hat. Eben mit Blick auf die *Ginevra Benci* stellte Gombrich fest, „bei den frühen Werken Leonardo da Vincis findet sich ein deutlicher Beweis dafür, daß er sich intensiv mit der nordischen Malerei auseinandergesetzt hat"[21]. Und Gombrich fährt fort: „Auf jeden Fall möchte ich meinen, daß er [Leonardo] diese Domäne der nordischen Malerei eingehend studierte (die Landschaftskomposition) und ihr sehr viel mehr Aufmerksamkeit gewidmet hat, als man je geglaubt hat. Seine älteste Zeichnung aus dem Jahre 1473 [Uffizien] wurde allgemein als das Ergebnis eines Ausfluges in die Umgebung von Florenz gedeutet, von dem er verschiedene Skizzen mitbrachte. Mir scheint es sich dabei um eine Studie über die flämische Malerei zu handeln"; genauer gesagt, vermutet Gombrich, haben wir es mit einer Studie über den felsigen Hintergrund des Altars von Gent beziehungsweise des Bildes *Der hl. Franziskus empfängt die Stigmata* von Jan van Eyck zu tun. Diese Aussage eines Kunsthistorikers wie Gombrich bestärkt uns darin, diesem vernachlässigten Aspekt der Malerei Leonardos erneut nachzugehen, vor allem was die Lichtführung und den Einsatz atmosphärischer Effekte als Mittel für die phantastische Umgestaltung realer Landschaften angeht, etwa in der *Gioconda,* in der *Heiligen Anna* und insbesondere in der *Felsenmadonna.*

Nach diesem kurzen Exkurs über Leonardo da Vinci, der natürlich weitergehender Untersuchungen bedürfte, möchten wir mit dem Hinweis schließen, daß in der florentinischen Porträtkunst eine ganze Palette flämischer Stilelemente vorkommt, angefangen von dem Bildnis vor dunklem Hintergrund, wie das wunderschöne *Bildnis eines jungen Mannes* von Botticelli, das in der National Gallery in Washington hängt, bis hin zum „Bildnis mit Landschaft", das in der späteren florentinischen Bildnismalerei relativ häufig in Erscheinung tritt. Zu diesem Typus gehören die beiden bekannten Bildnisse von Piero di Cosimo im Rijksmuseum in Amsterdam, die aus den ersten Jahren des 16. Jahrhunderts stammen und auf denen *Guiliano da Sangallo* und *Francesco Giamberti* (Abb. 133) zu sehen sind. Es ist keine Übertreibung, wenn man feststellt, daß der nachgerade erbarmungslose Realismus der erleuchteten Gesichter ganz im Vordergrund, die an kleinen Szenen und verstreuten Baulichkeiten reiche Landschaft, die bezaubernde „nature morte" im Vordergrund, selbst die flämischen Vorbilder an Mannigfaltigkeit noch übertreffen.

Natürlich ist es schwierig, die Ähnlichkeit mancher der im Hintergrund abgebildeten Landschaften bei Memling (zum Beispiel im *Bildnis eines jungen Mannes,* Abb. 123, in den Uffizien) mit denen bestimmter Bildnisse des Perugino (etwa dem unlängst Fra Bartolomeo[22] zugeschriebenen *Bildnis des Matteo Sassetti* aus der Sammlung Linsky in New York) erklären zu wollen. Und es sei in diesem Zusammenhang daran erinnert, daß auch Perugino und Signorelli sich der Öltechnik zu bedienen pflegten. Dieser Trend zur Bildnismalerei ist nicht zuletzt auch vor folgendem Hindergrund zu sehen: Florenz war im Grunde etwas provinziell und narzistisch und wollte sich gerne in seinen bedeutenden Persönlichkeiten wiederfinden. In fast grenzenlosem Crescendo tauchen diese in den Altarbildern und Fresken immer häufiger auf, angefangen von der Gruppe von Bildnissen des großen und verkannten Filippino Lippi (1484) in der Szene *Die Auferweckung des Sohnes des Theophilus* aus der Cappella Brancacci bis zu den regelrechten „Gruppenfotos" der berühmten Fresken Ghirlandaios in Santa Maria Novella. Dagegen sind die unzähligen Figuren Botticellis in seiner *Anbetung der Könige* (London, Washington, Uffizien) in ihrer Anordnung noch raffinierter und mannigfaltiger.

Viele Jahre hindurch wurde die Ansicht vertreten, und sie ist sogar heute noch zu hören, daß die Ankunft des von Tommaso Portinari bei Hugo van der Goes in Auftrag gegebenen Altars in Florenz, der für die Kirche Sant' Egidio des Spitals von Santa Maria Nuova bestimmt war, eine derartige Resonanz fand, daß man allein diesem Werke alle in der florentinischen Malerei der Folgezeit zu verzeichnenden flämischen Tendenzen zuschrieb. Die Tatsache, daß sich mitten in Florenz, vor aller Augen, ein derartiges Meisterwerk befand, hatte natürlich in der Tat weitreichende Folgen, dennoch wäre diese Interpretation zu simpel. Wie steht es zum Beispiel mit dem chronologischen Ablauf der Dinge? Aufgrund des vermutlichen Alters der auf den Seitenflügeln des Altars abgebildeten Kinder des Tommaso Portinari ging man davon aus, daß der Altar um 1476 oder spätestens 1480 (Warburg) in Florenz angelangt sein müsse. Dagegen konnte vor einiger Zeit in einer Untersuchung[23] geklärt werden, daß das monumentale Triptychon von Brügge aus wie üblich auf dem Seewege transportiert wurde, und auf dem Wege über Sizilien nach Pisa gelangte, von wo es dann arnoaufwärts bis vor die Tore von San Frediano verschifft wurde, um endlich am 28. Mai 1483 in Florenz in Empfang genommen zu werden.

In der Cappella Portinari von Sant' Egidio, in der das Triptychon aufgestellt wurde, befand es sich in unmittelbarer Nachbarschaft zu den Freskenzyklen von Domenico Veneziano, Andrea del Castagno und Alessio Baldovinetti, also Kunstwerken, die zu den bedeutendsten und markantesten Vertretern der florentinischen Tradition zählten, so daß die Konfrontation der Florentiner mit der flämischen Malerei der Entwicklung einer Stilrichtung den Weg ebnete, die in Florenz bereits solide Grundlagen hatte. Mit anderen Worten, der Altar des Hugo van der Goes sollte nicht die Entstehung einer neuen Stilrichtung bewirken, sondern eine Tradition bestärken und allenfalls deren Entwicklung beschleunigen durch die zunehmende Tendenz zu immer akribischerer und anekdotischerer Schilderung der Wirklichkeit, die mit einer besonderen Vorliebe für die Darstellung weitläufiger Landschaften einherging.

Entsprechend ist auch die andere weitverbreitete Auffassung zu revidieren, Ghirlandaio sei der bedeutendste, wenn nicht gar der einzige Maler gewesen, der in seinem Werk der Vorliebe der Florentiner für die flämische Malweise Rechnung getragen hat, die durch die Präsenz des Portinari-Triptychons noch verstärkt worden war. In Wirklichkeit hat Ghirlandaio in seinen berühmten Fresken in Santa Maria Novella mit den reich ausgestatteten und genauestens geschilderten *Szenen aus dem Leben Mariae* diesen Stil am ausführlichsten und oberflächlichsten interpretiert. Wie wir sehen werden, waren in Florenz bereits ganz andere Künstler und Kunstwerke von weit höherem Rang als diejenigen Ghirlandaios vertreten.

Wenden wir uns nun dem allgemein als eines der vollendetsten Meisterwerke der flämischen Malerei geltendenden Triptychon zu, das geradezu den Dreh- und Angelpunkt zwischen der alten Tradition der Gründerväter der flämischen Malweise und den neuen Entwicklungen innerhalb der flämischer Malweise darstellt.

Hugo van der Goes war ein Maler, der aus der Schule Rogiers van der Weyden hervorgegangen war. Diese in sich geschlossene Tradition wurde von ihm einerseits getreulich übernommen, andererseits aber auch in entscheidendem Maße weiterentwickelt, so daß man sagen kann, daß er mit seinem Werk eine eindeutige Wende herbeiführte und damit eine Tendenz förderte, die man als „modern" bezeichnen könnte. Schon sein kaltes, fast opalisierendes Kolorit unterscheidet sich von der wunderbaren flämischen Farbenpracht und schafft so, wie Valéry es ausgedrückt hätte, „une étrange lueur contradictoire". Panofsky zufolge hat Hugo van der Goes dieses Kolorit in Frankreich, genauer gesagt bei seiner Begegnung mit der Malerei Fouquets gelernt[24].

Sehen wir einmal von diesen ersten Eindrücken und von den außergewöhnlichen Ausmaßen dieses Triptychons ab (allein der Mittelteil mißt 3 x 2,5 Meter), so ist das Auffallendste daran die rhythmische Komposition, die sich von der bis dahin üblichen völlig unterscheidet: In diesem Bild scheinen sich verschiedene dynamische Kräfte zu überschneiden und sich die Bahnen zu kreuzen, auf denen sich von allen Seiten her die Figuren bewegen. Bei der Wiedergabe der einzelnen Figuren spielen nicht so sehr die perspektivischen Gesetze von Nähe und Ferne eine Rolle, sondern eher das Bestreben, die Illusion der für den Menschen unermeßlichen Entfernungen zu schaffen.

In diesem ganzen Bewegungsablauf scheinen sich die Jungfrau und das Kind in der Mitte fast wie in einem unzugänglichen Kreis zu befinden und von den sie umgebenden Engeln in ihren weißen und blauen Gewändern und den Hirten isoliert zu sein. In den Gesichtern der Hirten spiegelt sich eine pathetische „pietas" von unerhörter, überwältigender Ausdruckskraft. Auch über die großartige, wohldurchdachte Symbolik der Blumen im Vordergrund wäre viel zu sagen, das heißt über die Vasen mit Iris, den leuchtend roten Lilien und der Akelei (fünfzehn an der Zahl, mit offenkundiger Anspielung auf die Mysterien der Jungfrau) sowie die dahinter liegenden Ähren, die auf den Ausdruck „Bethlehem – Haus des Brotes" anspielen[25].

Die in der *Anbetung der Könige* abgebildeten Personen zeichnen sich durch eine gewisse Melancholie und eine Art von psychischer Instabilität aus, welche das Aufkommen eines neuen Menschentyps zu belegen scheint, der sich von dem ausgesprochen heiter wirkenden Typus van Eycks ebenso unterscheidet, wie auch von der asketischen Strenge Rogiers: Hier herrscht eine Stimmung vor, die ich als menschlich-allzu menschlich bezeichnen möchte, wie sie wohl bei Künstlern wie Botticelli oder Filippino Lippi oder auch Piero di Cosimo aufgrund ihrer bewußten Affinität auf Verständnis stoßen mochte.

Ich möchte nun noch kurz die auf den Außenflügeln des Portinari-Altars abgebildeten bemerkenswerten Figuren erwähnen, nämlich *Die Jungfrau Maria und der Engel der Verkündigung* (Abb. 129), die nach altem Brauch in *Grisaille* gemalt sind. Die Jungfrau scheint einer Ohmacht nahe zu sein, so sehr ist sie durch den Anblick des Engels mit dem schweren Szepter in der Hand verwirrt. Mit treffenden und poetischen Worten hat Panofsky hierzu bemerkt: Sie wirken „so überaus belebt ..., daß man geneigt ist, jegliche Unterscheidung zwischen vorgeblicher Skulptur und echter Malerei in Frage zu stellen. Sie scheinen also eine doppelte Metamorphose durchgemacht zu haben, als ob sie aus menschlichen Wesen zunächst in Stein verwandelt worden wären, um dann wieder zum Leben erweckt zu werden."

Um nun aber den geradezu überwältigenden Erfolg einer Tafel wie dieser zu begreifen, möchte ich nochmals darauf hinweisen, daß die Tatsache, daß sie sich überhaupt in Florenz befand, die Folge einer Reihe verschiedener Umstände war, die mit der Entwicklung der geistig-kulturellen Situation und vor allem der Kunst zusammenhingen. So war es zum Beispiel 1483 bereits zwanzig Jahre her, daß Baldovinetti in dem kleinen Chiostro dell'Annunciata jene *Geburt Christi* (Abb. 130) gemalt hatte, die mit ihrer sich in der Ferne verlierenden Landschaft und dem überaus naturgetreu wiedergegebenen Efeu im Vordergrund wahrhaftig wie ein Präludium zu der Epoche höchster Wertschätzung für die flämische Kunst anmutet. Doch das ganze Jahrzehnt zwischen 1470 und 1480 ist gekennzeichnet von bedeutsamen Vorgängen. In diese Zeit fällt vor allem der Höhepunkt der Tätigkeit der Werkstatt Verrocchios (den man im allgemeinen auf später anzusetzen geneigt ist), aber auch die Ausbildung genialer Künstler der jüngeren Generation wie Leonardo da Vinci und Perugino. Ebenfalls von Anfang der siebziger Jahre stammt die *Taufe Christi* von Verrocchio, an der auch Leonardo bei der Gestaltung der Landschaft mitgewirkt hat, sowie die gleichfalls von Verrocchio gemalte *Madonna mit dem Kinde* aus dem Courtauld Museum, die gewisse flämische Einflüsse verrät und eine interessante Lichtbehandlung aufweist[26]. Desgleichen entstanden in diesem Jahrzehnt zwischen 1470 und 1480 die *Taten des Herkules* von Pollaiolo, dessen mikrographische Landschaftsdarstellung eine unverkennbar flämische Note aufweist. Dieses Motiv der von einem erhöhten Standort herab betrachteten Landschaft tritt auch in seiner lyrischen Darstellung *Apollo und Daphne* (London, Abb. 136) in Erscheinung: Der Hintergrund entwickelt sich hier immer mehr zum Typus der „descriptio terrarum" mit einer verschwenderischen Fülle an Einzelheiten aus der Vielzahl der Erscheinungsformen der Natur. Damit ist also die Abkehr von der Darstellung der Natur vollzogen, die nach florentinischer Tradition nur als perspektivisch meßbarer und vor allem an das Wirken des Menschen gebundener Raum verstanden worden war[27].

Auch einige der Meisterwerke von Sandro Botticelli, in denen die Landschaft wesentliches Bestandteil darstellt, stammen aus der Zeit vor 1480. Ich denke dabei vor allem an die *Anbetung der Könige* (London, Abb. 138), die in einer sehr subtilen Technik gemalt ist und viele verschiedene Farbschichten aufweist, über denen weitere Schichten dunklerer oder hellerer Farbtöne liegen, was an eine direkte Assimilierung der flämischen Maltechniken denken läßt[28].

Einige Jahre später zeigten sich bei Botticelli dann weitere Anzeichen für eine Übernahme flämischer Motive, etwa in dem Hintergrund zu der *Bardi-Madonna* (Abb. 137): Typisch flämische Elemente[29] sind hier das dichte, aus Zedern, Zypressen, Palmen, Olivenbäumen und Rosen bestehende Blätterwerk, das in unnachahmlicher Weise die exakt beobachtete und gestaltete botanische Mannigfaltigkeit wiedergibt, und außerdem der symbolische Gehalt dieser Pflanzen im Zusammenhang mit der Pietàdarstellung, mit denen deutlich auf die Verherrlichung der Unbefleckten Empfängnis angespielt wird, deren liturgisches Fest von Papst Sixtus IV. im Jahre 1477 eingeführt worden war.

139. Fra Bartolomeo, *Geburt Christi*. Florenz, Palazzo Pitti

140. Hans Memling, *Thronende Madonna mit zwei Engeln.*
Florenz, Uffizien

Was schließlich das Bild *Segnender Erlöser* im Institute of Arts in Detroit angeht, scheint mir dessen Verwandtschaft mit den Bildern zum gleichen Sujet von Memling und Bouts derart offensichtlich, daß davon auszugehen ist, daß Botticelli einige dieser Bilder kannte, da es recht unwahrscheinlich ist, daß er den *Salvator Mundi* von Antonello kannte[30].

Nach dem bisher Gesagten ergibt sich, daß im Jahrzehnt zwischen 1480 und 1490, also vor und nach der Ankunft des Portinari-Triptychons von Hugo van der Goes in Florenz, in der dortigen Malerei Elemente Eingang gefunden hatten, die in mancher Hinsicht durch die flämische Malerei angeregt worden waren, wie etwa die sorgfältige Analyse der Physiognomien, die nuancenreiche Verteilung des Lichts und die mikrographisch genaue Schilderung der Landschaft. Als wenige der unzähligen Beispiele wollen wir hier die unvergeßlichen Stifter der *Pala Tanai de' Narli* (Florenz, Santo Spirito) des sensiblen Filippino Lippi anführen, die durchaus einem Vergleich mit den besten flämischen Bildnissen jener Zeit standhalten, ferner die beiden ebenfalls von Filippino Lippi stammenden wunderschönen Tondi im Museum von San Gimignano mit der *Maria der Verkündigung* (Abb. 131) und dem *Engel der Verkündigung,* bei denen der abgebildete Innenraum eine bezaubernde Atmosphäre ausstrahlt und das Licht die einzelnen Gegenstände liebevoll umschmeichelt und die großen Zahnräder der Waagbalkenuhr deutlich in Erscheinung treten läßt.

230

Im Hinblick auf das letzte Jahrzehnt des 15. Jahrhunderts ist noch auf den großen Erfolg hinzuweisen, den Perugino bei den Florentinern gehabt hat, was nicht zuletzt vor dem Hintergrund der engen Zusammenarbeit der aus Florenz und aus anderen Städten stammenden großen Meister bei der Ausschmückung der Sixtinischen Kapelle in Rom zu sehen ist. Zu dieser Gruppe von Künstlern kamen noch die zahlreichen Schüler aus der Werkstatt Verrocchios hinzu, wie etwa Lorenzo Credi oder der junge Fra Bartolomeo. Unter ihnen allen bestand ein intensiver Austausch, so daß vielfach Zweifel hinsichtlich der Zuschreibung gewisser Werke aufkommen. Bei allen finden sich jedoch flämische Stilelemente, die unterdessen fast schon zum festen Bestandteil des eigenen Repertoires geworden waren. Ein Beispiel möge zur Illustration dieser Tatsache genügen, nämlich das Tondo mit der *Geburt Christi* (Abb. 139) aus dem Palazzo Pitti, das allgemein Cosimo Rosselli zugeschrieben wird, nach Auffassung von E. Faye jedoch ein Jugendwerk des Fra Bartolomeo aus den letzten Jahren des 15. Jahrhunderts ist[31]. Die von diesem Bild ausgehende flämische Atmosphäre, angefangen von der im Vordergrund erkennbaren Vegetation bis hin zu den in der Ferne sich verlierenden Gestaden des Sees, ist dermaßen offensichtlich, daß Fra Bartolomeo wohl zu denjenigen Malern zu zählen ist, die sich den flämischen Einflüssen gegenüber am aufgeschlossensten zeigten. Von E. Faye wird Fra Bartolomeo auch eine *Madonna mit dem Kinde* (Abb. 132) aus dem Metropolitan Museum in New York zugeschrieben, die offensichtlich Leonardos *Madonna Benois* zum Vorbild hatte.

Die Landschaft, auf die man durch das Fenster hindurch blickt, ist buchstäblich eine Kopie jener Landschaft, die Memling in seinem in den Uffizien befindlichen Altarbild *Thronende Madonna mit zwei Engeln* (Abb. 140) gemalt hat, wodurch im übrigen auch belegt ist, daß sich dieser flämische Altar „ab antiquo" in Florenz befunden hat[32].

Pollaiuolo, Verrocchio und Ghirlandaio waren bereits vor Ende des 15. Jahrhunderts gestorben; Botticelli war zwar noch am Leben, jedoch in Vergessenheit geraten; auch Filippino Lippi hatte sehr früh den Tod gefunden; Fra Bartolomeo und Albertinelli näherten sich unterdessen in ihrem Stil der Eloquenz der Hochrenaissance an; bleibt als herausragender Meister der Jahrhundertwende nur noch Piero di Cosimo zu nennen, der auch der außergewöhnlichste Vertreter dieser überaus fruchtbaren Phase des Experimentierens in Florenz gewesen ist, bei dem flämische Stilelemente eine wichtige Komponente darstellten.

Die Ankunft des Portinari-Triptychons von Hugo van der Goes muß für Piero di Cosimo ein wesentlich einschneidenderes Ereignis gewesen sein, als für andere Maler[33], weil hierdurch seine Phantasie beflügelt wurde und seine Malerei ungemein irrationale und phantastische Züge annahm, wobei er freilich in seiner kompositorischen Gestaltung nach wie vor weitgehend der florentinischen Tradition verpflichtet blieb. Die Hinwendung Piero di Cosimos zum flämischen Naturalismus tritt überall dort besonders deutlich in Erscheinung, wo seine Stilleben, seine Pflanzenmotive im Bildvordergrund, und seine geradezu manische Vorliebe für Kleinodien mit einer Art von unruhigem Hyperrealismus befrachtet sind. Das Bild *Die Heimsuchung, mit dem hl. Antonius und Nikolaus* aus der National Gallery in Washington, das zeitlich nicht genau einzuordnen ist, vermutlich jedoch aus den achtziger Jahren stammt, enthält alle diese Motive und erreicht ein Höchstmaß an Illusionismus in den goldenen Kugeln mit den spiegelartigen Reflexen, in dem vergilbten Pergament und in der auf dem Boden liegenden Levkoje.

Ein ausgesprochen deutlicher Hinweis auf Hugo van der Goes findet sich auch in dem ehemals in Berlin befindlichen Bild *Die Anbetung der Hirten*, das wohl um 1485 gemalt wurde und somit unter dem direkten Eindruck des großen Portinari-Triptychons entstanden wäre. Von den beiden außerordentlich dichten Bildnissen *Giuliano da Sangallo* und *Francesco Giamberti* mit den typischen Kennzeichen eines übersteigerten Realismus, wie den stark hervortretenden Adern, der runzeligen Haut, war schon die Rede. Ungewiß ist die Zuschreibung des Bildnisses der berühmten *Simonetta Vespucci* aus dem Museum in Chantilly (Vasari, der sie allerdings Francesco da Sangallo zuschrieb, hat sie als „wunderschöne Kleopatra" bezeichnete), mit ihrer eigenwilligen Haartracht und der sich um die Halskette windenden Schlange; auch hier ist die weitläufige Landschaft ebenso flämisch, wie ganz allgemein die Landschaften der zahlreichen religiösen und allegorischen Altarbilder.

In diesen allegorischen Altarbildern zeigt sich die poetische Malweise des Außenseiters Piero di Cosimo in ihrer ganz persönlichen Note und enorm lyrischen Verklärung. Dabei sind allenthalben flämische Anklänge zu erkennen, die sich mit „heidnischen" Motiven der florentinischen Renaissance verbinden und hier ihren absoluten Höhepunkt erreichen. In der letzten Phase seines Schaffens, die sich bis in die ersten Jahre des 16. Jahrhunderts erstreckte, evozierte Piero di Cosimo jedoch auch eine Atmosphäre der Idylle in jenen zwei Werken, die zu den bezauberndsten der gesamten Malerei des italienischen Cinquecento zählen: Ich denke an das Bild *Tod der Prokris,* die inmitten einer blumenübersäten Wiese niedergestreckt daliegt, vor dem Hintergrund eines menschenleeren, nur von Tieren bevölkerten Gestades, in dem sich Nähe und Ferne auf eindrucksvolle Weise miteinander verbinden, sowie an das Bild *Venus und Mars* (Abb. 134) das von Vasari so hübsch mit beinah schmunzelnder Ironie folgendermaßen beschrieben wurde: „Ein Bild, auf dem eine enthüllte Venus zu sehen ist mit einem gleichermaßen entblößten Mars, der auf einer Blumenwiese schläft... ferner ein Myrtenhain und ein Cupido, der sich vor einem Hasen fürchtet... "[34].

Anmerkungen

[1] A. Warburg, *Arte fiamminga e Rinascimento fiorentino*, in: *La Rinascita del paganesimo antico*, Florenz 1966. Vgl. zu diesem Thema auch E. H. Gombrich, *The Early Medicis as Patrons of Art: a Survey of Primary Sources in Italian Studies. A Tribute to the Late Cecilia M. Ady*, 1960, S. 298ff, und G. Gaye, *Carteggi inediti su artisti*, Florenz 1839.

[2] Diese Dokumente wurden zusammengestellt von E. Muentz, *Les Collections des Médicis au XV siécle*, Paris 1888.

[3] E. Muentz, op. cit., S. 78.

[4] *Ibidem*, S. 79.

[5] R. Longhi, ‚I Fiamminghi e l'Italia' (Rezension über die Ausstellung), in: „Paragone" 25 (1952), S. 50.

[6] Vg. R. Longhi, Il ‚Maestro di Pratovecchio', in: „Paragone" 35 (1952) S. 34–35, Nachdruck in ‚Opere Complete', Bd. VIII, S. 119.

[7] M. Meiss, *Jan van Eyck and the Italian Renaissance*, art. cit., S. 62ff.

[8] R. Longhi, *Fatti di Masolino e Masaccio*, in: „La Critica d'Arte", Juli-Dezember 1940, S. 145ff, Nachdruck in ‚Opere Complete', Bd. VIII, I, Florenz, S. 48.

[9] H. Wohl, *The Paintings of Domenico Veneziano. A Study in Florentine Art of the Early Renaissance*, London 1980, S. 195.

[10] R. Longhi, *Il ‚Maestro di Pratovecchio'*, in: „Paragone", 35 (1952), S. 13 und 11.

[11] H. Wohl, *The Paintings of Domenico Veneziano . . .*, op. cit., S. 20.

[12] H. Wohl, *ibidem*, S. 20–21.

[13] E. H. Gombrich, *Light, Form and Texture in Fifteenth Century Painting*, op. cit., S. 20.

[14] Die interessante Rekonstruktion dieser Angelegenheit von kennzeichnenderweise internationalen Dimensionen verdanken wir M. Spears Grayson, *The Northern Origin of Nicolas Froment's Resurrection of Lazarus Altarpiece in the Uffizi Gallery*, in: „Art Bulletin", Sept. 1976, S. 350–351.

[15] Das Tafelbild aus der Galleria Sabauda in Turin gilt allgemein als das von Vasari in der ersten Auflage der *Vite* erwähnte Bild, das sich in der Medici-Villa in Careggi befand. Angesichts des geschätzten Alters des Stifters dürfte es nach Meinung Friedländers nicht sehr viel später als 1470 entstanden sein.

[16] Im August des Jahres 1480 wurde die Vereinbarung unterzeichnet, welche die Zusammenarbeit zwischen Tommaso Portinari und der Medici-Bank für beendet erklärte. Vgl. R. De Roover, *The Rise and Decline of the Medici Bank, 1397-1494*, Cambridge, (Mass.) 1963, S. 353.

[17] Auch Benedetto Portinari ließ sich dann von Memling auf einem kleinen Triptychon portraitieren (Florenz, Uffizin), das von 1487 datiert und auf dessen Seitenflügel *Der Heilige Benedikt* (Uffizien) dargestellt ist, während auf dem Mittelteil die *Madonna mit dem Kinde* (Berlin, Staatliche Museen) zu sehen ist.

[18] Vgl. Pope-Hennesy, *The Portrait in the Renaissance*, Princton 1966, S. 60 und 310. E. Panofsky, *Early Netherlandish Painting*, op. cit., I, S. 349.

[19] Bezüglich der ausführlichen Diskussion über die Identität des *Mannes mit der Medaille* und der Überlegung, ob es sich dabei um den italienischen Medaillenpräger Giovanni di Candida handeln könnte, der am burgundischen Hofe arbeitete, s. die Übersicht, die G. Faggin in *Tutta la Pittura di Memling*, Mailand, 1969, Nr. 96 erstellt hat.

[20] Vgl. auch das ebenfalls von Botticelli stammende wunderschöne Bildnis *Junger Mann mit Medaille* aus der Royal Academy in London (wobei es sich offensichtlich nicht so sehr um eine Medaille handelt, sondern vielmehr um das Fragment einer alten im Stile Cimabues mit Goldgrund gemalten Tafel).

[21] Zu diesen Betrachtungen über flämische Einflüsse bei Leonardo s. E. H. Gombrich, *Light, Form and Texture . . .*, op. cit., S. 33ff; insbesondere zu den flämischen Anklängen im Bildnis der Ginevra Benci s. auch C. H. Smyth, *Venice and the Emergence in Florence*, in: *Florence and Venice: Comparisions and Relations*, Berichte über die Tagung in der Villa I Tatti 1976–1977, Florenz 1979, I, 242, Anmerkung 142.

[22] Vgl. E. Faye, *The Earliest works of Fra Bartolomeo*, in: „Art Bulletin" LI (1969), S. 148.

[23] Die Ermittlung des Zeitpunktes , zu dem das Triptychon Portinari in Florenz eingetroffen ist, nahm auf der Grundlage von in Archiven befindlichen Urkunden B. Hatfield Strens vor, *L'arrivo del Trittico Portinari a Firenze*, in: „Commentari", XIX, 1968, S. 315ff.

[24] Das Zitat von Valéry findet sich in Panofsky, *Early Netherlandish Painting*, op. cit., S. 334, doch der gesamte Abschnitt, in dem das Triptychon kommentiert wird, ist recht lesenswert (S. 331–335).

[25] *Ibidem*, S. 332–333.

[26] Vgl. J. Shearman, *A Suggestion for the Early Style of Verrocchio*, in: „The Burlington Magazine", 108 (1978), I, S. 24.

[27] Über die zunehmende Bedeutung der Landschaftsmalerei ‚qua talis' und über deren Auswirkungen auf die Sammlertätigkeit s. E. H. Gombrich, *La teoria dell'arte nel rinascimento e l'origine del paesaggio*, in: *Norma e Forma* (it. Übers.), Turin 1960, S. 159–160. Diese Form der Sammlertätigkeit, die sich in den Aufzählungen Michiels offenbart und die sich auch an

den Katalogen der Gemäldesammlungen von Margarethe von Österreich ablesen läßt, sollte sich allerdings vermutlich erst in den ersten Jahrzehnten des 16. Jahrhunderts entwickeln. Vgl. in diesem Zusammenhang die abfällige Bemerkung Vasaris in dem berühmten Brief an Benedetto Varchi über den Vergleich der Künste, in dem er schreibt, „ogni ciabattino si vede avere in casa tele fiamminghe".

[28] Zu dieser Maltechnik, derer sich Botticelli bedient hat, wie sich auch aus Laboruntersuchungen ergab, s. R. Lightbrown, *Sandro Botticelli*, 2 Bde, London 1978, I, S. 24.

[29] Zu der symbolischen Bedeutung und zu der Bezugnahme auf Bibelstellen bei der Darstellung der verschiedenen Pflanzen in dem *Altarbild der Madonna Bardi* s. R. Lightbrown,, op. cit., London 1978, S. 10–12.

[30] Zur Frage, ob Antonello in Florenz bekannt war, s. F. Zeri, *Un riflesso di Antonello da Messina a Firenze*, in: „Paragone" 99 (1958), S. 16ff, der sich mit der eventuellen Präsenz der heute in München befindlichen *Maria der Verkündigung* von Antonello da Messina in Florenz befaßt.

[31] E. Faye, *The Earliest Works of Fra Bartolomeo, art. cit., S. 147.*

[32] Diese interessante Mischung von Anklängen an Leonardo und an Memling bei Fra Bartolomeo findet sich auch im *Ecce Homo* der Galleria Borghese.

[33] Vgl. M. Bacci, *Piero di Cosimo*, Milano 1966, S. 26; s. auch in dieser Monographie die zahlreichen Hinweise auf flämische Anklänge im Werke von Piero di Cosimo.

[34] Vasari, *Le Vite...* ed. cit. Mailand 1963, Bd. VIII, S. 449.

SIEBTES KAPITEL

Nordische Einflüsse
in der lombardischen Malerei

Der von Michiel geprägte Begriff „ponentino" in seinem umfassenden Sinne von „latentem nordischem Einschlag in der Malerei" trifft in ganz besonderem Maße auf die Malerei der Lombardei und der daran angrenzenden Gebiete zu, vor allem auf diejenigen Liguriens, aber auch Piemonts.

Die Rekonstruktion der Kontakte mit dem Norden gestaltet sich im Hinblick auf die lombardische Malerei noch schwieriger, als dies bei anderen Malerschulen der Fall ist, da deren Auswirkungen nur sporadisch in Erscheinung treten; außerdem ist eine stärkere Vermischung mit der überkommenen einheimischen Tradition eingetreten. Dennoch kann man sagen, daß die Sonderstellung der fast etwas verkannten lombardischen innerhalb der übrigen italienischen Malerei der zweiten Hälfte des Quattrocento zum Teil durch die in der Malerei der Lombardei zu verzeichnenden nordischen Anleihen bedingt ist. Diese Anleihen lassen sich in den meisten Fällen nicht auf ein bestimmtes Vorbild zurückführen, sondern sind das Resultat von Kontakten und Anregungen unterschiedlichster Art, wie dies im Grunde genommen schon seit jeher für die lombardische Maltradition zutrifft. Die Provence spielt in diesem Zusammenhang eine besonders wichtige Rolle, da von dort auf dem Wege über Ligurien permanent

und ungehindert Zugang zur Lombardei bestand und schon sehr früh die flämischen Anregungen weitergegeben wurden.

Es ist also kein einfaches Unterfangen, angesichts der teils überragenden, teils eher bescheidenen Resultate der poetisch verklärten Malerei der Lombardei den roten Faden der franko-flämischen Stilelemente aufzuspüren, bei denen es sich hier um eine ikonographische Anleihe, dort um eine Lichtmodulation oder um eine subtile Nuance der Wirklichkeitsschilderung handeln kann. Erschwerend kommt noch der Umstand hinzu, daß wir für die Lombardei über keine Anhaltspunkte in Form alter Dokumente oder historischer Fakten verfügen (abgesehen von dem Fall des Zanetto Bugatto), welche diese Kontakte mit dem Norden und vornehmlich mit Flandern belegen könnten.

Für das benachbarte Ligurien hingegen liegen uns aus der Zeit um die Mitte des 15. Jahrhunderts, also schon relativ früh, gewisse Hinweise vor, die auf derartige Kontakte hindeuten. Longhi hat darauf hingewiesen, daß die *Kreuzigung* (Abb. 146) des aus Pavia stammenden Malers Carlo Braccesco aus dem Museum in Savona „van Eyck und Petrus Christus näher steht als Masaccio"[1], eine Erkenntnis, die nachgerade dazu herausfordert, das Geheimnis dieses

236

141. Justus von Ravensburg, *Der Prophet Malachias.* Genua, Kreuzgang von Santa Maria di Castello

Werkes zu ergründen, das zu jener Zeit, also vor 1451, dem Todesjahr des Malers, innerhalb der noch ganz der alten Tradition der Miniaturmalerei verhafteten lombardischen Malerei einzigartig dastand. Bei dieser *Kreuzigung* haben wir es insofern mit einem charakteristischen Werk zu tun, als hier von der lombardischen Malerei fast unmerklich nordische Akzente gesetzt werden. Obgleich nämlich der Ausdruck des schönen, vom Schmerz gezeichneten Gesichtes Christi schon erste Anklänge der neuesten Tendenzen innerhalb der flämischen Malerei aufzuweisen scheint und sich die Landschaft zu den schneebedeckten Bergen am Horizont hin weitet, gibt es andere Aspekte, die uns an die lombardische, vor allem jedoch die überkommene Tradition des Trecento gemahnen. Diese Kreuzigung stellt also geradezu eine vereinfachte Wiederaufnahme jener

Kreuzigungsszenen dar, die so häufig in den Hauskapellen der ländlichen Herrensitze der Lombardei anzutreffen waren. In der *Kreuzigung* von Savona manifestiert sich in der Tat eine Abkehr von jeglicher spätgotischer Kalligraphie, die sich nicht als Widerhall der edlen Schlichtheit der toskanischen Malerei deuten läßt, wie dies versucht worden ist.

Die außergewöhnlichen Abmessungen dieser *Kreuzigung* (238 x 163 cm) und die ebenso ungewöhnliche Tatsache, daß sie auf Leinwand gemalt ist (worauf eigentlich bislang nie näher eingegangen worden ist), stehen ganz im Gegensatz zu den ersten kleinformatigen Bildern, die in Anlehnung an van Eyck in Italien gemalt wurden, und machen dieses Monumentalwerk zu so etwas wie einem Pendant der Bildteppiche, jener „panni fiandreschi", die damals ebenfalls in Italien Verbreitung fanden. Dar-

237

über hinaus erinnert die schöne goldene Aufschrift mit einer Invokation der Jungfrau Maria an eine Gepflogenheit, die wir von den Werken van Eycks her kennen, desgleichen das kleine Schriftband auf dem Boden mit dem Namenszug des Malers.

Zu jener Zeit tauchten in Genua bereits die ersten flämischen Meisterwerke auf. Es handelte sich um Werke van Eycks und Rogiers, die von reichen genuesischen Kaufleuten wie Lomellino und Giustiniani in Auftrag gegeben worden waren, wie wir aus den aufschlußreichen Aufzeichnungen des Facius

wissen. Und aus dem Jahre 1451 stammt auch die von einem „Justus de Allemagna" firmierte und datierte *Verkündigung* aus Santa Maria di Castello in Genua. Sie ist das bedeutendste einer ganzen Reihe wunderbarer Fresken, mit denen die Kreuzgänge des alten Dominikanerklosters ausgeschmückt sind. Die Identität des Malers konnte unterdessen geklärt werden[3]: Es handelt sich um Joos (oder Justus) Ammann von Ravensburg, der in einigen alten Urkunden aus genuesischen Archiven erwähnt wird und der 1445 das Konstanzer Münster mit Fresken

142. Rogier van der Weyden,
Der hl. Hieronymus, Flügel des
Sforza-Triptychons. Brüssel,
Musée Royal des Beaux-Arts

238

143. Anonymer lombardischer Meister, *Der hl. Christophorus.* Ehemals Buenos Aires, Privatsammlung
144. Zanetto Bugatto, *Der hl. Ambrosius.* London, Galerie Mathiesen

ausgemalt hat. Daß Justus von Ravensburg aus der Gegend zwischen Oberrhein und Bodensee stammt, in der sich mit Konrad Witz bereits eine der frühesten und interessantesten „südlichen" Interpretationen der flämischen Kunst durchgesetzt hatte, wird hier deutlich sichtbar, wobei ich allerdings meine,

daß er in diesen Darstellungen eher noch an den Meister von Flémalle erinnert, als an Rogier van der Weyden. Die raffinierten Grisaillemalereien in den Feldern zwischen den Bögen, der nach hinten hin ansteigende Raum und vor allem das Streben nach äußerster Plastizität bei der Gestaltung eines jeden

145. Vincenzo Foppa, *Christus als Schmerzensmann.*
Ehemals Adlington Castle, Slg. Sir Martin Conway
(gegenwärtiger Aufbewahrungsort unbekannt)

Gegenstandes – all dies sind tatsächlich Aspekte, die auf den Meister von Flémalle verweisen, obschon die Lichtbehandlung hier eher südlich anmutet. Auf der Konsole sind übrigens dieselben ovalen und runden Spanschachteln zu sehen, die um die gleiche Zeit auch auf den Seitenflügeln des vom Meister der Verkündigung von Aix gemalten Triptychons in Erscheinung treten.

Es ist schwer zu sagen, in welchem Umfang Justus von Ravensburg auch bei den Fresken in den fünf Kreuzgewölben mit den *Propheten* und *Sibyllen* (Abb. 141) mitgewirkt hat, die vielleicht durch einen einheitlichen Bilderzyklus miteinander verbunden

waren[4]. Interessant ist jedoch die Feststellung, daß der bei den meisten dieser Fresken vorherrschende Stil auf die Schule des Jaquerio in Ranverso hindeutet, ebenso wie auf diejenige des Bapteur und überhaupt auf die Malerei der Alpenregion. Hinzuzufügen ist, daß in diesem und in dem darüberliegenden Bogengang (der zwischen 1452 und 1455 gebaut wurde), weitere Fresken Anhaltspunkte dafür bieten, daß hier bedeutende lombardische Meister am Werk waren und, wenn ich nicht irre, auch Künstler aus Piemont oder von jenseits der Alpen, vielleicht sogar auch iberische oder neapolitanische Maler.

Man schaue sich zum Beispiel nur einmal den *Hei-*

Auf der vorhergehenden Seite:
146.   Donato de' Bardi, *Kreuzigung.* Savona, Museo Civico

147.   Justus von Ravensburg, *Verkündigung.* Genua, Santa Maria di Castello
148.   Anonymer Meister des 15. Jahrhunderts, *Der hl. Petrus Martyr.* Genua, Kreuzgang von Santa Maria di Castello

Nulla ipsi i habuo lucem implebit at cuncta illustrabit

Coelestia teria subu

Sibilla tiburtina

149. Zanetto Bugatto, *Der hl. Hieronymus.* Bergamo, Accademia Carrara
150. Zanetto Bugatto (?), *Thronende Madonna mit dem Kind und Engeln.* Gazzada, Villa Cagnola

151. Vincenzo Foppa, *Madonna mit dem Kind und einem Engel*. Florenz, Slg. Contini Bonacossi

152.   Dirk Bouts, *Madonna mit dem Kind*. New York, Metropolitan Museum

153. Vincenzo Foppa, *Der hl. Augustinus.* Mailand, Museum des Castello Sforzesco
154. Vincenzo Foppa, *Der hl. Theodor.* Mailand, Museum des Castello Sforzesco
155. Vincenzo Foppa, *Bildnis des Francesco Brivio.* Mailand, Museum Poldi Pezzoli

156. Vincenzo Foppa, *Madonna mit dem Kind.* Berlin, Staatliche Museen
157. Vincenzo Foppa, *Stillende Madonna.* Mailand, Museum Poldi Pezzoli
158. Vincenzo Foppa (?), *Profilbildnis eines Mädchens.* Amsterdam, Rijksmuseum

159. Braccesco, *Triptychon der Verkündigung*. Paris, Louvre

160. Bergognone, *Der hl. Ambrosius thronend und vier Heilige*. Pavia, Certosa

IO·MATHEVS·BVTIGELA·   ·BLANCA·VICECŌES
MILES·DVCALIS·ƆSILIARI?   VXOR·EIVS·

161.   Vincenzo Foppa, *Der Bottigella-Altar*. Pavia, Museo Civico

162.   Bergognone, *Die thronende Madonna zwischen den beiden hl. Katharinen.* London, National Gallery

163.   Bergognone, *Pietà*. Gazzada, Villa Cagnola

ligen Petrus Martyr (Abb. 148) vor dem Hintergrund einer gemalten, polygonalen Kapelle an: Diese Gestalt ist zwischen Colantonio und dem portugiesischen Meister der Fresken aus dem Chiostro degli Aranci in Florenz einzuordnen; ein weiteres Beispiel finden wir in der Gruppe der an Konrad Witz gemahnenden *Propheten* aus dem zweiten Kreuzgang. Sie zeigen uns, daß wir es hier in Santa Maria di Castello[5] im sechsten Jahrzehnt des 15. Jahrhunderts mit einer für das Quattrocento phänomenalen internationalen Zusammenarbeit zu tun haben, die bislang noch nicht vollständig geklärt werden konnte. Eine wesentliche Rolle spielten dabei auch lombardische Meister, allen voran jener Unbekannte, dem wir das eindrucksvolle, leider stark beschädigte Fresko *Der hl. Vinzenz Ferrer predigt vor Benedikt XIII.* verdanken, oder der Maler der sogenannten *Marienkrönung,* auf den wir noch zurückkommen werden.

Bis zu Beginn des siebten Jahrzehnts war es also Ligurien, das die Kontakte mit dem Norden aufrechterhielt. Im Jahr 1460 sandte dann von Mailand aus die Herzogin Bianca Maria Sforza dem Herzog von Burgund einen Brief, in dem sie sich für den jungen Maler und Porträtisten Zanetto Bugatto verwandte, der sich in der Werkstatt Rogiers van der Weyden in Brüssel weiterbilden wollte. Dies war ein bemerkenswerter Vorgang für die lombardische Malerei, die zu jener Zeit allenfalls die groteske Eleganz Bembos oder Zavattaris vorzuweisen hatte, aber er paßt auch recht gut in das Bild der zunehmenden internationalen Beziehungen jener Jahre und das wachsende Interesse für die flämische Bildnismalerei. Er braucht also nicht notwendigerweise vor dem Hintergrund der Hypothese Pächts gesehen zu werden, der von einem Aufenthalt Rogiers in Mailand während seiner Italienreise im Jahre 1450 ausging.

Nach Zanettos Rückkehr nach Mailand dankte die Herzogin dem „magistro Rugerio de Tornay" (diesmal in der richtigen Schreibweise)[6]. Keines der zahlreichen, durch Dokumente belegten Werke des „maestro Zanetto"[7] ist uns überkommen. Leider kennen wir ihn auch nicht von den großen, nicht mehr erhaltenen Kunstwerke her, an denen er zusammen mit anderen, darunter Foppa, mitgewirkt hat, etwa an dem berühmten *Reliquienaltarbild* in der Kapelle des Castello von Pavia[8]. Geradezu unglaublich scheint ferner die Tatsache, daß es nicht möglich sein sollte, auch nur eines seiner vielen urkundlich erwähnten Bildnisse zu identifizieren[9], von denen einige gewiß sehr berühmt waren, wenn man bedenkt, daß Zanetto 1465 nach Frankreich geschickt wurde, um dort ein Porträt „nach der Natur" anzufertigen, daß ferner im Jahr 1468 der König von Frankreich ein von ihm gemaltes Bildnis des Herzogs von Mailand und seines Sohnes erwarb[10], und daß schließlich nach seinem Tode im Jahre 1476 (der ihn früh ereilt haben muß, wenn er 1460 in ganz jungen Jahren nach Brüssel geschickt worden war) Herzog Sforza den Gesandten Leonardo Botta bat, Antonello da Messina („uno pictor ceciliano") aus Venedig nach Mailand kommen zu lassen, und zwar als Nachfolger Zanettos „il quale retraseva dal naturale in singulare perfectione"[11].

Den ersten gezielten Versuch, eines der Werke Zanettos zu ermitteln, verdanken wir dem Scharfsinn Ferdinando Bolognas, der 1954 die Hypothese aufstellte, bei einem kleinen Tafelbild aus der Accademia Carrara in Bergamo mit der Darstellung des *Heiligen Hieronymus* (Abb. 149) lasse sich die Handschrift Zanettos erkennen. Und wirklich scheint dieser Hieronymus ein getreues Abbild des *Heiligen Hieronymus* (Abb. 142) von Rogier van der Weyden auf dem rechten Seitenflügel des Sforza-Triptychons im Musée Royal des Beaux-Arts in Brüssel zu sein, bei dem der junge Schüler Memling erstmals „eindeutig seine fast klassizistisch zu nennende Abkehr vom Pathos Rogiers" unter Beweis gestellt hat. Einige Jahre später nahm Bologna eine weitere, noch bedeutendere Zuschreibung vor. Mit größter Behutsamkeit stellte er nämlich die Hypothese auf, Zanetto könne der Maler einiger „disjecta membra" eines lombardischen Polyptychons sein, auf das schon Longhi 1942 verwiesen hatte[13]. Im Mittelteil dieses Polyptychons, das sich in der Villa Cagnola in Gazzada befindet, ist die *Thronende Madonna mit dem Kind und Engeln* (Abb. 150) zu sehen, deren Maler sich durch „Talent und Kunstfertigkeit als echter Antonello des Nordens" auszeichnet[14]. Doch in dem ganzen Polyptychon weisen der strahlende Glanz des goldenen Rankenwerkes im Hintergrund (das für die Lombardei von jeher charakteristisch war) und das fein abgestufte Kolorit, die Reinheit der Form, der Reichtum der Edelsteine einen so deutlich franko-flämischen Akzent auf, daß dieses Triptychon für die Geschichte der Beziehungen zwischen Italien und Flandern einen besonders symptomatischen Fall darstellt, wie ich kürzlich bei anderer Gelegenheit ausgeführt habe. Und man kann wirklich sagen, daß Zanetto „seine den verschiedensten Anregungen verpflichtete Maltechnik auf die Lombardei überträgt und dabei jene ausgesprochen lombardischen Merkmale der flachen Lichteinstrahlung oder des verhaltenen und düsteren Realismus auf ein Minimum reduziert, die freilich in den späteren lombardischen Werken mit deutlichem nordischen Einschlag nicht fehlen sollten, etwa bei Braccesco oder in manchen Werken Foppas oder Bergognones".

Wenn wir uns nun der *Madonna* zuwenden und die überraschende Kombination einer an Rogier orientierten flämischen Maltechnik mit der französischen Malweise betrachten, wobei diese sogar gegenüber jener dominiert, so drängt sich uns der Name Zanetto Bugatto auf, der als einziger beide Stilrichtungen „de visu" kannte. In diesem Fall wäre das Polyptychon unmittelbar nach seiner Rückkehr aus Frankreich gemalt worden, so lebendig manifestiert sich in ihm die Erinnerung an die dortige Schule und insbesondere an die wunderbare Lichtbehandlung bei Fouquet. Die auf einer in klassischer Weise gearbeiteten Bank sitzende Madonna Cagnola läßt in ihrer Kopfhaltung, in der fast geziert wirkenden aristokratischen Eleganz ihrer Hände, in den sorgfältig angeordneten Falten ihres Gewandes Reminiszen-

zen an Rogier erkennen. Ich hatte vor kurzem Gelegenheit, eine flämische Madonna aus einer privaten genuesischen Sammlung zu publizieren[15], die um 1460 gemalt wurde und die gewisse geheimnisvolle Ähnlichkeiten mit der *Madonna Cagnola* aufweist. Sowohl angesichts der Typologie ihres Antlitzes als auch der Abschwächung des Stils von Rogier van der Weyden scheint sie auf halbem Wege zwischen dem Maler der Madonna Cagnola und Petrus Christus einzuordnen zu sein. Und ich habe auch darauf hingewiesen, daß bei der Madonna Cagnola die musizierenden Engel vor dem goldenen Hintergrund den Engeln aus *Christi Geburt* von Petrus Christus (Washington) außerordentlich ähnlich sehen, wobei sie allerdings eine unverkennbar lombardische Sanftheit ausstrahlen.

Sehen wir uns jedoch die Flügelbilder an, die früher links und rechts der Madonna angebracht waren, sowie die kleineren Bilder, die sich oberhalb befanden (der Rekonstruktion Bolognas und Zeris zufolge muß es sich bei dem Polyptychon um ein zweireihiges Pentyptychon gehandelt haben), so stellen wir fest, daß dort die lombardischen Charakteristika mehr in den Hintergrund treten und nur noch beim hl. Ambrosius und bei Johannes dem Täufer (Abb. 144) in ihrem ungemein menschlichen Gesichtsausdruck deutlich sichtbar werden. Bei den oberen kleinen Tafeln scheint in der Frage der Zuordnung zur Malerei des Nordens beziehungsweise des Südens das Pendel eindeutig nach Norden hin auszuschlagen: Der *Heilige Christophorus* (Abb. 143) beispielsweise erinnert in seiner ikonographischen Gestaltung, ganz besonders aber in der Darstellung des Gesichtes an Rogier (oder an Bouts) und das gleiche gilt auch für das Christuskind, das eine lichtschimmernde kleine Weltkugel in Händen hält. Der hl. Stephanus wiederum verweist eindeutig auf Fouquet, während der hl. Hieronymus schließlich „mit seinen fast rohen Gesichtszügen... eher der franko-provenzalischen Malerei zuzuordnen ist"[16].

258

Die Werke Zanettos sind, wie gesagt, entweder verloren gegangen, oder konnten bis heute nicht identifiziert werden (wir wissen lediglich aus Urkunden, daß sie von ihm alleine oder in Zusammenarbeit mit anderen gemalt wurden); daher können wir uns nur fragen, in welcher Weise und in welchem Umfange Zanetto etwas von seiner „aria ponentina" dem bedeutendsten der lombardischen Maler jener Zeit, Vincenzo Foppa, vermittelt haben könnte, der Zanetto häufig bei seinen Arbeiten in Pavia und in Mailand um sich gehabt hat. Dies ist eine der vielen ungeklärten Fragen über das große und ein wenig verkannte Genie des Lombarden Foppa.

Wenden wir uns jetzt den ersten Beweisen für das schon früh recht hoch entwickelte Talent dieses Malers zu, nämlich den *Drei Gekreuzigten* in der Accademia Carrara in Bergamo sowie dem *Heiligen Hieronymus* in derselben Galerie. In ihnen erweist sich bereits einwandfrei Foppas erstaunliche geistige Unabhängigkeit, auch im Hinblick auf das nicht sehr weit entfernte Padua, dem er sich nach gängiger Meinung fast in zu starkem Maße verpflichtet fühlte. In Wirkllichkeit haben sich ihm vermutlich bei seiner ersten Reise nach Ligurien im Jahre 1461 neue Horizonte der Malerei eröffnet, und sicher hat er sich den frischen Wind der Provence um die Nase wehen lassen, der auf Ligurien von jeher eingewirkt hat; vielleicht hatte er dort auch Gelegenheit, einige flämische Werke kennenzulernen. Wiederum stoßen wir hier auf die Schwierigkeit, diese nicht-lombardischen Akzente zu erkennen, die sich innerhalb der in sich überaus geschlossenen Malweise finden, die eben ausgesprochen lombardisch ist. Hinzu kommt, daß die Chronologie der fast vierzigjährigen Schaffensperiode Foppas nach wie vor wenige Fixpunkte aufweist, was natürlich die Aufgabe nicht gerade erleichtert, seine Entwicklung nachzuzeichnen.

Ich meine jedoch, daß sich die ältesten Spuren nordischer Anklänge in einem wundervollen und relativ unbekannten kleinen Tafelbild mit einem *Christus als Schmerzensmann* (Abb. 145) aus einer englischen Privatsammlung finden, das wohl ursprünglich für eine Hauskapelle gedacht war. Nicht zuletzt die kleinen Ausmaße dieses Tafelbildes verleihen ihm einen nordischen Charakter, der noch durch die Ikonographie des Christus im Grab unterstrichen wird – ein Motiv, das im italienischen Trecento gebräuchlich war, dann in die Miniaturmalerei des Nordens übernommen wurde und sich schließlich dort allgemein in der Malerei durchgesetzt hat. Die ganze kleine Tafel besticht durch ihre ausgewogene Komposition. Die Passionswerkzeuge sind in gleichmäßigen Abständen angeordnet, wobei der aufgespießte Schwamm oder die Ring für Ring in allen Einzelheiten gemalte Kette einen minizuiösen Realismus aufweisen, der den alten lombardischen Stil mit der flämischen Analyse vereint. Oder, um es mit den Worten Longhis zu sagen, allein schon aus diesem einen Bild läßt sich ablesen, daß Foppa von den Flamen bereits von Beginn der sechziger Jahre an zwar nicht buchstabengetreu deren vollendete Malweise, wohl aber deren Lichtmodellierung übernommen hat. Bei ihm beruht also die Analyse ganz und gar auf der bemerkenswerten Behandlung von Licht und Schatten. Der Leib Christi wird einzig durch Lichtflächen mit fast gesprenkelt wirkenden Schattierungen modelliert. Diese Darstellung bildet zusammen mit dem *Heiligen Hieronymus* aus der Accademia Carrara den Höhepunkt im Frühwerk Foppas.

Eben aufgrund dieser Maltechnik unterscheidet sich Foppa eindeutig von den für die Toskana kennzeichnenden Bestrebungen nach Gestaltung durch „disegno' oder durch „forma" und macht aus ihm einen „nordischen" Maler. Es kommen noch einige weitere ausgesprochen nordische ikonographische Details hinzu, wie etwa die Mandorla in Form eines Strahlenkranzes hinter dem Leib Christi, die derjenigen des *Christus als Schmerzensmann* von Petrus Christus (Edinburgh) entspricht, sowie die Dornenkrone mit ihren langen Spitzen.

Zu einem späteren Zeitpunkt im siebten Jahrzehnt ist das Polyptychon mit dem *Heiligen Christophorus* in Washington (ehemals Sammlung Kress) entstanden, das durch seine große Ähnlichkeit mit dem *Heiligen Christophorus* auffällt, der zum Cagnola-Polyptychon gehörte. Auf diese Ähnlichkeit ist bislang meines Wissens noch von keiner Seite hingewiesen worden, obgleich sie derart offenkundig ist, daß sich die Frage stellt, ob ihr nicht der Einfluß Zanettos zugrundeliegt, wenngleich Foppa seine Szene in ein kühles, fast metallisches Licht eingetaucht hat. Und es erhebt sich auch die Frage, ob die beiden schönen Polyptychonbilder mit den *Heiligen Theodor (Abb. 153)* und *Augustinus (Abb. 154)* aus dem Museum des Castello Sforzesco in Mailand nicht, wie dies auch schon in Erwägung gezogen wurde, zusammen mit dem hl. Christophorus aus der Sammlung Kress zu ein und demselben verlorengegangenen Polyptychon gehört haben könnten[17]. Es ist nicht zu übersehen, daß tatsächlich eine enge Verwandtschaft besteht zwischen diesen Heiligen von Foppa, bei denen er einen ausgeprägten Sinn für eine kostbare und leuchtende Palette entwickelt, und den Heiligen des Cagnola-Polyptychons, mit denen sie auch die Gestaltung des hohen, schmalen Bildraums mit dem niedrigen Mäuerchen im Hintergrund verbindet. Man braucht nur den *Heiligen Augustinus* von Foppa mit dem *Heiligen Augustinus* von Zanetto zu vergleichen, um bestätigt zu finden, daß die urkundlich belegte Zusammenarbeit zwischen Foppa und Zanetto deutlich sichtbare Spuren bei dem Maler aus Brescia hinterlassen haben muß.

Weitere Anzeichen für die Beziehungen zwischen diesen beiden Malern finden wir möglicherweise in zwei vermutlich relativ spät zu datierenden Bildnissen, bei denen nach wie vor gewisse Vorbehalte bestehen, ob sie Foppa zuzuschreiben sind. Es handelt sich um das *Bildnis des Francesco Brivio* (Abb. 155) aus dem Museum Poldi Pezzoli in Mailand mit seinem scharfgezeichneten Profil und das bezaubernde *Profilbildnis eines Mädchens* (Abb. 158), das ihm von

Wittgens zugeschrieben wurde, entgegen der herkömmlichen Zuschreibung an Ambrogio De Predis, die recht unglaubhaft erscheint; dennoch ist das Bild im Rjiksmuseum in Amsterdam noch immer mit seinem Namen versehen. Man ist fast versucht zu sagen, daß angesichts des bedauerlichen Verlustes der Werke Zanettos diese beiden Bildnisse uns in etwa eine Vorstellung von deren Qualität zu vermitteln vermögen, wobei vor allem das letztere sich durch die großartige formale Klarheit der Profilbüste und die feine Eleganz der Haartracht auszeichnet.

Damit kommen wir zu der kleinen Gruppe der von Foppa gemalten Madonnen, die etwa der Zeit zwischen 1460 und 1480 zuzuordnen sind, von denen gewöhnlich die unreflektierte Meinung vertreten wird, sie seien durch die Schule Bellinis beeinflußt worden. Die älteste von ihnen, die sich im Museum des Castello Sforzesco in Mailand befindet, strahlt in typisch lombardischen, leuchtenden Goldtönen. Sie ist nach flämischer Art von einer goldenen Schrift eingerahmt und wirkt so, als ob sie einer Seite aus einem mit Miniaturmalereien versehenen Manuskript entnommen wäre, eröffnet jedoch im Hintergrund den Blick in den Himmel. Deutlich flämische Anklänge weist dagegen die *Madonna mit dem Kind und einem Engel* (Abb. 151) aus der Sammlung Contini Bonacossi auf, die ich auf das achte Jahrzehnt datiere, da die Idee, die kleine Gruppe in die enge, holzgetäfelte Fensterlaibung mit dem nur halb zur Seite gezogenen moirierten Vorhang einzuzwängen, schon auf Bramante hindeutet.

Auf dem lebhaft gemaserten Holz der Fensterbank sehen wir lauter kleine Stilleben: das Buch, das Kissen, den kleinen Korb mit Weintrauben. Die Kapuze des Umhangs ist nach hinten gerutscht und gibt den Blick auf den Kopf der Madonna frei, von dem eine schlichte Demut ausgeht.

Von dieser – und auch von anderen Madonnen – kann man in Anlehnung an die Worte Longhis sagen, daß sie Rogier und Bouts näher stehen als Bellini[18], vor allem jedoch Dirk Bouts, da dessen Madonnen (New York, Florenz, Frankfurt (Abb. 152) mit ihrem fast volkstümlich wirkenden, poetisch verhaltenem Ausdruck „eine gewisse Sanftheit und zugleich Härte ausstrahlen, die für eine nicht mehr ganz junge Frau typisch ist", wie Friedländer es so schön formuliert hat[19], was sich ohne weiteres auch auf zahlreiche Madonnen Foppas übertragen ließe. Und auch Longhi spielt auf Bouts an, als er eine wunderschöne *Stillende Madonna* (Abb. 157) aus dem Museum Poldi Pezzoli in Mailand Foppa zuschreibt, „der hier ein flämisches Vorbild von Bouts aufgreift"[20].

Als Foppa dann in den folgenden Jahren um 1480 dazu überging, bei einigen seiner Madonnendarstellungen am Bildrand einen Blick in einen Landschaftshintergrund freizugeben, scheint er sich damit wiederum an Bellini orientiert zu haben, doch gleichermaßen legitim ist die Vermutung, er habe vielleicht einige Bilder dieser Art von einem flämischen Meister zu Gesicht bekommen. Um ein Beispiel zu nennen: Die *Madonna mit dem Kind* (Abb. 156) aus den Staatlichen Museen in Berlin, die dem Kind gerade einen Apfel reicht (das Symbol der Erbsünde) weist tatsächlich die gleiche Gestik auf wie eine Madonna Memlings, und zwar insbesondere diejenige des kleinen Portinari-Triptychons von 1487. Und zwischen dem memlingschen und dem lombardischen Stil, nicht jedoch innerhalb des venezianischen Stils, steht sich auch die Landschaft mit dem kleinen Weg und den Kugelbäumchen, auf deren Blättern sich das Sonnenlicht spiegelt. All dies läßt freilich die Frage nach der zeitlichen Einordnung dieser Madonna offen, von der ich meine, daß sie auf nicht später als das achte Jahrzehnt anzusetzen ist.

Das achte Jahrzehnt steht ganz im Zeichen des großen Brera-Polyptychons, das, wie man annimmt, wenig später als 1476 gemalt wurde, dem Todesjahr Zanettos also und nachdem erneut der Kontakt zu Ligurien aufgenommen worden war. Parallelen zu den großen ligurisch-provenzalischen „Retabeln"

zeigen sich am Aufbau dieses Polyptychons mit mehreren Ebenen von Tafeln, die durch goldene Rahmen miteinander verbunden sind und auf denen die Heiligen in getäfelten Räumen stehend abgebildet sind. Hier haben wir die Renaissancevariante der alten Nischen vorliegen, wo die lombardischen Goldtöne neben den von Bramante in die Lombardei eingeführten perspektivischen Neuerungen ins Auge fallen.

Besonders bemerkenswert scheint mit die Tatsache zu sein, daß die alte profane Eleganz der Lombarden sich zu einer genauen Analyse der Gewänder und der Physiognomien entwickelt hat. Das Pluviale des hl. Bonaventura steht in seiner Prachtentfaltung denjenigen mancher der von Memling gemalten Heiligen in nichts nach; das Gewand der hl. Klara ist von herrlichem Kolorit, und der Faltenwurf von eindrucksvoller Plastizität würde einem burgundischen Maler alle Ehre machen. Was schließlich die physiognomische, vor allem jedoch die psychologische Ausdruckskraft dieser Heiligen angeht, kann man sagen, daß sie auf Braccescos Meisterwerke verweisen, die im Anschluß an sein Jugendwerk entstanden sind, nämlich das vielteilige Polyptychon aus dem Santuario di Montegrazie (1478).

Gemeint ist jener Braccesco, „ein großer Maler kleiner Details, das bedeutendste Bindeglied zwischen Norden und Süden", wie ihn Longhi in seinen knappen, große Ergriffenheit verratenden Notizen charakterisierte, die er angesichts des damals noch anonymen Tafelbildes der *Verkündigung* (Louvre Abb. 159) aufgezeichnet hat, als er es 1920 zum ersten Male sah. Diesem Höhepunkt nordischer Anklänge in der lombardischen Malerei widmete Longhi dann im Jahre 1942 einige lesenswerte Betrachtungen und rekonstruierte die ursprüngliche Zusammensetzung des Triptychons mit seinen ebenfalls im Louvre befindlichen Seitenflügeln. Ich vermag nicht zu sagen, ob die Idee, die Verkündigungsszene in eine zur Landschaft hin geöffnete Loggia zu verlegen, ungeachtet des lombardischen dekorativen „fin-de-

164. Braccesco, *Die hl. Cosmas und Damian*. Levanto, Pfarrkirche Sant' Andrea
165. Braccesco, *Die hl. Benedikt und Augustinus* (Flügel des *Verkündigungs-Triptychons*). Paris, Louvre

siècle-Stils" nicht vielleicht auch von berühmten Vorbildern der flämischen Malerei, etwa von Jan van Eyck oder von Rogier van der Weyden, übernommen worden sein könnte. Fest steht, daß hier ein ungemein ausgewogenes Verhältnis zwischen dem Innen- und dem Außenraum herrscht, die eingebunden sind in das helle, südliche Mittagslicht, das in der sumpfigen Uferlandschaft des Tessins mit der überdachten Brücke, dem Kastell und der im Stile Bramantes erbauten Kathedrale „zwischen den Büschen flimmert"[21]. Eine derartige Lösung sollte auch für die Bergognone kennzeichnend sein: Die Wirklichkeit von Tag und Stunde an altvertrauten und geliebten Stätten festzuhalten.

„Hier geht es um Modulation und nicht so sehr um Modellierung", urteilte Longhi[22] und erfaßte mit diesem Wortspiel von außerordentlicher Prägnanz genau den Kern der von Braccesco angewandten Maltechnik (derer sich auch Foppa bediente), die auf subtile Weise seine Nähe zum nordischen Stil manifestiert. Sein Verfahren beruht ausschließlich auf den bei der Wiedergabe der Wirklichkeit eingesetzten Lichtwerten. Dieser Modulation des Lichtes ist es zuzuschreiben, daß die vier auf den Seitenflügeln des Triptychons dargestellten Heiligen Benedikt, Augustinus, Stefanus und Albertus so überaus eindrucksvoll wirken. Vortrefflich sind auch die prächtigen, purpurschillernden Damaststoffe wiedergegeben. Es herrscht ein „ständiges Abwägen der Farbwerte und der Grau- und Braun-, Gold- und Rot-, Schwarz- und Blautöne", hinzu kommt die psychologische Modulation dieser Heiligen, die „modern" anmutet.

Besonders möchten wir noch auf die ständigen Überschneidungen der Arbeiten Foppas mit denjenigen der stark „nordisch" geprägten Meister Zanetto und Braccesco hinweisen. So finden sich etwa bei dem im allgemeinen Braccesco (Castelnovi, Zeri) zugeschriebenen, leider stark beschädigten Fresko in Santa Maria di Castello, (das gemeinhin unter dem Namen *Marienkrönung* bekannt ist, in Wirklichkeit jedoch den *Heiligen Dominikus und die Heiligen Dominikaner im Paradies* darstellt)[23], in der Gruppe der Heiligen im Paradies deutliche Anklänge an Foppa, während die mittlere Gruppe eindeutig Einflüsse Rogiers verrät, so daß man fast an das Zusammenwirken zweier Künstler denken könnte. Bologna schreibt dieses Fresko hingegen Zanetto zu, was zwar nicht sehr wahrscheinlich ist, aber die wechselseitige Übernahme nordischer Stilelemente verdeutlicht und auch aufgezeigt, daß in der Lombardei die Weitervermittlung flämischer Stilelemente von Zanetto an Braccesco praktisch ohne Einbußen vor sich ging, wobei der große Meister Foppa eine wesentliche Rolle spielte, möglicherweise sogar als Mittler auftrat.

Für eine Zuschreibung dieses genuesischen Freskos an Bramante lassen sich einige bisher wenig beachtete Fakten anführen. Die Jungfrau nimmt mit ihrer eigentümlich ergriffenen und unvermittelt zurückweichenden Gebärde die überraschte und doch verhaltene Reaktion der Maria der Verkündigung im Louvre vorweg, die psychologisch hervorragend erfaßt ist. Gleiches läßt sich im Hinblick auf die Heiligen sagen, deren physiognomische Typologie den Figuren der beiden Flügel eines nicht mehr vollständigen Polyptychons sehr nahekommt, die sich in der Pfarrkirche von Levanto befinden. Die Gebärden der auf diesem erstaunlicherweise mit Tempera auf Leinwand gemalten Heiligen Cosmas, Damian, Augustinus und Benedikt (Abb. 164, 165) wirken ausgesprochen vornehm; den Hintergrund bildet eine bewegte Landschaft mit Mühlen, kleinen Herrensitzen und Brücken.

Es ist also anzunehmen, daß Foppa bei seinen wiederholten Kontakten mit Ligurien im letzten Jahrzehnt des 15. Jahrhunderts Gelegenheit hatte, Braccescos Werk zu bewundern und von ihm einige nordische Elemente zu übernehmen, zum Beispiel bei der interessanten *Verkündigung* aus der Sammlung Vittadini di Arcore, die wie eine schlichte und einfache Version der *Verkündigung* (Abb. 161) Braccescos im Louvre wirkt. Beim *Bottigella-Altar,* der sich im Museo Civico in Pavia befindet, und mehr noch bei der *Darbringung im Tempel* aus der Sammlung Gerli in Mailand, die beide Innenräume lombardischer Kapellen zeigen, deuten der Realismus der Gesichter und der Gebärden, die sorgfältige Wiedergabe der Lichteinwirkungen und die leuchtenden Farben auf wiederholte Begegnungen mit franko-flämischen Kunstwerken hin.

In diesen Jahren, das heißt also während des neunten Jahrzehnts, war in der Lombardei bereits Ambrogio da Fossano, genannt Bergognone, tätig, der die lombardische Malerei um neue, aus dem Norden übernommene Anregungen bereichern sollte. Man hatte früher sogar den Eindruck, Bergognone stelle mit seiner vollendeten dekorativen Gestaltung und dem zarten Liebreiz der zum Ausdruck gebrachten Gefühle eine Art Memling der Lombardei dar. Und es ist nicht zu leugnen, daß dieser Vergleich teilweise recht plausibel erscheint, allerdings ist er eher auf die äußeren Charakteristika bezogen und läßt sich aus chronologischen Erwägungen heraus nicht historisch rechtfertigen. Eher ist bei Bergognone von einer tiefgründigen Affinität zu den Flamen auszugehen.

Fast seine gesamte Schaffenszeit spielt sich vor dem historischen Hintergrund der Verbreitung neuer Ideen und Malweisen ab, die sich vom letzten Jahrzehnt des 15. Jahrhunderts an aus dem Erbe der großen Gründerväter der flämischen Kunst entwickelt hatten und nun eine neue mediterrane „Koine" bildeten. Dies ist der Grund, warum ein Großteil seines Oeuvres derart deutliche Parallelen zu einem

Nordfranzosen wie dem Maître de Moulins aufweist, beziehungsweise einem Provenzalen wie Josse Lieferinxe oder einem Flamen wie Gerard David und einem Spanier wie Juan de Borgoña.

Insofern ist also der „flämische" Charakter Bergognones wiederum im weiter gefaßten Sinne des Wortes „ponentino" zu verstehen und bedarf zum Teil noch eingehender Untersuchungen. Ich bin sogar der Auffassung, daß seine historische Bedeutung nicht so sehr in seiner stillen und ein wenig eintönigen Poesie liegt, die man an ihm kennt, sondern sehr viel stärker auf seinem Beitrag zur Verbreitung einer neuen Kunstrichtung beruht, als man dachte. Man kann sogar so weit gehen und die Frage stellen, ob der berühmte Beiname „Bergognone", der erst ungefähr von 1500 an auftaucht („Magister Ambrosius de Fossano pictor filius domini Steffani mediolanensis dictus Bergognonis", wie nur eine in Pavia ausgestellte Urkunde aus dem Jahre 1512 ausdrücklich besagt)[24], tatsächlich auf seine piemontesische Herkunft hindeutet („bergognoni" oder „brentatori", zu deutsch „Kufen-" oder „Weinträger", wurden jene genannt, die aus Piemont stammten). Nicht ganz auszuschließen scheint auch die Interpretation, daß mit diesem Beinamen wie in ähnlich gelagerten Fällen auf eine Vertrautheit mit der Malerei „Burgunds" – ebenfalls im weit gefassten Wortsinn – angespielt wird.

Kein Zweifel besteht jedenfalls daran, daß sein frühestes Meisterwerk, die kleine *Pietà* (Abb. 163) aus der Sammlung Cagnola (Gazzada bei Varese) einen ausgesprochen provenzalischen Charakter aufweist: Die zur Schau gestellten Passionswerkzeuge, der knieende Kartäusermönch, erinnern an das Retabel de Boulbon (Louvre), die faszinierende Landschaft im violetten Gegenlicht der Dämmerung an die berühmte Pietà von Villeneuve (Louvre). Diese aus der frühen Schaffenszeit des Malers stammende Pietà ist nach wie vor einer der Höhepunkte der poetisch verklärten lombardischen Malerei des Quattrocento und insbesondere des Ber-

gognone, der auch in den übrigen Bildern seines Frühwerkes kaum mehr eine derart spontane Ergriffenheit ausgelöst hat[25]. Von der *Madonna zwischen zwei Engeln* im Museum Poldi Pezzoli kann man vielleicht sagen, daß sie eine jugendliche Frische der goldenen, roten und cremefarbenen Töne aufweist, die an eine in die „Sprache" der Lombardei übersetzte Madonna Memlings denken läßt.

In den unmittelbar folgenden Jahren sollte Bergognone dann seine ganz charakteristische poetische Handschrift entwickeln, seine feierliche, verhaltene Sentimentalität, die feinziselierte, maßvolle Fülle seiner Dekorationen, die erstmals bei den beiden Altarbildern *Thronende Madonna mit Heiligen* aus der Pinacoteca Ambrosiana in Mailand und der Kollegiatkirche von Arona in Erscheinung traten. Seit den Tagen des internationalen gotischen Stils hatte man keinen derartigen Luxus mehr gesehen und auch keine wie in Großformat umgesetzt wirkende Miniaturmalereien. All dies brachte es mit sich, daß Bergognone der etwas düsteren Poesie Foppas weniger nahestand (obgleich er ununterbrochen in der Lombardei tätig war), als der ein wenig irrealen Eleganz der Piemontesen, angefangen von Spanzotti bis hin zu Defendente Ferrari, der er sich später zuwenden sollte. Was schließlich den Liebreiz der bei ihm zum Ausdruck kommenden zarten Gefühlsregungen angeht, ist darauf hinzuweisen, daß dies einer sentimentalen Stimmung entspricht, die gegen Ende des 15. Jahrhunderts und in den darauffolgenden Jahren bei der zu jener Zeit tätigen Generation französischer, iberischer und flämischer Maler um sich griff.

Welches Maß an Poesie diese ein wenig eingeengte und gekünstelte Gefühlswelt dennoch aufzubringen vermochte, beweisen Werke wie *Die thronene Madonna zwischen den beiden Heiligen Katherinen* (Abb. 162) aus der National Gallery in London. In der bereits an Bramante erinnernden Architektur scheint die Perspektive nach schräg oben deshalb gewählt worden zu sein, um so dem hohen, runden Sockel und dem schönen, feingearbeiteten Thron

166. Bergognone, *Der kreuztragende Christus* (Detail). Pavia, Museo della Certosa

mehr Raum zu geben. Die beiden Heiligen links und rechts der Jungfrau sind von einer zarten, aristokratisch zurückhaltenden Anmut, die nirgends in Italien ihresgleichen findet, wenn man einmal von Piemont absieht, das ja eigentlich schon Grenzland war. Dieses bezaubernde Tafelbild ist wohl chronologisch nicht sehr weit von jenen fruchtbaren und glücklichen Jahren der Arbeit Bergognones in der Certosa di Pavia entfernt. Der Monumentalaltar mit der Darstellung *Der Heilige Ambrosius thronend und vier Heilige* (Abb. 160) führt uns einen der herrlichsten, halbdunklen Innenräume der italienisch Malerei des Quattrocento vor Augen (dieses Motiv des „thro-

nenden Heiligen" kommt übrigens im ausgehenden 15. Jahrhundert im gesamten Mittelmeerraum recht häufig vor). Jedes kleinste Detail dieser bemerkenswerten Komposition ist von höchster Vollendung, angefangen vom hell-dunkel gemusterten Marmorboden bis hin zu den geöffneten Butzenscheiben, durch die man den Himmel erblickt. Wie sollte einem da nicht der Vergleich zu manch einem der Altarbilder Memlings in den Sinn kommen, zum Beispiel das *Triptychon* von Lübeck mit den vier Heiligen? In Bergognonens Altarbild wirkt alles steif wie in einem liturgischen Zeremoniell, zugleich aber strahlen die Goldtöne eine ebensolche Eleganz und

Erhabenheit aus, wie dies bei den *Heiligen* Braccescos im Louvre der Fall ist, hier allerdings verraten die abgebildeten Personen keinerlei psychologische Reaktionen, sondern verharren völlig regungslos.

Neben dieser verhaltenen Poesie der Gefühle und der Empfindungen (die etwas ganz anderes sind, als der frömmelnde und etwas süßliche Ausdruck, den die Romantiker so sehr schätzten) stellt Bergognone bekanntlich sein Genie noch deutlicher in seinen berühmten weitläufigen Landschaften unter Beweis, die sich unvermutet hinter den im Vordergrund abgebildeten Personen auftun. Diese weiten Landschaften sind aus der Ferne beobachtet und in einer Gesamtschau wiedergegeben, bei der die Schärfe zum Horizont hin in wunderbarer Weise abnimmt. Hier scheint mir die folgende Klarstellung wichtig: Die so häufig angeführte Ähnlichkeit Bergognones mit den flämischen Malern zeigt in Wirklichkeit gerade im Hinblick auf diese Landschaften wohl am deutlichsten die geistige Unabhängigkeit dieses Malers und beweist, wie schon gesagt, seine eigenständige Genialität.

Der Realismus Bergognones unterscheidet sich in diesem Punkt nicht nur von dem van Eycks, bei dem jede geographische und botanische Einzelheiten mit übergroßer Genauigkeit registriert wird, wobei die nächstgelegenen und die entferntesten Dinge in genau derselben Weise behandelt werden, sondern auch von dem etwa manirierten Realismus von Rogier, Petrus Christus und Memling. Keine dieser flämischen Landschaften wirkt so „impressionistisch" wie die des Bergognone, da bei ihm der Wahrheitsgehalt der Kanäle, der Plätze, der Haine eher in der „Impression" als in der Präzision liegt, so daß wir es bei ihm mit einem atmosphärischen Wahrheitsgehalt zu tun haben, mit einer alltäglichen und herzerfreuenden „meterologischen" Schönheit.

Bei Bergognone finden wir eine große Anzahl wunderbarer Ausblicke auf Städte und Fluren, angefangen von den nur wenige Quadratzentimeter großen Landschaften auf Predellen (etwa der Blick auf Pavia, der sich in dem Bild *Der hl. Ambrosius vertreibt den Theodosius* in der Accademia Carrara in Bergamo auftut) bis hin zu den weiträumigeren Landschaften in der *Kreuzigung* (Abb. 166) oder in dem Bild *Der kreuztragende Christus* in der Certosa von Pavia. In der *Kreuzigung* ist in der Landschaft im Hintergrund die Stadt Jerusalem und der Kalvarienberg mit den Frauen und Johannes sowie der sich entfernenden Menge zu erkennen, so daß die Anlehnung an die flämische Ikonographie deutlich in Erscheinung tritt, wenn auch die lombardischen Adaptationen nicht zu übersehen sind. In dem Bild *Der kreuztragende Christus* dagegen erinnert die Tatsache, daß Bergognone die große im Bau befindliche Certosa mit den vielen Arbeitern, die dort am Werke sind, auf einem gewaltigen Felsplateau dargestellt hat, an den eindrucksvollen Hintergrund in der *Heiligen Barbara* von Jan van Eyck.

Mit diesen Werken haben wir bereits die Schwelle zu jenem letzten Jahrzehnt des 15. Jahrhunderts überschritten, in dessen Verlauf sich die zweite mediterrane „Koine" herausbilden und ihren Höhepunkt erreichen sollte. Die gesamte weitere Entwicklung im Zusammenhang mit den nordischen Einflüssen in der Lombardei, bei Bergognone wie auch bei Foppa, ist also auch unter diesem Gesichtspunkt zu sehen, nicht nur im Hinblick auf die kunsthistorische Periodisierung, sondern auch deshalb, weil die Lombardei, wie wir gleich sehen werden, eine wichtige Rolle bei der mannigfaltigen Ausformung dieser „Koine" spielen sollte.

Anmerkungen

[1] R. Longhi, *Carlo Braccesco*, Mailand 1942, S. 19.

[2] M. Salmi *Masaccio e Vincenzo Foppa*, in: „Commentari" XXV (1974) 1–2, S. 24.

[3] Die Identifizierung des ‚Justus de Allemagna' verdanken wir F. Winkler, *Jos Ammann von Ravensburg*, in: „Jahrbuch der Berliner Museen", I, 1959, S. 51–118.

[4] Winkler (art. cit.) schrieb die Figuren der Propheten und Sibyllen in den fünf Kreuzgewölben Justus von Ravensburg zu. Dieser Auffassung schloß sich A. Griseri an (*Jaquerio e il realismo gotico in Piemonte*, Turin, o.J., S. 40, 123 und Anmerkung 59); er vertrat sogar die Ansicht, daß Justus von Ravensburg die piemontesische Malerei jener Zeit beeinflußt habe. Für die Zuschreibung an Justus von Ravensburg plädierte auch M. Migliorini (*Appunti sugli affreschi del Convento di Santa Maria di Castello a Genova*, in: „Argomenti di storia dell'Arte – Quaderno della Scuola di perfezionamento in Archeologia e Storia dell'arte dell'Università di Genova", 1971–1979). Aufgrund de stilkritischen Untersuchungen dieser nicht ganz einheitlichen Kreuzgewölbe habe ich den Eindruck, daß vor allem bei den Dekorationen in Form von großflächigem Rankenwerk deutliche Parallelen zu den Fresken Jaquerios in Ranverso vorliegen, insbesondere in der Sakristei, und ich neige zu der Ansicht, daß hier mehrere Künstler zusammengewirkt haben. Auch das Fresko *Der Heilige Dominikus begegnet dem Heiligen Franziskus* im oberen Bogengang scheint mir typologisch an Jaquerio zu erinnern.

[5] Ich möchte mich hier nur auf einige Betrachtungen über den sehr geschlossenen Gesamteindruck beschränken, den die Fresken der Kreuzgänge von Santa Maria di Castello hervorrufen. Ich meine, in dem *Heiligen Petrus Martyr* (der das Pendant bildet zu dem Fresko auf der gegenüberliegenden Seite der Loggia *Der Heilige Dominikus fordert zum Schweigen auf*) sei die Handschrift eines Künstlers mit starkem iberischen Einschlag zu erkennen. Desgleichen scheint mir die *Geißelung Christi* im oberen Bogengang zwischen dem iberischen und dem neapolitanischen Stil zu liegen; offensichtlich ist dieses Fresko jedoch erst wesentlich später entstanden. Im oberen Bogengang läßt sich abgesehen von den *Propheten*, die ich im Text als ‚an Konrad Witz gemahnend' bezeichnet habe, leider fast nichts mehr von dem sicherlich sehr bedeutenden Fresko *Die Heiligen Petrus und Paulus übertragen den Dominikanern die Aufgabe des Predigens* erkennen, außer dem Bildaufbau und der Anordnung der Figuren, die nicht typisch italienisch zu sein scheinen. Sehr bedeutend muß (den wenigen noch erkennbaren Fragmenten zufolge) auch das Fresko im ersten Bogengang gewesen sein, auf dem *Die Predigt des Heiligen Vinzenz Ferrer vor Bonifacius VIII* dargestellt war, das wiederum von der Hand eines lombardischen Meisters zu stammen scheint und einer eingehenden Untersuchung wert wäre. Eindeutig lombardisch ist schließlich das dem Braccesco zugeschriebene Fresko, das unter dem Titel *Marienkrönung* bekannt ist, für das wir auf den weiteren Text sowie auf die Anmerkung 25 verweisen.

[6] Der Text der beiden Briefe findet sich in Malaguzzi Valeri, *Pittori lombardi del Quattrocento*, 1902, S. 126ff.

[7] In den vielen Urkunden, in denen der Name dieses Malers vorkommt, wird zumeist nur der Vorname ‚Zanetto' oder ‚Zaneto' erwähnt, abgesehen von zwei Fällen, in denen der Nachname Bugatti genannt wird.

[8] C. Consoli (*Una nuova Traccia per Zanetto Bugatti*, in: „Arte Lombarda") glaubt die Handschrift Zanettos in den heute praktisch völlig zerstörten Fresken eines Oratoriums der Sforza in der Nähe von Vigevano zu erkennen, das von Bonifacio Bembo, Leonardo Ponzone und Zanetto ausgemalt wurde, wie sich anhand alter Urkunden ergab. Desgleichen nimmt Consoli auch an, die *Verkündigung* in der Capella Castiglioni in Pavia stamme ebenfalls von Zanetto.

[9] Allerdings bezeichnet Wittgens das *Profilbildnis des Galeazzo Maria Sforza*, das ursprünglich zur Sammlung Trivulzio gehörte und sich heute im Museum des Castello Sforzesco in Mailand befindet, als „fundamentales Beispiel" für die Bildniskunst des Zanetto (vgl. „Storia di Milano", Mailand, VII, S. 786, Abb. 252). Von Salmi wurde Zanetto früher auch das bezaubernde kleine Dreiviertelportrait einer *Jungen Frau*, aus dem Museum des Castello Sforzesco in Mailand zugeschrieben (M. Salmi, *Bernardo Butinone*, in: „Dedalo" 1929–30, S. 354). Diese Zuschreibung wurde von F. Bologna (*Un San Gerolamo lombardo del Quattrocento*, in: „Paragone" 49, 1954, S. 50) als unwahrscheinlich angesehen; Bologna verwies vor allem auf die nicht typisch italienischen Charakteristika (Wittgens zufolge handelt es sich um einen Maler der Picardie). Unlängst ist dieses Bildnis nun Michel Sittow zugeschrieben worden (vgl. Trizna, *Michel Sittow*, Brüssel 1976).

[10] Dieser Hinweis, der auf in Archiven befindlichen Urkunden beruht, stammt von P. Durrieu, in: „Rassegna d'Arte", 1911, XI, S. 11.

[11] Der Brief des Herzogs Galeazzo Maria Sforza an den Gesandten in Venedig, Leonardo Botta, wurde von L. Beltrami in „Archivio storico dell'arte", VII, 1894, publiziert. Der Text ist im Anhang an den Katalog zur Ausstellung „Antonello da Messina", op. cit., 1981, abgedruckt.

[12] F. Bologna, *Un San Gerolamo lombardo del Quattrocento*, in: „Paragone" 49 (1954), S. 45ff. Die Zuschreibung des Sforza-Triptychons im Museum in Brüssel, auf welches das Bild *Der Heilige Hieronymus* von Zanetto zurückzuführen ist, war lange sehr umstritten. Das Triptychon galt früher als ein Werk Zanettos, da fälschlicherweise als Stifter die Sforza in Mailand angesehen wurden (s. auch die Übersicht bei G. Faggin, in: *Tutta la pittura di Memling*, S. 95, Mailand 1969). Wittgens (Storia di Milano VII, S. 787) schreibt das Sforza-Triptychon nicht Rogier zu, sondern betrachtet es als gemeinsames Werk von Memling und Zanetto. Bei dem Stifter, so hat abschließend Mulazzani nachgewiesen (*Observations on the Sforza Tryptich in the Brussels Museum*, in: „The Burlington Magazine" 1971, CXIII, S. 252–253), handelt es sich um Alessandro Sforza aus Pesaro, der im Jahre 1458 von einer Reise nach Burgund und Flandern zurückgekehrt war, und der einige flämische Bilder besaß, wie wir aus Urkunden wissen.

[13] Auf dieses Polyptychon ist erstmals von Longhi hingewiesen worden, der es als das Werk eines „hervorragenden anonymen lombardischen Malers" bezeichnet hat (*Carlo Braccesco*, Mailand 1942, S. 17). Die Rekonstruktion des Polyptychons erfolgte durch F. Bologna, *Una Madonna lombarda del Quattrocento*, in: „Paragone" 93 (1957), S. 3ff, und durch F. Zeri, *Un'aggiunta al problema della Madonna Cagnola*, in: „Paragone" 93 (1957), S. 11ff. Diese Rekonstruktion des Polyptychons ergab ein zweireihiges Pentyptychon, auf dessen Mittelteil die *Madonna*, und auf dessen Seitenflügeln *Die Heiligen Ambrosius und Johannes der Täufer* (London, Matthiesen Fine Arts Ltd.) sowie *Der Heilige Georg und der Heilige Gregor* (Toledo, Ohio Museum of Art) dargestellt sind. Die obere Reihe bestand aus dem *Heiligen Hieronymus*, dem *Heiligen Christophorus* und dem *Heiligen Laurentius* (Verbleib unbekannt). Es fehlen der Mittelflügel, von dem Zeri annimmt, daß auf ihm eine *Kreuzigung* abgebildet war (ebenso wie im Polyptychon von Montegrazie von Braccesco) und auch der rechte (?) Seitenflügel mit dem vierten Heiligen.

[14] F. Bologna, *Una Madonna lombarda . . .*, art. cit., S. 11.

[15] L. Castelfranchi Vegas, *Una Madonna fiamminga intorno al 1460 e il problema della Madonna Cagnola*, in: „Paragone" 381 (1981), S. 3ff.

[16] *Ibidem*, S. 6.

[17] Vgl. C. Baroni-Samek Ludovici, *La pittura lombarda del Quattrocento*, Messina-Florenz 1952, S. 150–151.

[18] Vgl. Anmerkung 1 des vorliegenden Kapitels.

[19] M. J. Friedländer, *Die altniederländische . . .*, op. cit., S. 10.

[20] Die Zuschreibung Longhis in Form einer schriftlichen Notiz findet sich in dem von F. Russoli bearbeiteten *Katalog* des Museums, Mailand 1955, S. 156. Nach Meinung Russolis stammt diese Madonna von Bergognone, der „Foppa nahesteht".

[21] R. Longhi, *Carlo Braccesco*, op. cit., S. 10.

[22] R. Longhi, *ibidem*, S. 12.

[23] Zur Interpretation der Thematik des Freskos s. F. Migliorini, *Appunti sugli affreschi di Santa Maria di Castello*, art. cit., S. 54, und E. Poleggi *S. Maria di Castello e il romanico a Genova*, Genua 1973. Das Fresco wurde von G. V. Castelnovi Braccesco zugeschrieben, *Un affresco del Braccesco*, in: „Emporium" IV, 1951. F. Bologna dagegen neigt eher dazu, dieses Fresko Zanetto zuzuschreiben, *Una Madonna lombarda . . .*, art. cit., 1957, S. 10.

[24] Vgl. I. M. Sacco, *La ‚matricola' dell'arte dei pittori milanesi nel 1481 ed il Bergognone*, in: „Bollettino della Sezione di Cuneo della R. Deputazione Subalpina di Storia Patria", Nr. 16 (1937), S. 26.

[25] Als Frühwerk Bergognones gilt auch die kleine *Kreuzabnahme* aus dem Museum in Budapest, die mit Sicherheit nach dem Vorbild flämischer Ikonographien des ausgehenden 15. Jahrhunderts gemalt wurde. Da mir jedoch die Ikonographie auf eine relativ späte Entstehung hinzudeuten scheint, und die stilistischen Elemente wenig homogen wirken, und da ich vor allem dieses Bild nicht ‚de visu' kenne, möchte ich mich weder zur Frage der Zuschreibung noch zur Datierung äußern.

ACHTES KAPITEL

Epilog
Italien und Flandern zwischen
Ende des 15. und Anfang
des 16. Jahrhunderts

Daß es gegen Ende des 15. Jahrhunderts im Mittelmeerraum wiederum zur Verbreitung einer neuen Stilrichtung kam, wie schon einmal ein halbes Jahrhundert zuvor, ist in der Kunstwissenschaft zwar eine bekannte Tatsache, allerdings ist dieses vielschichtige Problem noch nicht systematisch untersucht worden. Die Reichweite dieser neuen Stilrichtungen und die vielfältigen Querverbindungen wurde von Bologna bereits 1953 erkannt und folgendermaßen charakterisiert: „...eine neue Koine, welche die Dialektformen der Malkunst in der Provence, in Kastilien, Mittel- und Unteritalien und in Andalusien mit der sich von der Lombardei aus verbreitenden Stilrichtung verband, die schon unverkennbar durch Bramante geprägt war...“[1].

Es würde über unsere Themenstellung hinausgehen, wollten wir auch nur die wichtigsten Stationen dieser Entwicklung aufzeigen. Dennoch hat sie insofern direkt mit unserer Fragestellung zu tun, als sie den historischen Hintergrund für die letzte Phase der wechselvollen Beziehungen zwischen Italien und Flandern bildet und einige Aspekte dieser Beziehungen in der Zeit des Übergangs vom 15. zum 16. Jahrhundert zu klären vermag.

Im Grunde genommen lassen sich diese Beziehungen ohne den Hintergrund der mediterranen „Koine“ nicht richtig begreifen, da sie in vielerlei Hinsicht eng mit ihr verknüpft sind.

So kann man sagen, daß die letzte Phase der flämisch-italienischen Beziehungen zum Teil deren Anfänge widerspiegelt, jene Zeit also, da sich um das Jahr 1450 Maler im Mittelmeerraum – in der Provence, in Valencia, in Neapel – eine im wesentlichen homogene meridionale Spielart der in Flandern aufgekommenen Neuerungen entwickelte, mit jeweils regionalen „Dialektformen“. Was allerdings die zweite „Koine“ von der ersten unterscheidet, ist die bisher noch nicht weiter registrierte, aber dennoch bemerkenswerte Tatsache, daß in ihr die beiden Hauptrichtungen der europäischen Malkunst des 15. Jahrhunderts, nämlich die italienische und die flämische Malerei, in unterschiedlichem Ausmaß und mit unterschiedlicher Gewichtung vertreten waren. Zu der alten, nach wie vor weit verbreiteten Vorliebe für die analytische und detailfreudige Malweise gesellte sich nun die Tendenz, die Formgebung stärker in den Mittelpunkt zu rücken, mehr auf Plastizität und Monumentalität zu achten und eine Harmonie der Komposition anzustreben – die typisch „italienischen“ Stilmerkmale.

Rund drei Jahrzehnte hindurch, während des Übergangs vom 15. zum 16. Jahrhundert, war das

270

Mischungsverhältnis zwischen Nord und Süd ausgesprochen ausgewogen, bevor sich auf dem Weg über Frankreich im vierten Jahrzehnt die italienische *Renaissance* über ganz Europa hinweg und somit auch in Flandern ausbreitete. Die Tatsache, daß die Künstler, die sich dieser mediterranen „Koine" bedienten, ihren Blick zugleich nach Italien wie auch nach Flandern wandten, ist wohl besonders charakteristisch.

Ein zweites Charakteristikum ist die von diesen Künstlern angewandte Mischtechnik, die sich zum einen aufgrund der zahlreichen Reisen verbreitet hat, und die zum anderen auf das recht ungewöhnliche Phänomen zurückzuführen ist, daß sich Künstler auf Dauer an einem Ort außerhalb ihrer angestammten Heimat niederließen, oder, um es genauer zu sagen, daß sie von Norden nach Süden zogen, so daß man geradezu von einer Abwanderung nordischer Maler nach Süden sprechen kann. Um nur einige bedeutende Namen zu nennen: Juan de Borgoña lebte schon zwischen 1480 und 1490 in Spanien, wohin er dann nach einer langen Studienreise durch Italien zurückkehrte; zwei in Brügge ausgebildete Maler, Juan de Flandes und der aus dem Baltikum stammende Michel Sittow arbeiteten im letzten Jahrzehnt des 15. Jahrhunderts für Königin Isabella die Katholische; Josse Lieferinxe war in der Provence tätig, stammte jedoch aus dem Norden Frankreichs; Jean Hay (bei dem es sich vermutlich um den Maître de Moulins handelt) war flämischer Herkunft, wirkte jedoch in Burgund. Es gab natürlich auch den umgekehrten Fall, der freilich keine so große Rolle spielte, daß sich Künstler aus Oberitalien im Norden ansiedelten: etwa Andrea Solario, Jacopo de' Barbari, Ambrosius Benson. Aus dem bisher Gesagten läßt sich bereits eine erste Schlußfolgerung ziehen, daß nämlich Italien und Flandern bei diesem „Internationalismus" des ausgehenden Jahrhunderts mitwirkten, aber nicht mehr die Hauptrolle spielten.

Wenden wir uns nun der Frage zu, welchen besonderen Beitrag Italien zu dieser neuen Kombination von Stilrichtungen geleistet hat. Bologna hat als den entscheidenden „Koagulationsfaktor" das Wirken Bramantes in der Lombardei genannt. Der vom achten Jahrzehnt an in der Lombardei sich entfaltende Stil Bramantes breitet sich sehr schnell überall dort aus, wo einer seiner ersten und bedeutendsten Protagonisten, Juan de Borgoña, im Laufe seines Lebens tätig war. Kennengelernt hatte er den Stil Bramantes in Rom zur Zeit Melozzos und des Papstes Sixtus IV. Bei seiner Reise durch die Lombardei war er ihm dann nochmals begegnet. Der dritte Kontakt erfolgte dann nach seiner Rückkehr nach Spanien in Kastilien, wohin ihn Pedro Berruguete von Urbino kommend mitgebracht hatte.

Bei seiner Rekonstruktion der Reiseroute von Juan de Borgoña durch Italien äußerte sich Longhi über ihn, er sei „der größte Spanier mit italienischem Einschlag und vor allem ein unverkennbarer Schüler Zenales" gewesen[2]. Diese Kennzeichnung ist absolut zutreffend, und interessant ist dabei vor allem der Hinweis auf Bernardo Zenale. Diese bemerkenswerte Persönlichkeit stand nämlich gegen Ende des Jahrhunderts im Mittelpunkt der Entwicklungen innerhalb der lombardischen Malerei[3] und leistete einen nicht unwesentlichen Beitrag zur Entstehung der mediterranen „Koine", für die er einer der bedeutendsten Vermittler des Bramante-Stils darstellen sollte. Man braucht nur einen Vergleich vorzunehmen zwischen einem der Bilder, das in seinem Oeuvre sicherlich eine zentrale Rolle spielt, etwa dem Triptychon mit dem Mittelteil *Pfingsten* aus der Sammlung Contini Bonacossi und den Seitenszenen *Die Heiligen Viktor und Johannes der Täufer* aus dem Museum in Grenoble auf der einen Seite und Bildern des Juan de Borgoña auf der anderen Seite, um den inneren Gleichklang und die Berührungspunkte zwischen diesen beiden Malern zu erkennen, die sich an der wunderbaren Anmut der Gebärden, an der Vorliebe für lange, schmale Gesichter, an der Darstellung von Bauten im klassischen Stil ablesen lassen.

Welchen Anklang dieser Bramante-Stil in Spanien gefunden hat, läßt sich bei einigen der hervorragendsten Meister deutlich erkennen, beispielsweise bei dem Katalanen Anie Bru (einem in Spanien lebenden Deutschen, von dem das *Martyrium des hl. Cugat* aus dem Museum in Barcelona stammt), bei Juan de Flandes (vergleiche *Die Dornenkrönung* aus Detroit, Abbildung 169) oder bei dem Meister von Santa Clara di Palencia, zu dessen Œuvre Laclotte zu Recht Werke gezählt hat, die ursprünglich provenzalischen Meistern zugeschrieben worden waren[4]. Vor allem bei dem Meister von Santa Clara di Palencia zeigt sich, daß Katalonien und Provence gegen Ende des Jahrhunderts einander näher denn je standen. Auch in der Provence finden wir also Einflüsse Bramantes bei dem bedeutendsten Vertreter dieser Generation, Josse Lieferinxe, früher bekannt unter dem Namen Meister des Heiligen Sebastian, wie er nach seinem bedeutendsten Werk, dem Polyptychon mit den *Geschichten aus dem Leben des Heiligen Sebastian* genannt wurde, dessen Bestandteile sich in Philadelphia, Baltimore, Leningrad beziehungsweise Rom befinden[5]. Seine klare Formgebung und sein reiches Kolorit greifen nach einem halben Jahrhundert erneut den franko-italienischen Gleichklang des großen Meisters Quarton auf, wobei sich bei ihm noch die ausgewogene Raumgestaltung der Bauwerke Bramantes hinzugesellt. Der in der *Darbringung im Tempel* (Abb. 168) aus dem Musée Calvet in Avignon dargestellte Kirchenraum erinnert in seiner Bauweise an San Satiro in Mailand.

Das Polyptychon mit dem hl. Sebastian war bei Lieferinxe im Jahre 1497 in Auftrag gegeben worden, der mit dem im darauffolgenden Jahr verstorbenen Piemontesen Simondi daran gearbeitet hat. Zwar wissen wir nichts über seine Person oder über seinen Anteil an der Vollendung dieses Polyptychons, dennoch fügt dieser Hinweis dem Mosaik der internationalen Kontakte einen weiteren kleinen Stein hinzu und erlaubt Rückschlüsse auf den Beitrag Piemonts, das von jeher, vor allem jedoch im 15.

Jahrhundert, seit der Zeit Jaquerios und Bapteurs, aufgrund seines bis an die Rhône reichenden Territoriums eine Vermittlerrolle in der Kunst gespielt hat.

Das bedeutendste, um die achtziger Jahre entstandene Werk Piemonts ist die *Dreifaltigkeit* (Abb. 170) aus dem Museo Civico in Turin, bei der wir es zugleich mit einem „Dieu de Pitié" zu tun haben. Es handelt sich um ein großes Tafelbild, das in seiner Ikonographie offensichtlich auf die alte Tradition des Meisters von Flémalle zurückgeht und in stilistischer Hinsicht ein hervorragendes Beispiel für die durch Bramante beeinflußte „Koine" darstellt. Der unbekannte Maler war aller Wahrscheinlichkeit nach französischer, vermutlich sogar burgundischer Herkunft, wie Sterling annimmt[6], der den Versuch einer historischen Rekonstruktion unternommen hat.

Im italienischen Teil Piemonts zeigten sich die nordischen Einflüsse besonders deutlich bei dem aus Casale stammenden Maler Martino Spanzotti, der während der ersten Phase seines Schaffens bis gegen 1490 fast ein etwas bescheideneres alter ego des großen Braccesco war, zugleich aber auch außerordentlich eindrucksvolle Parallelen zu Künstlern aus anderen Regionen aufwies, etwa zu dem unbekannten Maler der ebenerwähnten *Pietà* aus dem Museo Civico in Turin, oder zu dem Provenzalen Nicolas Dipre. Nordische Anklänge finden sich bei Spanzotti in dieser ersten Schaffenszeit vor allem in der *Pietà* aus dem Sanktuarium von Tavoleto mit ihren verhaltenen und ernsten sentimentalen Ausdrucksgehalt und vor allem in dem bekannten Triptychon der *Madonna zwischen den Heiligen Ubaldo und Sebastian* aus der Galleria Sabauda in Turin mit seinem franko-lombardischen Akzent. In der folgenden Phase der Tätigkeit Spanzottis als Hofmaler Karls II. zeichnete sich sein Stil durch eine feines graphisches Element aus, das seinen Bildern eine neue Ausdruckskraft verlieh und ihn noch stärker in die Nähe der nordischen Maler rückte, vor allem dann in den kleinformatigen Bildern seines Spätwerkes. Die zarte und traumhafte Lichtgebung, die Vorliebe für

167. Josse Lieferinxe, *Kreuzigung*. Paris, Louvre

168. Josse Lieferinxe, *Darbringung im Tempel.* Avignon, Musée Calvet
169. Juan de Flandes, *Dornenkrönung.* Detroit, Institute of Arts
170. Meister der Dreifaltigkeit, *Pietà.* Turin, Museo Civico
171. Bernardino Zenale, *Madonna und Heilige.* New York, Kress Collection

172. Gerard David, *Der hl. Hieronymus*. Genua, Palazzo Bianco
173. Gerard David, *Der hl. Bernhard*. Genua, Palazzo Bianco
174. Gerard David, *Madonna mit dem Kind*. Genua, Palazzo Bianco
175. Gerard David, *Kalvarienberg*. Genua, Palazzo Bianco

176. Juan de Borgoña, *Mariengeburt*. Toledo, Kathedrale
177. Bergognone, *Darbringung im Tempel* (Detail). Lodi, Chiesa dell'Incoronata

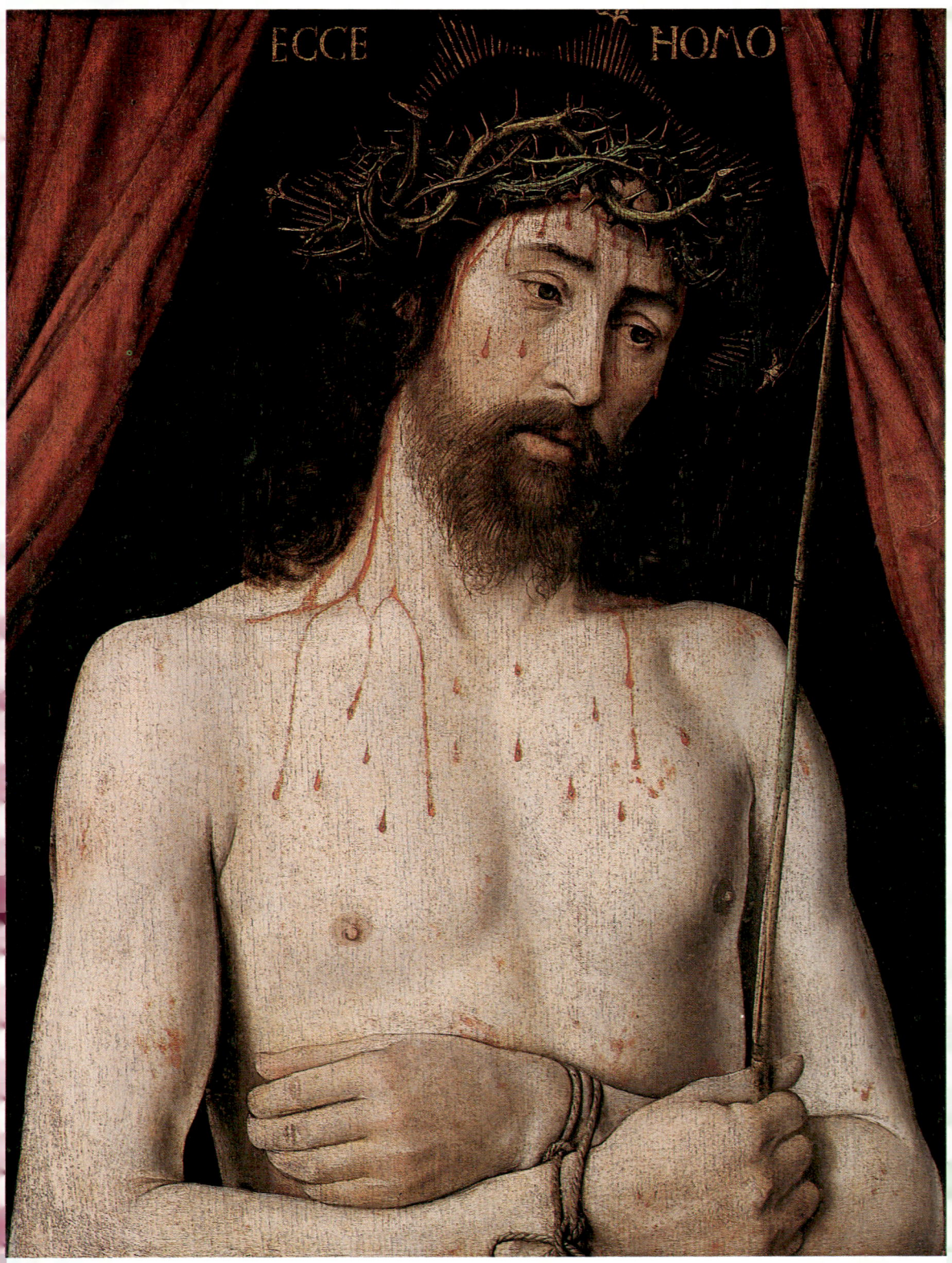

ECCE HOMO

Auf den vorhergehenden Seiten:
178. Jean Hay, *Ecce Homo.* Brüssel, Musée Royal des Beaux-Arts
179. Meister der Madonna André, *Die Madonna mit dem Tintenfaß.* Paris, Musée Jacquemart André

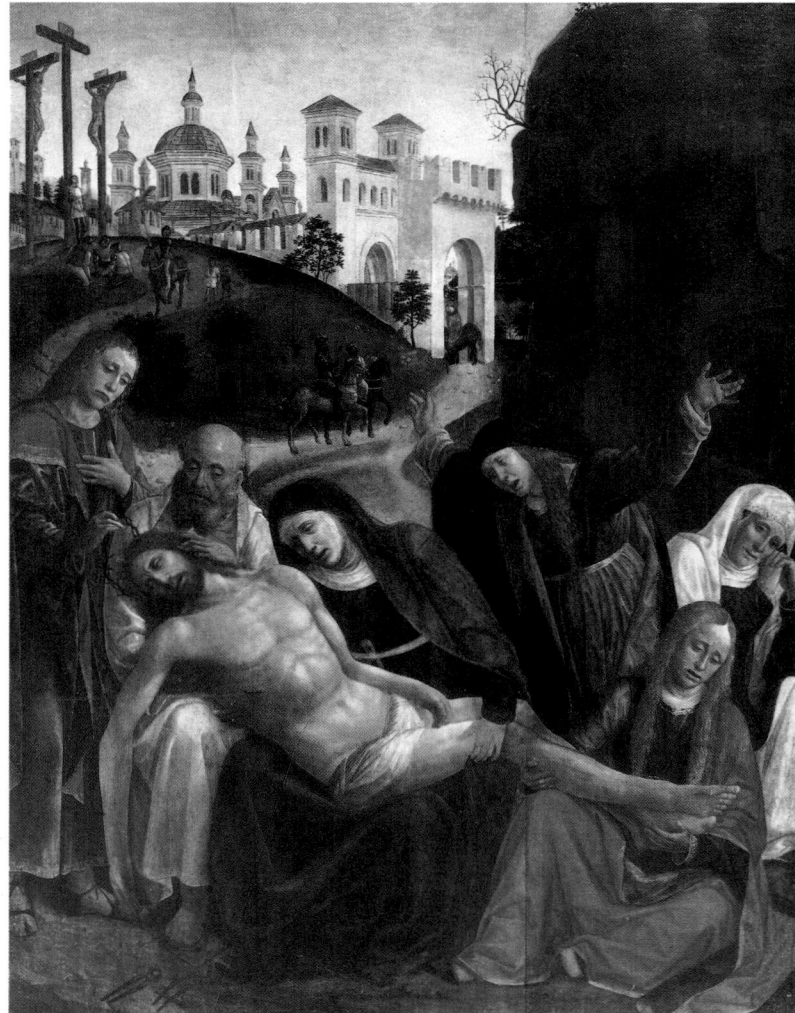

180. Vincenzo Foppa, *Geburt Christi.* Chiesanuova, Pfarrkirche
181. Vincenzo Foppa, *Beweinung Christi.*
Ehemals Berlin, Kaiser-Friedrich-Museum

182.   Quentyn Metsys, *Beweinung Christi*. Antwerpen, Musée Royal des Beaux-Arts

183. Jean Hay, *Verkündigung*. Chicago, The Art Institute

184.   Jean Hay, *Maria in der Glorie, von Engeln umgeben*. Moulins, Kathedrale

185.   Gerard David, *Madonna und vier Heilige*. New York, Slg. Duveen
186.   Bergognone, *Marienkrönung*. Mailand, San Simpliciano
Auf Seite 288:
187.   Boltraffio (?), *Jugendlicher Christus*. Madrid, Museo Lazáro Galdiano

Kompositionen mit einer großen Anzahl von Menschen verliehen diesen nordischen Tendenzen einen „deutschen" Einschlag, der deutlicher bei Defendente Ferrari mit seinen hyperrealistischen, zugleich lichterfüllten Darstellungen zutage tritt.

Nach dem bisher Gesagten können wir also festhalten, daß sich die Malkunst jener Zeit durch enge Austauschbeziehungen und durch eine Homogenität des Malstils auszeichnet und daß die nordische Malweise Eingang gefunden hat in der Lombardei, in Piemont und in Ligurien, in den nordwestlichen Teilen Italiens also, die somit in doppelter Hinsicht, geographisch und kunsthistorisch, mit „ponentino" gekennzeichnet werden können. Ligurien spielte also nach wie vor seine Rolle als Bindeglied der zwischen der provenzalischen, lombardischen und der piemontesischen Malerei bestehenden Kontakte und als Absatzgebiet für die in Flandern in Auftrag gegebenen Werke, hatte also gleichzeitig eine sehr wichtige und eine untergeordnete Position inne. Bei den aus Ligurien selbst stammenden Malern handelte es sich freilich um Persönlichkeiten von eher bescheidenem Format. Zu ihnen zählte etwa der unermüdlich tätige und etwas monotone Ludovico Brea aus Nizza, der die in seiner Heimat von verschiedenen Seiten herangetragenen Anregungen eifrig aufgriff und sie mit großer Beflissenheit, aber in ganz passiver Weise in sein Werk übernahm. So orientiert sich der berühmte *Kalvarienberg* aus dem Palazzo Bianco einerseits an der alten *Kreuzigung* (Abb. 167) des Donato de Bardi aus Savona und steht andererseits dem *Kalvarienberg* des Josse Lieferinxe aus dem Louvre sehr nahe. In dem Altarbild *Das Paradies* (1530) aus Santa Maria di Castello in Genua, das seinem Spätwerk zuzurechnen ist und eine überaus große Fülle an Figuren aufweist, wollte Brea offensichtlich unter Beweis stellen, daß er sich die neuesten flämischen Werke in Genua zum Vorbild genommen hatte[7].

Die Zahl der in Genua befindlichen flämischen Werke war in den Jahren um die Jahrhundertwende bis in das zweite Jahrzehnt des 16. Jahrhunderts hinein derartig groß, daß Suida sogar die Hypothese aufgestellt hat, es könne in Genua eine Kolonie flämischer Maler gegeben haben[8]. Diese Tatsache ist recht bemerkenswert, auch wenn sie lediglich einen Anhaltspunkt dafür bietet, daß die schon von alters her immer wieder von seiten der Kaufmannschaft erteilten Aufträge zahlenmäßig zugenommen haben. Die Auftraggeber ließen es sich nicht nehmen, die kirchlichen Bauwerke der Stadt und des Umlandes mit bedeutenden Kunstwerken auszuschmücken. So wurden etwa die folgenden Flügelaltäre in Auftrag gegeben, um hier nur die berühmtesten zu nennen: Das *Triptychon* von 1499 für San Lorenzo alla Costa (Santa Margharita Ligure), das Longhi Quentin Massys zugeschrieben hat[9], ferner das *Polyptychon des Monastero della Cervara* (Abb. 172, 173, 174) aus dem Jahre 1506 von Gerard David (dessen drei erhaltenen Tafeln sich im Palazzo Bianco befinden) sowie das von Joos van Cleve während seines Aufenthaltes in Genua im Auftrage des Grafen Stefano Raggi gemalte *Triptychon* für die Kirche San Donato in Genua.

Es besteht kein Zweifel, daß sich der Einfluß dieser zahlreichen flämischen Werke auch in den benachbarten Gebieten in unterschiedlichster Weise bemerkbar gemacht hat. Auf der anderen Seite lassen sich auch bei den flämischen Malern der letzten Generation des 15. Jahrhunderts unschwer Anzeichen für eine Übernahme des bereits angesprochenen Bramante-Stils ausmachen. Insbesondere in dem Triptychon von San Lorenzo alla Costa hat Longhi neben Hinweisen auf Bramante auch Anklänge an Bramantino aufgezeigt. Und Bologna hat im Hinblick auf den um 1508 in Rom weilenden *Jan Gossaert*, genannt *Mabuse*, festgestellt: „Er hatte dort Gelegenheit, Bramante und seine Ideen kennenzulernen, bevor dieser von der Kunst Raffaels in den Schatten gestellt wurde", und er fügte hinzu, es wäre nicht weiter verwunderlich, daß Andrea Solario „der stärker durch Bramante als durch Leonardo da Vinci geprägt war, nach Nordfrankreich ging, um dort zu arbeiten"[10].

Die beiden Namen Quentin Massys und Gossaert führen uns wieder in den flämischen Kulturkreis zurück, und zwar in die Zeit nach der Jahrhundertwende. In diesem Zusammenhang bedarf es jedoch zunächst einmal einer Richtigstellung: Die um die Wende vom 15. und 16. Jahrhundert tätige Generation von Malern, deren namhafteste Vertreter insbesondere Massys und Gossaert waren, gilt gemeinhin als diejenige Generation, die durch die augenfällige Übernahme dekorativer Elemente typisch italienischer Prägung (Girlanden, Putten und klassische Säulen) der italienischen Renaissance im Norden Zugang verschafften. In Wirklichkeit handelt es sich dabei jedoch um einen völlig nebensächlichen Aspekt. Im Grunde genommen ging es dieser Generation nämlich interessanterweise um eine Rückbesinnung auf die eigentlichen Ursprünge, die sie mit einigen ausgesprochen italienischen Anleihen kombinierten. Man kann hier also eher von einem bescheidenen Präludium zu der sogenannten „Renaissance" dieser Gebiete sprechen, das heißt zu der „modernen Malerei".

Dieser teilweise archaisierenden Richtung ist auch Gerard David zuzurechnen, der aus Oudewater stammte, wo er um 1460 geboren wurde, dann aber von 1484 an ständig in dem in Niedergang befindlichen Brügge tätig war. Er war also praktisch ein Zeitgenosse von Massys (1466-1530). Der traditionellen Chronologie zufolge gilt David jedoch als der letzte Maler des 15. Jahrhunderts und Massys als der erste Maler des 16. Jahrhunderts. Zu Recht hat Panofsky[11] hierzu ausgeführt: „David hat der vergangenheitsorientierten Stadt [Brügge] eine Zukunftsorientierung gegeben, Massys dagegen hat der zukunftsorientierten Stadt [Antwerpen] die Erinnerung an die Vergangenheit gebracht". Kehrt man also die herkömmliche Einteilung gerade um, dann ist folglich David der modernere der beiden Maler, da er es verstanden hat, wie auch Friedländer[12] anmerkte, die

Erfahrungen der Vergangenheit mit einem außergewöhnlichen Sinn für die durchstrukturierte Form, mit einem dynamischen Raumgefühl und einer Lichtmodellierung zu verbinden, die sich zuweilen fast der Nuancierung von Leonardo da Vinci annähert.

Auf der anderen Seite ist Gerard David auch der letzte Erbe der großen, in Brügge beheimateten Tradition der „nicht-pathetischen" Malerei. Daß diese Tradition noch durchaus lebendig war, zeigt sich besonders eindrucksvoll an dem Werk eines großen anonymen Meisters mit dem Titel *Die Madonna mit dem Tintenfaß* (Abb. 179) aus dem Musée Jacquemart André, nach dem er den provisorischen Namen „Meister der Madonna André" erhielt[13]. Vergangenheit und Gegenwart vereinen sich hier auf faszinierende Weise. Ganz und gar ungewöhnlich ist die Monumentalität der den Vordergrund ausfüllenden Gestalt, der plastische Faltenwurf des roten Umhangs. Das schlichte Stilleben auf der Brüstung – eine aufgeknackte Nuß und ein Apfel – ist in der Absolutheit seiner Lichteffekte charakteristisch für die „nature morte" des 17. Jahrhunderts, während die Landschaft im Hintergrund verglichen mit der früheren Präzision eine Vereinfachung darstellt.

Gerard David ist wie gesagt der bedeutendste Erbe der verhaltenen Frömmigkeit van Eycks, zu der er sich vermutlich aufgrund seiner holländischen Herkunft sowie durch die Malerei seines Landsmannes Geertgen tot Sint Jans hingezogen fühlte. Es sei hier daran erinnert, daß seit einiger Zeit die Hypothese vertreten wird, David habe sich zwischen dem ersten und dem zweiten Jahrzehnt des 16. Jahrhunderts in Genua aufgehalten[14]. Für Genua hatte er das bereits erwähnte Polyptychon des Monastero della Cervara gemalt, dessen erhaltene Tafeln mit der *Madonna mit dem Kind* sowie dem *Heiligen Hieronymus* und dem *Heiligen Bernhard* ungeachtet ihres flämischen Akzentes unverkennbar der „mediterranen Koine" zuzuordnen sind, vor allem in Anbetracht der bestechenden Klarheit der Gestaltung von

Raum und Form der beiden Heiligen auf den Seitenflügeln, die ohne weiteres den Heiligen des Maître de Moulins beziehungsweise Bergognones ebenbürtig sind.

Die für David kennzeichnende ruhige Harmonie der Gefühle und der Komposition erreicht in dem großartigen *Kalvarienberg* (Abb. 175) aus dem Palazzo Bianco in Genua ungeahnte Höhen elegischer Stimmung. Die zu drei Vierteln vor dunklem Hintergrund gemalten Figuren und der schwarzverhangene Himmel über dieser ergreifenden Szene verraten ein neues Raumgefühl. Die angeführten wie auch weitere Werke Davids, zum Beispiel die *Madonna und vier Heilige* (Abb. 185) aus der Sammlung Duveen in New York wurden von einem Flamen konzipiert und ausgeführt, dessen geographischer und stilistischer Schwerpunkt sich eindeutig nach Süden verlagert hat.

Eines der charakteristischen Merkmale der Malkunst jener Zeit ist das ausgewogene Verhältnis der vom Norden beziehungsweise vom Süden, genauer gesagt von Italien und von Flandern ausgehenden Einflüsse sowie die Tatsache, daß sich Frankreich stilistisch wie geographisch etwa in der Mitte zwischen diesen beiden Kunstregionen befand, wie dies auch schon zu Zeiten Fouquets und Quartons der Fall war. Und während sich das Erbe Quartons in der klaren provenzalischen Lichtgebung des Josse Lieferinxe widerspiegelt, tritt dasjenige Fouquets in Burgund bei dem *Meister von Moulins* wieder zutage. In einer eingehenden Untersuchung hat Sterling unterdessen aufgezeigt, daß dieser großartige Meister mit dem Maler *Jean Hay* identisch ist[15], der bei seinen Zeitgenossen recht bekannt und beliebt war. Lemaire hat ihn 1509 sogar mit Leonardo da Vinci auf eine Stufe gestellt. Und dieser Maler Jean Hay war es, der 1494 das kleine Tafelbild mit dem *Ecce Homo* (Abb. 178) aus dem Musée Royal des Beaux-Arts in Brüssel signierte. In der Inschrift auf der Rückseite dieser Tafel ist der Name des Malers mit dem Zusatz versehen „egregius magister teutonicus"; damit wird nicht etwa auf die deutsche Herkunft des Malers angespielt, sondern es geht hier um einen Künstler, der aus den Niederlanden stammt, wo eben „niederdeutsch" gesprochen wird, wie Panofsky klargestellt hat[16].

Bei diesem *Ecce Homo* wird die alte Ikonographie des „Christus als Schmerzensmann" formal erweitert und erlangt klassische Ausgewogenheit, während die Lichtmodellierung der Haut mit dem in Streifen herabrinnenden Blut den Einfluß von Hugo van der Goes verrät. Dieser *Ecce Homo* ist mit demjenigen Foppas aus der Sammlung Chéramy in Paris vergleichbar (der vermutlich einige Jahre älter ist). Beide Werke weisen deutlich sichtbar die gleiche flämische Tradition auf, Foppa jedoch unterstreicht das kompositorische Gleichgewicht noch durch die symmetrische Anordnung der gekreuzten Arme, durch die Umsetzung der ergreifenden Details der blutenden Wunden in ein typisch lombardisches, demutsvolles Leiden. Ungeachtet der hier zum Ausdruck gebrachten menschlichem Demut wird jedoch dem aufmerksamen Beobachter nicht das hervorragend beobachtete Detail des lichtgebleichten purpurfarbenen Gewandes entgehen.

Die Anleihen des Meisters von Moulins im Norden und im Süden sind mannigfaltig. Die *Verkündigung* (Abb. 183) von Chicago etwa und mehr noch die *Maria in der Glorie, von Engeln umgeben* (Abb. 184) im Mittelteil des Triptychons der Kathedrale von Moulins (das 1498-1499 entstanden ist und dem Maler den provisorischen Namen eingetragen hat) strahlen in ihrer großartigen Fülle herrlich leuchtender Farben nach alter französischer Tradition, eine faszinierende Innigkeit, eine kontemplative Hingabe, eine formale Ausgewogenheit aus, die ihnen einen Platz zwischen Gerard David und Bergognone zuweist.

Der Name Bergognone stellt uns vor folgende Frage: Könnte man nicht so weit gehen und sagen, daß der Meister von Moulins angesichts der bestechenden formalen und dekorativen Klarheit viel eher noch als Memling das eigentliche Pendant Bergognones nördlich der Alpen darstellt? Auch zeitlich gesehen ist er ein Gegenstück Bergognones. Zudem könnte dies fast auch eine Erklärung für den Beinamen des lombardischen Malers bieten. Darüber hinaus ist die Madonna von Moulins nur wenige Jahre vor dem Fresko *Marienkrönung* (Abb. 185) entstanden, das von Bergognone in den ersten Jahren des 16. Jahrhunderts in der Apsis von San Simpliciano geschaffen worden ist. Die Einfassung der drei Hauptfiguren durch die spitzbogenförmig angeordneten farbenprächtigen Engelscharen muten fast wie eine unverkennbare Reminiszenz an die französischen Kathedralen der Gotik an, die hier in die Malerei umgesetzt ist. Die Thematik ist bekanntlich in der alten französischen Tradition verankert.

Mit diesem Werk Bergognones und dem *Ecce Homo* Foppas sind wir also wiederum in die Lombardei zurückgekehrt, so daß wir die kurzen Betrachtungen über die Beziehungen zwischen Italien und Flandern, die wir im letzten Kapitel begonnen hatten, nunmehr vor dem Hintergrund der mannigfaltigen Beziehungen innerhalb der europäischen Malerei im ausgehenden 15. und beginnenden 16. Jahrhundert abschließen können. Vor diesem Hintergrund nun scheint Bergognone in seinem Spätwerk mehr noch als zuvor an diesem Dialog beteiligt zu sein, der in beiden Richtungen über die Alpen hinweg geführt wurde. Die *Darbringung im Tempel* von Lodi mit dem im Stile Bramantes gestalteten Innenraum und der aulischen Regie der Szene entspricht voll und ganz der „mediterranen Koine" und bringt eine Stimmung zum Ausdruck, die sich auch in manchen der *Madonnen* im Rosenhag findet (Sammlung Borromeo) oder in der *Ölbergszene* aus der National Gallery, und die deutsch-niederländischen Motiven entspricht.

Außer Bergognone hat sich auch der unterdessen schon fast achtzigjährige Foppa um die Jahrhundertwende mehr noch als am Stile Leonardos an dem der

nordischen Maler orientiert. Bereits im neunten Jahrzehnt wirkte ein demütiges und zugleich imposantes Bild wie die *Geburt Christi* (Abb. 180) in der Pfarrkirche von Chiesanova (Brescia) wie eine Neuauflage alter franko-flämischer Motive, allerdings mit dem Zusatz der Bramante-Architektur. Darüber hinaus erinnern einige der Lösungen in der *Geburt Christi* aus der Sammlung Fischer in New York an den mediterranen Stil der letzten beiden Jahrzehnte des 15. Jahrhunderts, der ebenfalls eine Bereicherung durch Bramante erfahren hat. Aus den letzten Jahren, also aus der Zeit um 1510, stammt die große, leider zerstörte *Beweinung Christi* (Abb. 181), die sich ehemals im Kasier-Friedrich-Museum in Berlin befand, an der sich die große Vitalität Foppas ablesen läßt. Neben der Anlehnung an alte nordische Traditionen (etwa bei dem Johannes, der die Dornenkrone mit der gleichen fürsorglichen Gebärde vom Haupte Christi entfernt, wie in der *Pietà von Villeneuve* aus dem Louvre) weist diese Darstellung in ihrer bewegten Anordnung der Figuren und der baumbestandenen Landschaft im Hintergrund erstaunliche Parallelen zu jenen Lösungen auf, zu denen Quentin Massys in seiner *Beweinung Christi* aus Antwerpen (1509) und Juan de Borgoña in derjenigen von Toledo (etwa 1510) gekommen sind. Die Gegenüberstellung dieser drei zur gleichen Zeit entstandenen Pietà-Darstellungen führt die angesprochenen regen Beziehungen zwischen den verschiedenen Kunstrichtungen mit aller Deutlichkeit vor Augen.

Es ist anzunehmen, daß sich die zunehmende Zahl der in Genua befindlichen flämischen Werke auch in einer Intensivierung der Beziehungen zwischen der Lombardei und Flandern niederschlug. Es ist kein Zufall, daß sich Andrea Solario, der aus Venedig gebürtig war, seine Ausbildung jedoch in der Lombardei erhalten hatte, im Jahre 1507 in die Normandie und dann nach Mecheln begab. Vermutlich hat Quentin Massys vor allem über ihn Anregungen durch Leonardo da Vinci erfahren. In einigen Bildern vornehmlich aus dem Frühwerk des Quentin Massys *(Thronende Madonna* von Brüssel) unterscheidet sich dessen Interpretation der an Leonardo orientierten Nuancierung kaum von derjenigen der lombardischen Leonardo-Schüler[17]. Bei letzteren wiederum finden sich in einigen Werken, etwa in dem schönen, Boltraffio (beziehungsweise dem Pseudo-Boltraffio) zugeschriebenen Bild *Jugendlicher Christus* (Abb. 187) aus dem Museum Lazàro Galdiano in Madrid, manche Details, die dem Leonardo-Stil gewisse nordische Akzente verleiht. Die letzten Beiträge zu diesem langen Dialog zwischen Italien und Flandern stammen aus der Lombardei. Aus den ersten beiden Jahrzehnten des 16. Jahrhunderts gibt es eine große Anzahl Porträts, die von lombardischen Leonardo-Schülern wie De Predis, Boltraffio, Solari gemalt wurden. Es wäre ein lohnendes Unterfangen, die augenfälligen Konvergenzen, ja fast sogar Kongruenzen in der Bildniskunst eines Meisters wie Massys oder des jungen Joos van Cleve zu vergleichen mit dem *Bildnis eines Edelmannes* von Andrea Solario aus der Pinacoteca di Brera zum Beispiel, oder aber mit dem schönen Bild *Zwei Stifter,* ebenfalls aus der Brera, die früher Boltraffio zugeschrieben wurden; heute geht man davon aus, daß sie ein Werk des aus Cremona stammenden Malers Gian Francesco Bembo sind[18]. Es ist jedoch zu bedenken, daß vor allem im Hinblick auf die Bildnismalerei die deutsche Malkunst, insbesondere diejenige Holbeins, unterdessen eine Vermittlerrolle übernommen hatte. Die Einflüsse Dürers und auch Altdorfers auf die italienische Malerei nahmen Ende des 15. Jahrhunderts ihren Ausgang in Venedig, von wo sie sich dann in Oberitalien verbreiteten und schließlich in Piemont etwa durch Defendente Ferrari und in der Emilia durch Aspertini und Mazzolino aufgegriffen wurden. Dies wäre ein weiteres interessantes Thema, dessen Bearbeitung jedoch den Rahmen dieser Betrachtungen über den Ausklang einer mannigfaltigen und vielschichtigen Entwicklung sprengen würde.

Anmerkungen

[1] F. Bologna, *‚Les primitifs méditerranéens' (Rezension zur Ausstellung),* in: „Paragone", 37 (1953), S. 51–52.

[2] R. Longhi, *Per Juan de Borgona,* in: „Paragone", 189 (1965), S. 68–70.

[3] Zur Rekonstruktion von Persönlichkeit, stilistischer Entwicklung und Oeuvre des B. Zenale s. den ausführlichen Beitrag von M. L. Ferrari, *Lo Pseudo Civerchio e lo Zenale,* in: „Paragone" 127 (1960), S. 34–69, s. auch den Katalog *Zenale und Leonardo* zu der kürzlich im Museum Poldi Pezzoli in Mailand gezeigten Ausstellung (1983).

[4] Vgl. M. Laclotte, *Le Maître de Santa Clara de Palencia,* in: „Bulletin des Musées et Monuments Lyonnais", III, 1964, S. 35ff; dort werden dem Meister die beiden gewöhnlich als französische Werke betrachteten Tafelbilder aus dem Museum in Lyons zugeschrieben, auf denen *Der Tod der Jungfrau* und die *Marienkrönung* abgebildet sind, ferner diejenige Gruppe von Bildern, die als das Werk des anonymen ‚Meisters von Santa Maria del Campo' gelten.

[5] Die Identifizierung des anonymen ‚Meisters des Heiligen Sebastian' und die Rekonstruktion des Polyptychons, nach dem er benannt wurde, verdanken wir C. Sterling, *Josse Lieferinxe, peintre provençal,* in: „Revue du Louvre", I, 1964, S. 1–22.

[6] C. Sterling, *Le Maître de la Trinité de Turin, Etudes Savoyardes* II, in: „L'Oeil", 215 (1972), S. 14ff. Zuvor war dieser Maler von E. Castelnuovo (*Ragguaglio provenzale,* in: „Paragone" 131 (1960), S 42–43) als ein provenzalischer Meister angesehen worden.

[7] Vgl. W. Suida, *Genua,* Leipzig 1906, S. 85. Die neueste und vollständigste Übersicht über die große Zahl der in Genua und Umgebung vorhandenen flämischen Werke findet sich in dem Artikel von G. J. Hoogewerff, *Pittori fiamminghi in Liguria nel sec. XVI,* in: „Commentari" XII, 1961, S. 185–191.

[9] Die Zuschreibung des Triptychons von San Lorenzo alla Costa an Quentin Massys erfolgte durch R. Longhi, *‚I Fiamminghi e l'Italia' (Bruges, Venezia, Roma),* in: „Paragone" 25 (1952), S. 47–50. Das Polyptychon war von Friedländer einem anonymen ‚Meister aus Brügge von 1499' zugeschrieben worden (aufgrund der Aufschrift: ‚Andrea de Costa fecit fieri Brugis 1499'). Zum Polyptychon von Gerard David in Cervara s. die von G. V. Castelnovi vorgenommene Rekonstruktion *Il polittico di Gerard David nell'Abbazia della Cervara,* in: „Commentari", 1952, S. 14–19. Eine Italienreise des Gerard David war schon von Hoogewerff (*Vlaamische Kunst en Italianische Renaissance,* Malines-Amsterdam, 1934, S. 92ff) als wahrscheinlich angesehen worden. Zum Aufenthalt des Joos van Cleve in Genua zwischen 1515 und 1520 vgl. Friedländer, IX Berlin 1931, S. 127–130.

[10] F. Bologna, *Napoli e le rotte mediterranee...,* op. cit., I, S. 220

[11] E. Panofsky, *Early...,* op. cit., I, S. 353.

[12] Zu dieser Unterscheidung zwischen einem ‚archaischeren' Stil des Quentin Massys und einem ‚moderneren' Stil des Gerard David vgl. Friedländer, *Die altniederländische...,* op. cit., Bd. VI, 1934, S. 9ff.

[13] Von diesem Maler sind neben der *Madonna mit dem Tintenfaß* aus dem Musée Jacquemart-André nur noch zwei weitere Werke erhalten: die *Madonna mit dem Kinde und musizierenden Engeln* aus der Sammlung Thyssen in Lugano und die *Madonna mit dem Kinde* aus dem Everhart Museum in Scranton. Friedländer (*Die altniederländische...,* op. cit., IV, S. 95–96, 153) hat die drei Werke zusammengefaßt und den Maler als ‚Schüler und Erbe van Eycks' bezeichnet.

[14] Die Hypothese, Gerard David habe zwischen 1511 und 1515 eine Reise nach Genua unternommen, wurde von Hoogewerff aufgestellt (op. cit., 1934, S. 92ff). Nach Castelnovi (vgl. *Il Quattro e il primo Cinquecento,* in: *La pittura a Genova e in Liguria* I, 1970, S. 173) könnte diese Reise auch zwischen 1502 und 1507 stattgefunden haben. Auf Genua deutet etwa die *Kreuzabnahme* von Gerard David aus der Sammlung Frick hin, die dem *Kalvarienberg* im Palazzo Bianco sehr nahekommt.

[15] Die Hypothese, daß es sich bei dem Meister von Moulins um Jean Hay handeln könnte, die bereits von G. Ring (*A Century of French Painting,* 1949, Kat.-Nr. 291) als wahrscheinlich angesehen worden war, wurde von C. Sterling (*Jean Hay, Le Maître de Moulins,* in: „Revue de l'Art", 1–2, 1968, S. 27ff) mit überzeugenden Argumenten untermauert.

[16] E. Panofsky, *Jean Hay's ‚Ecce Homo'. Speculations about its author, its donor and its iconography,* in: „Bulletin des Musées Royaux des Beaux-Arts", Brüssel, Sept.-Dez. 1956, S. 95–125.

[17] Zum Einfluß der lombardischen Schule in Antwerpen und insbesondere auf Quentin Massys vgl. S. Sulzberger, *L'influence de Léonard de Vinci et ses repercussion à Anvers,* in: „Arte Lombarda", 12, 1955, S. 105ff.

[18] Vgl. M. Gregori, *Altobello e Gian Francesco Bembo,* in: „Paragone" 93 (1957), S. 30.

Anhang

Bibliographie

L.B. Alberti, „Della Pittura", (1436), *in La letteratura italiana* Bd. XIV, Mailand-Neapel, 1955.

J. Allende Salazar, „Pedro Berruguete en Italia", *in Archivio Español de Arte y Arqueologia, 8,* 1927.

P. Ames-Lewis, „Fra Filippo Neri and Flanders", *in Zeitschrift für Kunstgeschichte, 42,* 1979.

F. Antal, „Studien zur Gotik im Quattrocento", *in Jahrbuch der Preußischen Kunstsammlungen 46,* 1925.

F. Antal, *Florentine Painting and its social background,* London 1948.

N. Aprà, *Bergognone,* Mailand 1945.

C. Aru, „Colantonio ovvero il Maestro dell' Annunciazione di Aix", *in Dedalo,* XI, 1931.

C. Aru et De Geradon, *La Galerie Sabauda de Turin, Les Primitifs Flamands, I, Corpus de la peinture des anciens Pays bas méridionaux au XV siècle,* Antwerpen 1952.

F. Avril, „Pour l'enluminure provençale: Enguerrand Quarton, peintre des manuscrits", *in Revue de l'Art,* 35, 1977.

L. Baldass, „Die Bildnisse des Jacopo de' Barbari", *in Pantheon,* 1938.

L. Baldass, *Memling,* Wien 1942.

L. Baldass, *Jan van Eyck,* London – New York 1952.

C. Baroni – S. Samek Ludovici. *La pittura lombarda del Quattrocento,* Messina-Florenz 1952.

H. Baron, *The Crisis of the Early Renaissance,* 1955.

M. Baxandall, „Guarino, Pisanello and Michael Crysoloras", *in Journal of the Warburg and Courtauld Institutes,* XXVIII, 1964.

M. Baxandall, „Bartholomaeus Focius in Painting", *in Journal of the Warburg and Courtauld Institutes,* XXVII, 1964.

M. Baxandall, *Giotto and the Orators,* Oxford 1971.

M. Baxandall, *Painting and Experience in Fifteenth Century Italy,* Oxford 1972.

G. Bazin, „Petrus Christus et les rapports entre l'Italie et la Flandre au milieu de XV siècle", *in La Revue des arts,* II, 1952.

F. Becker, *Schriftquellen zur Geschichte der Altniederländischen Kunst,* Leipzig 1897.

H. Beenken, *Hubert und Jan van Eyck,* München 1941.

H. Beenken, *Rogier van der Weyden,* München 1951.

G. Befani Canfield, *Quadri fiamminghi in Italia durante il Quattrocento,* Dissertation, Institute of Fine Arts, New York University 1972.

B. Berenson, *Italian Pictures of the Renaissance.* Central Italian and North Italian Schools, Oxford 1932.

B. Berenson, *I pittori italiani del Rinascimento,* Mailand 1948.

B. Berenson, *Italian Pictures of the Renaissance,* Florentine School, London 1963.

E. Bermejo, *Juan de Flandes,* Madrid 1962.

L. Berti, „Masaccio 1422", *in Commentari* 12, 1961.

L. Berti, *Masaccio,* Mailand 1964.

J. Bialostocky, „Spätmittelalter und beginnende Neuzeit", in *Propyläen Kunstgeschichte,* VII, Berlin 1972.

W. Bombe, „Justus van Ghent in Urbino" in *Mitteilungen des kunsthistorischen Instituts in Florenz,* 3, 1909.

F. Bologna, „Il Maestro di San Giovanni da Capestrano", in *Proporzioni,* III, 1950.

F. Bologna, „Les Primitifs méditérranéens", in *Paragone,* 37, 1953.

F. Bologna, „Un San Gerolamo lombardo del Quattrocento" in *Paragone,* 49, 1954.

297

F. Bologna, „Una Madonna lombarda del Quattrocento", in *Paragone* 93, 1957.

F. Bologna, *Masaccio: la Cappella Brancacci,* Mailand 1969.

F. Bologna, *Napoli e le rotte mediterranee della pittura da Alfonso d'Aragona a Ferdinando il Cattolico,* Neapel 1977.

E. Borsook, *Mural Painters of Tuscany,* London 1960.

M. Boskovits, „Ferrarese Painting about 1450: some new arguments, in *The Burlington Magazine,* CXX, 1978.

M. Bacci, *Piero di Cosimo,* Mailand 1966.

S. Bottari, „Il primo Antonello", in *La Critica d'Arte,* II, 1937.

S. Bottari, *Antonello da Messina,* Mailand 1955.

L. Brand-Philip, *The Gent Altarpiece and the Art of Jan van Eyck,* Princeton 1971.

K.G. Boon, „Bouts, Justus of Ghent and Berruguete", in *The Burlington Magazine,* C, 1958.

C. Brandi, *Mostra dei dipinti di Antonello da Messina, a cura dell'Istituto Centrale del restauro,* Rom 1942.

C. Brandi, *Spazio italiano e ambiente fiammingo,* Mailand 1960.

J.V.L. Brans, *Isabel la Catolica y el arte hispano-flamenco,* Madrid 1952.

G. Briganti, „Su Giusto di Gand", in *La critica d'Arte,* 1938.

A.M. Brizio, *La pittura in Piemonte dall'età romanica al Cinquecento,* Turin-Mailand 1952.

G. Caradente, *Collections d'Italie I, Sicile, Les primitifs Flamands,* Brüssel 1968.

L. Castelfranchi Vegas, „I rapporti Italia-Fiandra (I)", in *Paragone,* 195, 1966.

L. Castelfranchi Vegas, „I rapporti Italia-Fiandra (II)", in *Paragone,* 201, 1966.

L. Castelfranchi Vegas, „Aspetti e problemi della pittura fiamminga nell'Italia del Quattrocento", in *ACME (Annali della Facoltà di Lettere e Filosofia della Università degli Studi di Milano I, 1979).*

L. Castelfranchi Vegas, „Osservazioni sulle fonti fiamminghe di Antonello", in *Atti del Convegno internazionale di studi su Antonello da Messina,* Messina, November 1981.

L. Castelfranchi Vegas, „Una Madonna fiamminga intorno al 1460 e il problema della Madonna Cagnola, in *Paragone,* 381, 1981.

G.V. Castelnovi, „Il Quattro e il primo Cinquecento", in AA.VV., *La Pittura a Genova e in Liguria,* Genua I, 1970.

G.V. Castelnovi, „Un affresco del Braccesco", in *Emporium IV,* 1951.

G.V. Castelnovi, „Il polittico di Gerard David nell'Abbazia della Cervara, in *Commentari I,* 1952.

E. Castelnuovo, „Ragguaglio provenzale", in *Paragone* 131, 1960.

E. Castelnuovo, *Prospettiva italiana, microcosmo fiammingo,* Mailand 1966.

E. Castelnuovo, *L'Europa all'aprirsi del Cinquecento,* Mailand 1966.

G.B. Cavalcaselle u. J.A. Crowe, *Storia dell'antica pittura fiamminga,* Florenz 1899.

A. Chastel, *Art et Humanisme à Florence au temps de Laurent le Magnifique,* Paris 1961.

A. Chastel, *Renaissance méridionale,* Paris 1965.

A. Chastel, *Le grand atelier d'Italie,* Paris 1965.

A. Chastel, „Le arti nel Rinascimento", in AA.VV. *Il Rinascimento: interpretazioni e problemi,* Bari 1979.

A. Châtelet, „Les étapes de l'enluminure des manuscrits de Turin et de Milan-Turin, in *Revue des Arts,* 6, 1956.

A. Châtelet, *En guise de postface en 1967,* (Neuauflage von Paul Durrieu, *Heures de Turin 1902*) Turin 1967.

A. Châtelet, *van Eyck,* Bologna 1979.

A. Châtelet, „Un collaborateur de Jean van Eyck en Italie", in *Mélanges en l'honneur de Mademoiselle S. Sulzberger* (Etudes d'histoire de l'art publiées par l'Institut historique belge de Rome) IV, 1980.

A. Châtelet, *Les primitifs hollandais,* Fribourg 1980.

B. Cole, *Masaccio and the Art of Early Renaissance in Florence,* Indiana University Press, London 1980.

Colucci, *Antichità picene,* Fermo 1786-1797, 32 Bd.

A. Condorelli, „Il problema di Juan de Borgoña" in *Commentari* XI, 1960.

A. Condorelli, „Problemi di pittura valenzana", in *Commentari* XVII, 1966.

G. Consoli, „Ancora sull' ,Antonello de Sicillia'". Precisazioni su alcuni documenti sforzeschi, in *Arte Veneta XXI,* 1967.

P. Coremans (Herausgeber), *L'Agneau Mistique au laboratoire. Examen et traitement,* Antwerpen 1953.

K. Christiansen, *Gentile da Fabriano,* London 1982.

J.A. Crowe – G.B. Cavalcaselle, *A History of Painting in North Italy,* London 1912.

J.A. Crowe - G.B. Cavalcaselle, *The Early Flemish Painters: Notices of the Lives and Works,* London 1857.

M. Davies, *Early Netherlandish School. National Gallery Catalogues,* London 1968.

B. Degenhart, *Pisanello,* Wien 1941.

M. Del Treppo, *I mercanti catalani e l'espansione della corona d' Aragona nel secolo XV,* Neapel 1972.

L. Demonts, „Le Maître de l'Annonciation d'Aix", in *Revue des Arts* 1929.

R. De Roover, *Money, Banking and Credit in Medieval Bruges,* Cambridge (Mass.) 1948.

R. De Roover, *The Rise and Fall of the Medici Bank 1397-1494,* Cambridge (Mass.) 1963.

C. De Tolnay, *Le Maître de Flémalle et les frères van Eyck,* Brüssel 1939.

P.L. De Vecchi, *L'opera completa di Piero della Francesca,* Mailand 1967.

E. Dhanens, *van Eyck,* London 1973.

P. Durrieu, *Les Heures de Turin,* Paris 1902.

M. Dvořák, *Das Rätsel der Kunst der Brüder van Eyck,* München 1925.

S.Y. Edgerton, „Alberti's Colour Theory", in *Journal of the Warburg and Courtauld Institutes, XXXII,* 1969.

C.T. Eisler, „The Sittow Assumption", in *Art News,* 1965.

G. Faggin, *L'opera completa di Memling,* Mailand 1969.

E. Faye, „The Beginnings of Fra Bartolommeo", in *The Burlington Magazine, CVIII,* 1966.

E. Faye, „The Earliest Works of Fra Bartolommeo", in *The Art Bulletin, LI,* 1969.

M.L. Ferrari, „Lo Pseudo Civerchio e lo Zenale", in *Paragone* 127, 1960.

C.J. Ffoulkes – R. Majocchi, *Vincenzo Foppa of Brescia founder of the Lombard School,* London-New York 1909.

A.A. Filarete, *Trattato d'architettura,* hrsg. von A.M. Finoli u. L. Grassi, Mailand 1972.

G. Fiocco, „Colantonio ed Antonello", in *Emporium, CXI,* 1950.

J. Frew, „Antonello, Naples and the North", in *Bulletin of the Association of Art Historians,* 5, 1977.

M.J. Friedländer, „Drei niederländische Maler in Genua", in *Zeitschrift für Bildende Kunst, LXI* (1927/28).

M.J. Friedländer, *Die Altniederländische Malerei, 14 Bde.* Berlin-Leiden 1924-1937.

M.J. Friedländer, „Der Rogier-Altar aus Turin", in *Pantheon, XI,* 1933.

M.J. Friedländer, „The Death of the Virgin by Petrus Christus", in *The Burlington Magazine,* 1946, LXXXVIII.

M.J. Friedländer, *Early Netherlandish Painting,* Berlin-Leiden 1967-76.

G. Gaye, *Carteggio inedito d'artisti,* Florenz 1839.

J.G. van Gelder, „Fiamminghi e Italia' at Bruges, Venice and Roma", in *The Burlington Magazine, XCIII,* 1950.

Ɔ. Geraci, „Su le tavolette reggine di Antonello", in *Brutium,* 1, 1965.

Gilbert, „Ancora di Jacopo de' Barbari", in *Commentari* 1957.

Goffen, „Icon and Vision: Giovanni Bellini's Half-length Madonnas", in *The Art Bulletin, LVII* 1975.

A. Goffin, „A propos du voyage de Roger de la Pasture en Italie; Asti, Ferrara, Naples", in *Bulletin de l'Institut historique belge de Rome,* 1934/35.

E.H. Gombrich, „The Early Medicis as Patrons of Art", in *Italian Studies. A Tribute to the late Cecilia M. Ady,* 1960.

E.H. Gombrich, „The Renaissance Theory of Art and the Origins of Landscape Painting" in *Norm and Form,* London 1966.

E.H. Gombrich, „Light, Form and Texture in Fifteenth Century Paintings North and South of the Alps", in *The Heritage of Apelles: Studies in the Art of the Renaissance,* London 1976.

L. Grassi, *Tutta la pittura di Gentile da Fabriano,* Mailand 1953.

M. Gregori, „Due opere dello Spanzotti", in *Paragone* 49, 1954.

G. Gronau, „Die Quellen der Biographie des Antonello da Messina", in *Repertorium für Kunstwissenschaft XX,* 1897.

A. Grunzweig, *Correspondance de la filiale de Bruges des Medici,* Brüssel 1931.

J. Gudiol Ricart, „Pintura gotica" in *Ars Hispaniae, Bd. IX,* Madrid 1955.

V.C. Habicht, „Giovanni Bellini und Rogier van der Weyden", in *Belvedere* 1931.

B. Haendke, „Der niederländische Einfluß auf die Malerei der Toskana (1450-1500)"; in *Monatshefte für Kunstwissenschaft,* 1912.

B. Haendke, „Der französisch-niederländische Einfluß auf die italienische Kunst von ca. 1250 bis 1500 und der Italiens auf die französisch-deutsche Malerei, von ca. 1350 bis ca. 1400" in *Repertorium für Kunstwissenschaft XXXVIII,* 1915.

B. Haendke, „Lionardo da Vinci und Rogier van der Weyden", in *Repertorium für Kunstwissenschaft,* 1925.

B. Hatfield-Strens, „L'arrivo del trittico Portinari a Firenze", in *Commentari, XIX,* 1968.

G.J. Hoogewerff, *Vlaamische Kunst en Italische Renaissance,* Mecheln-Amsterdam, 1934.

G.J. Hoogewerff, „Pittori fiamminghi in Liguria, nel secolo XVI", in *Commentari III,* 1961.

P. Howell Jolly, „Jan van Eyck and St. Jerome. A Study of Eickian influence on Colantonio and Antonello da Messina in Quattrocento Naples", Dissertation, University of Pennsylvania, 1976.

P. Howell Jolly, „Rogier van der Weyden's Escorial and Philadelphia Crucifixions and their Relation to Fra Angelico at S. Marco", in *Oud Holland XCV,* 1981.

G. Hulin De Loo, *Heures de Milan,* Brüssel-Paris 1911.

G. Hulin De Loo, *Pedro Berruguete et les portraits d'Urbin,* Brüssel 1942.

L.H. Labande, *Les Bréa, peintres niçois en Provence et en Ligurie,* Nizza 1937.

M. Laclotte, *L'Ecole d'Avignon,* Paris 1960.

M. Laclotte, „Le Maître de Santa Clara de Palencia" in *Bulletin des Musées et Monuments Lyonnais, III,* 1964.

M. Laclotte, „Rencontres Franco-Italienne au milieu du XV siècle", in *Acta Historiae Artium Accademiae Scientiarum Hungariae XIII,* 1967.

J. Lauts, „Antonello da Messina", in *Jahrbuch der Kunsthist. Sammlungen in Wien*, 1933.

J. Lauts, *Antonello da Messina*, Wien, 1940.

J. Lavalleye, *Juste de Gand peintre de Frédéric de Montefeltro*, Löwen 1936.

J. Lavalleye, *Le palais Ducal d'Urbin* (Les Primitifs flamands, Corpus), Brüssel 1964.

R. Lightbrown, *Sandro Botticelli*, 2 Bde., London 1978.

C. Limentani Virdis, *Il quadro e il suo doppio. Effetti di specularità narrativa nella pittura fiamminga e olandese*, Modena 1981.

N.J. Little, „A Note on the Date of the London ,St. Jerome in his Study'" by Antonello da Messina, in *Arte Veneta XXX*, 1976/77.

R. Longhi, „Un Angelico a Livorno", in *Pinacotheca 3*, 1928.

R. Longhi, *Officina Ferrarese*, Rom 1934.

R. Longhi, „Fatti di Masolino e Masaccio", in *La Critica d'Arte*, Juli-Dezember 1940.

R. Longhi, *Carlo Braccesco*, Mailand 1942.

R. Longhi, „The Giovanni Bellini's Exhibition", in *The Burlington Magazine CX*, 1949.

R. Longhi, „Una Madonna di Hugo van der Goes", in *Paragone 3*, 1950.

R. Longhi, „Recupero di un Masaccio", in *Paragone 5*, 1950.

R. Longhi, „I Fiamminghi e l'Italia" (Rezension), in *Paragone 25*, 1952

R. Longhi, „Ancora sulla cultura del Fouquet", in *Paragone 27*, 1952.

R. Longhi, „Il Maestro di Pratovecchio", in *Paragone 35*, 1952.

R. Longhi, „Frammento siciliano", in *Paragone 47*, 1953.

R. Longhi, *Officina Ferrarese: Nuovi Ampliamenti, 1940-1955*, Florenz 1956.

R. Longhi, „Una 'Crocefissione' di Colantonio", in *Paragone 63*, 1955.

R. Longhi, „Un Antonello giovane", in *Paragone 135*, 1961.

R. Longhi, „Una Madonna del Dürer a Bagnacavallo", in *Paragone 139*, 1961.

R. Longhi, „Una 'Pietà' del Maestro del Cavaliere di Montesa", in *Paragone 161*, 1963.

R. Longhi, „Per Juan de Borgoña", in *Paragone 189,*1965.

F. Malaguzzi Valeri, *Pittori lombardi del Quattrocento*, Mailand 1902.

F. Malaguzzi Valeri, „Zanetto Bugatto" in *Rassegna d'arte 11*, 1911.

F. Malaguzzi Valeri, *La Corte di Ludovico il Moro*, 4 Bde. Mailand 1913-23.

L. Mallé, *Le arti figurative in Piemonte dalle origini al periodo romanico*, Turin, o. J.

L. Mallé, *Spanzotti Defendente, Giovenale*, Turin 1941.

L. Mallé, „Elementi di cultura francese nella pittura tardogotica in Piemonte", in *Scritti in onore di Lionello Venturi*, Rom 1956.

G. Mandel, *L'opera completa di Antonello da Messina*, Mailand 1967.

A. Manetti, *Vite di XIV uomini singhulary in Firenze ... ed. Milanesi*, Florenz 1887.

J. Maquet-Tombu, „Rogier van der Weyden, pélérin de l'Année Sainte 1450", in *Les Arts Plastiques*, 1951.

A. Marabottini, „Antonello: la vita e le opere" in *Catalogo della Mostra Antonello da Messina*, (Messina 1981/82), Rom 1981.

G. Mariani Canova, *Miniatura veneta nel Rinascimento*, Venedig 1969.

M. Meiss, „Nicholas Albergati and the Chronology of Jan van Eyck's Portraits", in *The Burlington Magazine*, 1952, XCIV.

M. Meiss, Ovum struthionis. Symbol and Allusion in Piero della Francesca's Montefeltro Altarpiece, in *Studies in Art and Literature for Bella da Costa Green*, Princeton 1954.

M. Meiss, „Jan van Eyck and the Italian Renaissance", in *Venezia e l'Europa* (Atti del XVIII Congresso internazionale di Storia dell'Arte), Venedig 1956.

M. Meiss, *Andrea Mantegna as Illuminator*, New York 1957.

M. Meiss, „Highlands in Lowlands", in *Gazette des Beaux Arts LVII*, 1961.

M. Meiss, „Masaccio and the Early Renaissance: the Circular Plan", in *Studies in Western Art* (Acts of the 20th International Congress of History of Art, Bd. II), Princeton 1963.

M. Meiss, *Giovanni Bellini's St. Francis in the Frick Collection*, New York 1964.

M. Meiss, *La Sacra Conversazione di Piero della Francesca*, Quaderni di Brera I, Florenz 1971.

J. Mesnil, *L'art au nord et au sud des Alpes à l'époque de la Renaissance*, Brüssel 1911.

M. Migliorini, „Appunti sugli affreschi del Convento di Santa Maria di Castello a Genova", in *Argomenti di Storia dell'Arte. Quaderno della Scuola di Perfezionamento in archeologia e storia dell'arte dell' Università di Genova* 1971-79.

A. Morassi, *Mostra della pittura antica in Liguria* (Katalog), Genua 1946.

A. Morassi, *Capolavori della pittura a Genova*, Mailand-Florenz 1951.

O. Morisani, *Letteratura artistica a Napoli tra il Quattrocento e il Seicento*, Neapel 1958.

E. Muentz, *Les collections des Médicis au XV siècle*, Paris 1888.

G. Mulazzani, „Obervations on the Sforza Triptych in the Brussels Museum", in *The Burlington Magazine CXIII*, 1971.

F. Nicolini, *L'arte napoletana del Rinascimento e la lettera di Pietro Summonte*, Neapel 1925.

G. Paccagnini, *Pisanello e il ciclo cavalleresco di Mantova,* Mailand 1972.

O. Pächt, „René d'Anjou et les van Eyck", in Cahiers de l'Association Internationale des Etudes françaises, 1956.

O. Pächt, „René d'Anjou Studien I", in *Jahrbuch der Kunsthist.-Samml. in Wien, LXIX,* 1973.

O. Pächt, „Die Autorschaft des Gonella-Bildnisses", in *Jahrbuch der Kunsthist. Samml. in Wien, LXXIV,* 1978.

R. Pallucchini, *Giovanni Bellini* (Ausstellungskat.), Venedig 1949.

R. Pallucchini, *Giovanni Bellini* Mailand 1959.

R. Pane, *Il Rinascimento nell'Italia Meridionale,* 2 Bde., Mailand 1975-77.

U. Panhans-Bühler, *Eklektizismus und Originalität im Werk des Petrus Christus,* Wien 1978.

E. Panofsky, „Die Perspektive als symbolische Form", in *Vorträge der Bibliothek Warburg,* 1924/25.

E. Panofsky, *Early Netherlandish Painting,* 2 Bde. Cambridge (Mass.), 1958.

E. Panofsky, „Jan van Eyck's Arnolfini Portrait", in *The Burlington Magazine, LXIV,* 1934.

E. Panofsky, „A Letter to St. Jerome: a Note on the Relationship between Petrus Christus und Jan van Eyck" in *Studies in Art and Literature for Bella da Costa Green,* Princeton 1954.

E. Panofsky, „Jan Hey's 'Ecce Homo'. Speculation about its Author, its Donor, and its Iconography", in *Bulletin des Musées Royaux des Beaux Arts, V,* Brüssel 1956.

E. Panofsky, *Renaissance and Renascences in Western Art,* Stockholm 1960.

M.G. Paolini, „Problemi antonelliani. I rapporti con la pittura fiamminga", in *Storia dell'arte,* 38-40, 1980.

A. Parronchi, „Le misure dell'occhio secondo il Ghiberti", in *Paragone 133,* 1961.

P. Philippot, *Pittura fiamminga e Rinascimento italiano,* Turin 1970.

A. Pinchart, *Archives des arts, sciences et lettres, documents inédits publiés et annotés,* 3 Bde., Gent 1860.

J. Pope-Hennessy, „The Early Style of Domenico Veneziano", in *The Burlington Magazine, XCIII,* 1951.

J. Pope-Hennessy, *The Portrait in the Renaissance,* Princeton 1966.

J. Pope-Hennessy, *Fra Angelico,* London 1974.

J. Porracchia, *Il Bergognone,* Mailand 1963.

C.R. Post, *A History of Spanish Painting,* 12 Bde., Cambridge (Mass.), 1930-58.

C.R. Post, „Juan de Borgoña in Italy and Spain", in *Gazette des Beaux Arts,* 48, 1956.

G. Previtali, „Da Antonello da Messina a Jacopo di Antonello", I: La data del Cristo benedicente della National Gallery di Londra. II: Il Cristo deposto del Museo del Prado, in *Prospettiva,* 20 u. 21, 1980.

C.J. Purtle, *The Marian Paintings of Jan van Eyck,* Princeton 1982.

A. Putaturo Murano, *Miniature napoletane del Rinascimento,* Neapel 1973.

V. Regteren Altena, „Olio" – „Oglio", in *The Burlington Magazine, XCV,* 1954.

E.P. Richardson, „The Detroit St. Jerome by Jan van Eyck", in *The Art Quarterly,* 19, 1956.

G. Ring, *A Century of French Painting 1400-1500,* London 1949.

G. Robertson, „The earlier work of Giovanni Bellini", in *Journal of the Warburg and Courtauld Instiutes, XXIII* (1960).

G. Robertson, *Giovanni Bellini,* Oxford 1968.

A.M. Romanini, „Il Quattrocento padano e il Bramante". in *Studi bramanteschi,* Atti del Congresso internazionale (Milano, Urbino, Roma 1970), Rom 1974.

M. Roques, *Les apports néerlandais dans la peinture du sud-ouest de la France,* Bordeaux 1963.

M. Röthlisberger, „Studi su Jacopo Bellini", in *Saggi e memorie di Storia dell'arte, II* 1958/59.

M. Rosenberg-Lavin, „Piero della Francesca's Montefeltro Altarpiece: a Pledge of Fidelity", in *Art Bulletin LI,* 1969.

F. Russoli, *Poldi Pezzoli. La Pinacoteca,* Mailand-Florenz 1955.

P.A. Schabacker, *Petrus Christus,* Utrecht 1974.

A. Scharf, *Filippino Lippi,* Wien 1935.

A.M. Schulz, „The Columba Altarpiece and Rogier van der Weyden Stylistic Development", in *Münchner Jahrbuch der Bildenden Künste, XXII,* 1971.

L. Servolini, *Jacopo de'Barbari,* Padua 1944.

J. Shearman, „A Suggestion for the early Style of Verrocchio", in *The Burlington Magazine CIX,* 1967.

C.H. Smyth, „Venice and the Emergence of the High Renaissance in Florence: Observations and Questions", in *Florence and Venice: Comparisons and Relations I,* Quattrocento, Florenz 1979.

F. Sricchia Santoro, „L'ambiente della formazione di Antonello: la cultura artistica a Napoli negli anni di Renato d'Angiò e di Alfonso d'Aragona – La prima attività di Antonello: documenti e ipotesi. Antonello a Venezia" in Catalogo della Mostra *Antonello da Messina* (Messina 1981-82), Rom 1981.

C. Sterling, *Les Primitifs,* Paris 1938.

C. Sterling, „Du nouveau sur le Maître de Moulins", in *L'Oeil,* Nov. 1963.

C. Sterling, „Josse Lieferinx, peintre provencale", in *Revue du Louvre, I,* 1964.

C. Sterling, „Jean Hay, le Maître de Moulins", in *Revue de l'Art,* 1-2, 1968.

C. Sterling, „Obervations on Petrus Christus", in *The Art Bulletin, LIII,* 1971.

C. Sterling, „Le Maître de la Trinité de Turin, Etudes Savoyardes II, in *L'Oeil,* 215, 1972.

C. Sterling, „Jan van Eyck avant 1432", in *Revue de l'Art* 33, 1976.

W. Suida, *Genua,* Leipzig 1906.

W. Suida, „Studien zur lombardischen Malerei des XV Jahrhunderts", in *Monatshefte für Kunstw.,* Leipzig 1909.

W. Suida, „Lombardische Bildnisse", in *Pantheon, V,* 1930.

W. Suida, *Bramante pittore e il Bramantino,* Mailand 1953.

S. Sulzberger, „Rélations artistiques Italo-Flamandes autour d'une oeuvre perdue de Rogier", in *Bulletin de l'Institut Belge de Rome,* 1950/51.

S. Sulzberger, „L'influence de Léonard de Vinci et ses répercussions à Anvers", in *Arte Lombarda* 12, 1955.

S. Sulzberger, „Variations sur un thème iconographique ‚La Vierge et l'enfant a mi-corps'", in *Venezia e l'Europa,* Atti del XVIII Congresso internazionale di Storia dell'Arte, Venedig 1956.

G. Testori, *Martino Spanzotti,* Ivrea 1958.

P. Torresan, *Il dipingere di Fiandra. La pittura neerlandese nella letteratura italiana,* Modena 1981.

S. Tramontana, „Antonello da Messina e la sua città", in Ausstellungskat. *Antonello da Messina,* (Messina 1981-82) Rom 1981.

J. Trizna, *Michel Sittow,* Brüssel 1976.

K. van Mander, *Het Schilderboek,* Harlem 1604.

G. Vernarecci, „La libreria di Giovanni Sforza, Signore di Pesaro, in *Archivio Storico per le Marche e l'Umbria, III* 1896.

Vespasiano De' Bisticci, *Descrizzione del Palazzo Ducale d'Urbino,* Rom 1724.

G. Vasari, *Le Vite...* Firenze 1568 (Hrsg. v. P. Della Pergola, L. Grassi, G. Previtali, Mailand 1962-65).

V. Viale, *Gotico e Rinascimento in Piemonte,* Turin 1939.

G. Vigni, *Tutta la pittura di Antonello da Messina,* Mailand 1957.

A. Warburg, „Flandrische und Florentinische Kunst im Kreis der Lorenzo Medici um 1480", in *Gesammelte Schriften,* Leipzig-Berlin 1932.

A. Warburg, *La rinascita del paganesimo antico,* it. Ausg. Florenz 1966.

G. Weise, „Die spätgotische Stilströmung in der Kunst der italienischen Renaissance", in *Bibliothèque d'Humanisme et Renaissance, XIV,* 1952.

R. Weiss, „Jan van Eyck's Albergati Portrait", in *The Burlington Magazine, XCVII,* 1955.

R. Weiss, „Jan van Eyck and the Italians", in *Italian Studies XI, I,* 1956 e *VII,* 1957.

J. White, *The Birth and Rebirth of Pictorial Space,* New York 1972.

F. Winkler, „Jos Amman von Ravensburg", in *Jahrbuch der Berliner Museen, I,* 1959.

F. Wittgens, *Vincenzo Foppa,* Mailand 1948.

F. Wittgens, „Per Antonello da Messina", in *La Critica d'Arte, III* 1956.

F. Wittgens, „La pittura italiana del Quattrocento" in *Storia di Milano,* Bd. VII, Mailand 1956.

H. Wohl, *The Paintings of Domenico Veneziano. A study in Florentine Art of the Early Renaissance,* London 1980.

F. Zeri, „An Exhibition of Mediterranean Primitives", in *The Burlington Magazine, XCIV,* 1952.

F. Zeri, „Altri due pannelli del Polittico di San Severino", in *Paragone,* 61, 1955.

F. Zeri, „Two Contributions to lombard Quattrocento Painting: Carlo Braccesco's St. Andrews Tryptich", in *The Burlington Magazine, XCVII,* 1955.

F. Zeri, „Un'aggiunta al problema della 'Madonna Cagnola'", in *Paragone,* 93, 1957.

F. Zeri, „Un riflesso di Antonello da Messina a Firenze", in *Paragone,* 99, 1958.

Kataloge der wichtigsten Austellungen

1902 *Brügge* – Exposition des Primitifs flamands et l'art ancien. Hotel Gruuthuse.

1904 *Paris* – Exposition des Primitifs Français. Palais du Louvre et Bibliothèque Nationale.

1935 *Paris* – De van Eyck à Brueghel. Musée de l'Orangerie.

1939 *Brügge* – Exposition Memling. Musée Communal.

1939 *Turin* – Gotico e Rinascimento in Piemonte.

1947 *Paris* – Les Primitifs flamands. Musée de l'Orangerie.

1951 *Brüssel* – Le Siècle de Bourgogne. Palais des Beaux Arts.

1946 *Genua* – Mostra della pittura antica in Liguria.

1956 *Brügge* – L'art flamand dans les collections britanniques, Musée Communal Groeninge.

1957 *Gent* – Juste de Gand, Berruguete e la Cour d'Urbino, Musée des Beaux Arts.

1951 *Brügge* – „I Fiamminghi e l'Italia", Musée Communal.

1958 *Mailand* – L'arte lombarda dai Visconti agli Sforza, Palazzo Reale.

1960 *Detroit* – Flanders in the Fifteenth Century: Art and Civilization.

1981-82 *Messina* – Antonello da Messina. Museo Regionale.

Verzeichnis der Standorte der Werke

Verzeichnis der Abbildungen

In Klammern ist jeweils die Herkunft des Fotomaterials vermerkt. Soweit die Fotografien von den Museen zur Verfügung gestellt wurden oder aus dem Archiv der Autorin stammen, entfällt dieser Hinweis. Besonderen Dank schulden wir für zur Verfügung gestellte Fotos: M. Siviero, Prof. F. Sricchia Santoro, Prof. Carlo Volpe und Cassa di Risparmio di Milano.

1. Jan van Eyck, *Das Gebet des Fürsten,* f. 69^v des *Turiner Stundenbuches* (zerstört). Ehemals Turin, Museo Civico.

2. Jan van Eyck, *Geburt des Täufers* und *Taufe Christi,* f. 93^v des *Turiner Stundenbuches.* Turin, Museo Civico. (Foto RG, Turin)

3. Jan van Eyck, *Die Anbetung des Lammes.* (Detail des *Polyptychons des Mystischen Lammes.*) Gent, St. Bavo. (Scala)

4. Masaccio, *Der Zinsgroschen.* Florenz, S. Maria del Carmine, Brancacci-Kapelle. (Alinari)

5. Jan van Eyck, *Madonna des Kanzlers Rolin* (Detail). Paris, Louvre. (Archiv Mercatorfonds)

6. Jan van Eyck, *Blühende Sträucher und Pflanzen* (Detail des *Polyptychons des Mystischen Lammes.*) Gent, St. Bavo. (Scala)

7. Masaccio, *Die Schattenheilung durch Petrus* (Detail). Florenz, S. Maria del Carmine, Brancacci-Kapelle. (Scala)

8. Jan van Eyck, *Zug der Heiligen.* (Detail des *Polyptychons des Mystischen Lammes.*) Gent, St. Bavo. (Scala)

9. Masaccio, *Die Dreifaltigkeit* (Detail). Florenz, Santa Maria Novella. (Scala)

10. Jan van Eyck, *Zeichnung für das Bildnis des Niccolò Albergati.* Dresden, Kupferstichkabinett. (G. Reinhold, Leipzig-Mölkau)

11. Masaccio, *Anbetung der Könige,* Berlin, Staatliche Museen. (Bildarchiv Preußischer Kulturbesitz, Berlin)

12. Jan van Eyck, *Madonna des Kanonikus van der Paele.* (Detail des *hl. Donatianus.*) Brügge, Groeningemuseum. (Archiv Mercatorfonds)

13. Domenico Veneziano, *Altar von Santa Lucia in Magnoli.* (Detail des *hl. Zenobius.*) Florenz, Uffizien. (M. Quattrone, Florenz)

14. Jan van Eyck, *Polyptychon des Mystischen Lammes.* Die Außenflügel. Gent, St. Bavo. (Scala)

15. Jan van Eyck, *Adam.* (Detail des *Polyptychons des Mystischen Lammes.*) Gent, St. Bavo. (Scala)

16. Masaccio, *Adam.* (Detail der *Vertreibung aus dem Paradies.*) Florenz, S. Maria del Carmine. (Scala)

17. Jan van Eyck, *Madonna in der Kirche.* Berlin, Staatliche Museen. (Bildarchiv Preußischer Kulturbesitz, Berlin)

18. Masaccio, sog. *Madonna del solletico.* Florenz, Palazzo Vecchio. (M. Quattrone, Florenz)

19. Fra Angelico, *Das Jüngste Gericht.* (Detail aus dem *Paradies.*) Florenz, Museum von S. Marco. (Scala)

20. Fra Angelico, *Die Begegnung des hl. Nikolaus mit dem Gesandten des Kaisers.* Rom, Pinacoteca Vaticana. (Musei Vaticano/Scala)

21. Jan van Eyck, *Die Arnolfini-Hochzeit.* London, National Gallery. (Archiv Mercatorfonds)

22. Jan van Eyck, *Die Verkündigung.* Washington, National Gallery of Art, A. W. Mellon Collection.

23. Jan van Eyck, *Polyptychon des Mystischen Lammes.* (Detail der *Madonna.*) Gent, St. Bavo. (Scala)

24. Meister von Ste. Gudule, *Madonna mit Kind, Stifter und hl. Magdalena* (Ausblick). Lüttich, Diözesan-Museum. (Scala)

25. Rogier van der Weyden, *Jean Wauquelin überreicht Philipp dem Guten die Übersetzung der Chronik von Hennegau.* Miniatur des Ms. 9242, fol. 1^r, Brüssel, Bibliothèque Royale.

26. Fra Angelico, *Grablegung.* München, Alte Pinakothek.

27. Rogier van der Weyden, *Grablegung.* Florenz, Uffizien. (Scala)

28. Fra Angelico, *Verspottung Christi.* Florenz, Museum von S. Marco. (Scala)

29. Rogier van der Weyden, *Madonna mit Kind und vier Heiligen.* Frankfurt a. M., Städelsches Kunstinstitut. (Artothek, Planegg)

30. Rogier van der Weyden, *Kreuzigung.* Escorial, Nuevos Museos. (Scala)

31. Fra Angelico, *Dornengekrönter Christus.* Livorno, Museo Civico. (Camera Work, Livorno)

32. Rogier van der Weyden, *Dornengekrönter Christus,* (Rückseite eines weibl. Bildnisses). London, National Gallery.

33. Fra Angelico, *Annalena-Altar.* Florenz, Museum von San Marco. (Scala)

34. Colantonio, *Der hl. Hieronymus im Gehäus.* Neapel, Museo Capodimonte. Oben: Teilansicht der Regale. (Pedicini, Neapel)

35. Meister der Verkündigung von Aix, *Stilleben.* Amsterdam, Rijksmuseum.

36. Meister der Verkündigung von Aix, *Der Prophet Jeremias.* Brüssel, Musée Royal des Beaux-Arts. (Giraudon, Paris)

37. Colantonio, *Der hl. Franziskus bestätigt die Ordensregel der Franziskaner.* Neapel, Museum Capodimonte. (Pedicini, Neapel)

38. Colantonio, *Kreuzigung.* Lugano, Sammlung Thyssen-Bornemisza.

39. Rogier van der Weyden, *Der hl. Georg.* Washington, National Gallery of Art, A. Mellon Bruce Fund.

40. Spanischer Meister des 15. Jahrhunderts, *Maria der Verkündigung.* Como, Museo Civico. (Studio BC, Como)

41. Colantonio, *Königin Isabella mit ihren Kindern im Gebet in der Königlichen Kapelle* (Aus dem *Polyptychon des hl. Vinzenz Ferrer*). Neapel, San Pietro Martire. (Soprintendenza, Neapel)

42. Provenzalischer Meister des 15. Jahrhunderts, *Johann von Kalabrien im Gebet in der Kapelle.* Marseille, Museum Grobet-Labadie.

43. Jorge Inglés, *Don Inigo de Mendoza im Gebet* (Detail aus dem *Retablo de Buitrago*). Madrid, Sammlung Duque de Infantado. (Oronoz, Madrid)

44. Petrus Christus, *Kreuzabnahme.* Brüssel, Musée Royal des Beaux-Arts. (Scala)

45. Colantonio, *Kreuzabnahme.* Neapel, San Domenico Maggiore. (Soprintendenza, Neapel)

46. Colantonio, *Predigt des hl. Nikolaus* (Flügelbild des *Polyptychons des hl. Vinzenz Ferrer*). Neapel, S. Pietro Martire. (Soprintendenza, Neapel)

47. Antonello da Messina, *Kreuzigung.* Bukarest, Muzeul de Arta.

48. Konrad Witz, *Kreuzigung.* Berlin, Staatliche Museen. (Bildarchiv Preußischer Kulturbesitz, Berlin)

49. Antonello da Messina, *Madonna mit Kind.* London, National Gallery.

50. Antonello da Messina, *Lesende Madonna.* Baltimore, The Walters Art Gallery.

51. Antonello da Messina, *Der büßende hl. Hieronymus.* Reggio Calabria, Museo della Magna Grecia. (Publifoto, Palermo)

52. Petrus Christus, *Kreuzigung.* Ehemals Dessau, Staatliche Galerie.

53. Petrus Christus, *Thronende Madonna mit dem Kind und zwei Heiligen.* Frankfurt a. M., Städelsches Kunstinstitut. (Archiv Mercatorfonds)

54. Petrus Christus, *Beweinung des toten Christus.* Paris, Louvre. (Archiv Mercatorfonds)

55. Petrus Christus, *Marientod.* San Diego, Timken Art Gallery, Putnam Foundation Collection.

56. Jan van Eyck, *Christuskopf.* Ehemals Newcastle-upon-Tyne, Slg. Miss J. Swinburne (Verbleib unbekannt).

57. Petrus Christus, *Dornengekrönter Christus.* New York, Metropolitan Museum.

58. Hans Memling, *Segnender Christus.* New York, Slg. Knoedler.

59. Antonello da Messina, *Salvator mundi.* London, National Gallery.

60. Antonello da Messina, *Ecce Homo.* Piacenza, Collegio Alberoni. (Manzotti, Piacenza)

61. Petrus Christus, *Bildnis eines Mannes.* Los Angeles, County Museum of Art, Balch Collection.

62. Antonello da Messina, *Bildnis eines Mannes.* London, National Gallery.

63. Antonello da Messina, *Bildnis eines schwarzgekleideten Mannes.* Lugano, Sammlung Thyssen-Bornemisza.

64. Antonello da Messina, *Bildnis eines Mannes.* Cefalù, Museo Mandralisca. (Scala)

65. Antonello da Messina, *Kreuzigung.* London, National Gallery.

66. Antonello da Messina, *Kreuzigung.* Antwerpen, Musée Royal des Beaux-Arts.

67. Antonello da Messina, *Der hl. Hieronymus im Gehäus.* London, National Gallery.

68. Antonello da Messina, *Verkündigung.* Syrakus, Museo regionale di Palazzo Bellomo.

69. Antonello da Messina, *Der hl. Gregor* (Detail des *Polyptychons des hl. Gregor*). Messina, Museo regionale.

70. Antonello da Messina, *Thronende Madonna* (Mittelteil des *Polyptychons des hl. Gregor*). Messina, Museo regionale.

71. Petrus Christus, *Verkündigung*. Berlin, Staatliche Museen. (Bildarchiv Preußischer Kulturbesitz, Berlin)

72. Justus van Gent, *Die Kommunion der Apostel*. Urbino, Galleria Nazionale. (Scala)

73. Piero della Francesca, *Bildnis des Federigo da Montefeltro*. Florenz, Uffizien. (Scala)

74. Piero della Francesca, *Triumph des Federigo da Montefeltro* (Rückseite des *Bildnisses*). Florenz, Uffizien. (Scala)

75. Piero della Francesca, *Maria mit dem Kind zwischen Engeln und Heiligen*. Mailand, Pinacoteca di Brera. (Scala)

76. Piero della Francesca, *Madonna von Senigallia*. Urbino, Galleria Nazionale. (Scala)

77. Piero della Francesca, *Madonna mit dem Kind* (Natività). London, National Gallery.

78. Justus van Gent, *Gruppenbildnis mit Federigo da Montefeltro*. Windsor Castle, Royal Collections. (Cooper, London)

79. Justus van Gent, *Allegorie der Astronomie*. Berlin (DDR), Staatliche Museen.

80. Justus van Gent, *Allegorie der Musik*. London, National Gallery.

81. Pedro Berruguete, *Federigo da Montefeltro und sein Sohn Guidobaldo*. Urbino, Galleria Nazionale. (Scala)

82. Justus van Gent, *Salomo*. Urbino, Palazzo Ducale. (Scala)

83. Justus van Gent, *Der hl. Ambrosius*. Urbino, Palazzo Ducale. (Fotomoderno, Urbino)

84. Giovanni Boccati, *Kreuzigung*. Venedig, Ca' d' Oro. (Giacomelli, Venedig)

85. Giovanni Bellini, *Kreuzigung*. Venedig, Museo Correr. (Scala)

86. Hans Memling, *Kreuzabnahme*. Granada, Capilla Real. (Oronoz, Madrid)

87. Flämischer Meister des 15. Jahrhunderts, *Kreuzigung*. Venedig. Ca' d' Oro. (Giacomelli, Venedig)

88. Paduanischer Meister des 15. Jahrhunderts. *Kreuzigung*. Padua, Museo Civico.

89. Andrea Mantegna, *Kreuzigung*. Paris, Louvre. (Scala)

90. Jacopo Bellini, *Kreuzigung*, Zeichnung. Paris, Louvre, Cabinet des dessins. (Saporetti, Mailand)

91. Giovanni Bellini, *Christus am Ölberg*. London, National Gallery.

92. Meister „H" (zugeschrieben), *Christus am Ölberg*, f. 30ᵛ des *Turiner Stundenbuches*. Turin, Museo Civico. (Foto RG, Turin)

93. Giovanni Bellini, *Christi Verklärung*. Venedig, Museo Correr. (Scala)

94. Giovanni Bellini, *Der hl. Christophorus* (Detail des *Polyptychons des hl. Vinzenz Ferrer*). Venedig, SS. Giovanni e Paolo. (Giacomelli, Venedig)

95. Giovanni Bellini, *Pietà*. Bergamo, Accademia Carrara.

96. Giovanni Bellini, *Segnender Christus*. Paris, Louvre. (Scala)

97. Giovanni Bellini, *Pietà*. Mailand, Pinacoteca di Brera. (Soprintendenza, Neapel)

98. Giovanni Bellini, *Marienkrönung*. Pesaro, Musei Civici. (Scala)

99. Giovanni Bellini, *Pietà*. Rom, Pinacoteca Vaticana. (Musei Vaticani/Scala)

100. Giovanni Bellini, *Beweinung des toten Christus* (Grisaille). Florenz, Uffizien. (M. Quattrone, Florenz)

101. Giovanni Bellini, *Verklärung Christi*. Neapel. Museum Capodimonte. (Scala)

102. Giovanni Bellini, *Auferstehung Christi*. Berlin, Staatliche Museen. (Bildarchiv Preußischer Kulturbesitz, Berlin)

103. Jacometto, *Bildnis des A. Contarini*. New York, Metropolitan Museum.

104. Jacometto, *Damhirsch an der Kette* (Rückseite des *Contarini-Bildnisses*). New York, Metropolitan Museum.

105. Jacometto, *Bildnis einer Nonne*. New York, Metropolitan Museum.

106. Giovanni Bellini, *Bildnis des Jorg Függer*. Florenz, Slg. Contini-Bonacossi. (M. Quattrone, Florenz)

107. Giovanni Bellini, *Bildnis des Pietro Bembo*. Hampton Court, Royal Collections. (National Gallery, London)

108. Hans Memling, *Bildnis eines Mannes mit Medaille*. Antwerpen, Musée Royal des Beaux-Arts. (Scala)

109. Hans Memling, *Bildnis eines jungen Mannes*. Venedig, Galleria dell' Accademia. (Giacomelli, Venedig)

110. Hans Memling, *Moreel-Triptychon* (Haupttafel). Brügge, Groeningemuseum. (Foto Magenta, Brügge)

111. Giovanni Bellini, *Verzückung des hl. Franziskus*. New York, The Frick Collection.

112. Hans Memling, *Madonna mit Kind*. London, National Gallery.

113. Giovanni Bellini, *Bildnis eines jungen Mannes*. Washington, National Gallery of Art, Samuel H. Kress Collection.

114. Lorenzo Lotto, *Bildnis eines jungen Mannes*. Bergamo, Accademia Carrara.

115. Flämischer Meister des 15. Jahrhunderts, *Zwei Bildnisse von Mitgliedern der Familie Medici*. Zürich, Landolthaus.

116. Fra Bartolomeo, *Bildnis des Matteo Sassetti*. New York, Slg. Linsky.

117. Filippino Lippi, *Die Auferweckung des Sohnes des Theophilus* (Detail). Florenz, S. Maria del Carmine. (Giraudon, Paris)

118. Domenico Veneziano, *Anbetung der Könige*. Berlin. Staatliche Museen. (Bildarchiv Preußischer Kulturbesitz, Berlin)

119. Filippo Lippi, *Madonna von Corneto Tarquinia*. Rom, Galleria Nazionale. (Scala)

120. Filippo Lippi, *Verkündigung*. Rom, Galleria Nazionale. (Scala)

121. Anonymer portugiesischer Maler (Gonsalvo di Cordoba), *Legenden des hl. Benedikt. Das Wunder der Sense im See*. Florenz, Chiostro degli aranci. (Scala)

122. Domenico Veneziano, *Altar von Santa Lucia in Magnoli*. Florenz, Uffizien. (M. Quattrone, Florenz)

123. Hans Memling, *Bildnis eines jungen Mannes*. Florenz, Uffizien. (Scala)

124. Hans Memling, *Bildnis eines Mannes*. New York, Frick Collection.

125. Hans Memling, *Tomaso Portinari und seine Frau*. New York, Metropolitan Museum.

126. Leonardo da Vinci, *Bildnis der Ginevra Benci*. Washington, National Gallery of Art. (Scala)

127. Sandro Botticelli, *Bildnis eines Mannes mit der Medaille Cosimos d. Ä*. Florenz, Uffizien. (M. Quattrone, Florenz)

128. Hugo van der Goes, *Die Anbetung der Könige,* Mittelteil des Portinari-Altars. Florenz, Uffizien. (Scala)

129. Hugo van der Goes, *Die Jungfrau Maria und der Engel der Verkündigung*. Außenflügel des Portinari-Altars. Florenz, Uffizien. (Scala)

130. Alessio Baldovinetti, *Geburt Christi*. Florenz, Chiostro dell'Annunciata. (Scala)

131. Filippino Lippi, *Maria der Verkündigung*. San Gimignano, Museum. (Scala)

132. Fra Bartolomeo, *Madonna mit dem Kind*. New York, Metropolitan Museum.

133. Piero di Cosimo, *Bildnis des Giuliano da Sangallo*. Amsterdam, Rijksmuseum.

134. Piero di Cosimo, *Venus und Mars*. Berlin, Staatliche Museen. (Bildarchiv Preußischer Kulturbesitz, Berlin)

135. Piero di Cosimo, *Tod der Prokris*. London, National Gallery.

136. Antonio del Pollaiolo, *Apollo und Daphne*. London, National Gallery.

137. Sandro Botticelli, *Bardi-Madonna* (Detail). Berlin, Staatliche Museen. (Bildarchiv Preußischer Kulturbesitz, Berlin)

138. Sandro Botticelli, *Anbetung der Könige*. London, National Gallery.

139. Fra Bartolomeo, *Geburt Christi*. Florenz, Palazzo Pitti. (Alinari)

140. Hans Memling, *Thronende Madonna mit zwei Engeln*. Florenz, Uffizien. (Scala)

141. Justus von Ravensburg, *Der Prophet Malachias*. Genua, Kreuzgang von Santa Maria di Castello. (Polidori, Genua)

142. Rogier van der Weyden, *Der hl. Hieronymus,* Flügel des Sforza-Triptychons. Brüssel, Musée Royal des Beaux-Arts.

143. Anonymer lombardischer Meister, *Der hl. Christophorus*. Ehemals Buenos Aires, Privatsammlung.

144. Zanetto Bugatto, *Der hl. Ambrosius*. London, Galerie Mathiesen.

145. Vincenzo Foppa, *Christus als Schmerzensmann*. Ehemals Adlington Castle, Slg. Sir Martin Conway (gegenwärtiger Aufbewahrungsort unbekannt).

146. Donato de' Bardi, *Kreuzigung*. Savona, Museo Civico. (Piessedue, Savona)

147. Justus von Ravensburg, *Verkündigung*. Genua, Santa Maria di Castello. (Polidori, Genua)

148. Anonymer Meister des 15. Jahrhunderts, *Der hl. Petrus Martyr*. Genua, Kreuzgang von Santa Maria di Castello. (Polidori, Genua)

149. Zanetto Bugatto, *Der hl. Hieronymus*. Bergamo, Accademia Carrara.

150. Zanetto Bugatto (?), *Thronende Madonna mit dem Kind und Engeln*. Gazzada, Villa Cagnola. (Leda, Gazzada)

151. Vincenzo Foppa, *Madonna mit dem Kind und einem Engel*. Florenz, Slg. Contini Bonacossi. (M. Quattrone, Florenz)

152. Dirk Bouts, *Madonna mit dem Kind*. New York, Metropolitan Museum.

153. Vincenzo Foppa, *Der hl. Augustinus*. Mailand, Museum des Castello Sforzesco. (Saporetti, Mailand)

154. Vincenzo Foppa, *Der hl. Theodor*. Mailand, Museum des Castello Sforzesco. (Saporetti, Mailand)

155. Vincenzo Foppa, *Bildnis des Francesco Brivio*. Mailand, Museum Poldi Pezzoli.

156. Vincenzo Foppa, *Madonna mit dem Kind*. Berlin, Staatliche Museen. (Bildarchiv Preußischer Kulturbesitz, Berlin)

157. Vincenzo Foppa, *Stillende Madonna*. Mailand, Museum Poldi Pezzoli.

158. Vincenzo Foppa (?), *Profilbildnis eines Mädchens*. Amsterdam, Rijksmuseum.

159. Braccesco, *Triptychon der Verkündigung*. Paris, Louvre.

160. Bergognone, *Der hl. Ambrosius thronend und vier Heilige*. Pavia, Certosa. (Archivio CARIPLO, Mailand)

161. Vincenzo Foppa, *Der Bottigella-Altar*. Pavia, Museo Civico. (Chiolini, Pavia)

162. Bergognone, *Die thronende Madonna zwischen den beiden hl. Katharinen*. London, National Gallery.

163. Bergognone, *Pietà*. Gazzada, Villa Cagnola. (Leda, Gazzada)

Zeitübersicht

Die vergleichende Zeitübersicht soll der Orientierung über die chronologische Abfolge der im vorliegenden Werk beschriebenen Vorgänge dienen. Zugleich kann sie einen Eindruck von der parallelen Entwicklung innerhalb der Malerei in Italien und in Flandern vermitteln und darüber hinaus die Querverbindungen aufzeigen, die sich durch die Ausbreitung des flämischen Stils in Europa und vor allem in Italien ergaben.

ITALIEN	FLANDERN
1414-1419 Gentile da Fabriano: Fresken im Broletto von Brescia	
	1420-1425 Meister von Flémalle: *Geburt Chirsti*, in Dijon
1422-1424 Frühwerk Masaccios (*Die hl. Anna Selbdritt*)	1422-1424 Mitarbeit van Eycks am „Turiner Stundenbuch"
1423 Gentile da Fabriano in Florenz (*Anbetung der Könige*)	
1424- um 1427 Masaccio: Fresken der Brancacci-Kapelle	
1425 Gentile da Fabriano: *Quaratesi-Polyptychon*	1425 Van Eyck wird von Philipp dem Guten zum „Valet de chambre" ernannt
1426 Masaccio: Polyptychon für die Kirche del Carmine in Pisa	1426-1432 Van Eyck: *Polyptychon des Mystischen Lammes* (Gent)
	um 1427 Meister von Flémalle: *Triptychon von Mérode* (New York)
1428 Todesjahr Masaccios	1428-1429 Van Eyck in Spanien und Portugal
1428-1434 Bapteur: *Apocalypse*, Miniaturen für Amadeus VIII.	
1430- um 1440 Fresken von Jaquerio in Ranverso	
	1432 Rogier van der Weyden als Meister in Tournai
1433 Fra Angelico: *Tabernakel der Leinweber* (Florenz)	1433-1435 Reise von Petrus Christus ins Rheinland (?)
	1434 Van Eyck: *Arnolfini-Hochzeit* (London)
um 1435 Domenico Veneziano: *Anbetung der Könige* (Berlin)	1435 Rogier van der Weyden: *Kreuzabnahme* (Prado)
	um 1435 R. van der Weyden: *Flügel des Villa-Triptychons* (Turin)
1437 Filippo Lippi: *Madonna von Corneto Tarquinia* (Uffizien)?	1437 Van Eyck: Triptychon von Dresden
	1438 Meister von Flémalle: *Werl-Altar* (Madrid)
	1444 Tod van Eycks
1445 Colantonio: *Der hl. Hieronymus im Gehäus* (Neapel)	
um 1445 Domenico Veneziano: *Altar von Santa Lucia in Magnoli* (Uffizien)	
	um 1450 Rogier van der Weyden: *Grablegung* (Florenz)
1450- um 1455 Aufenthalt Antonellos bei Colantonio in Neapel	1450 Italienreise Rogiers van der Weyden
	1450– um 1455 R. van der Weyden: *Madonna und Heilige* (Frankfurt)
1451 Donato di Bardi: *Kreuzigung* (Savona)	
	1452 Petrus Christus: *Verkündigung. Geburt Christi. Das Jüngste Gericht* (Berlin)
	1453-1455 (?) Petrus Christus in Italien
1456 Vincenzo Foppa: *Die drei Gekreuzigten* (Bergamo)	
um 1456 Colantonio: *Kreuzabnahme*	
1456–1465 Erste Schaffenszeit Antonellos auf Sizilien	
um 1457 Colantonio: *Polyptychon des hl. Vinzenz Ferrer* (Neapel)	1457 Petrus Christus: *Tod der Jungfrau* (San Diego)
	1457 Petrus Christus: *Madonna und Heilige* (Frankfurt)
1460 Zanetto Bugatto wird nach Brüssel entsandt	um 1460 Rogier van der Weyden und Memling (?): *Sforza-Triptychon* (Brüssel)
1460 Piero della Francesca: *Polyptychon von Perugia*	
	1462-1475 Dirk Bouts in Löwen nachweisbar
1463 Antonello: *Das Banner des hl. Nikolaus* (nicht mehr erhalten)	

ITALIEN	FLANDERN
1464 G. Bellini: *Polyptychon des hl. Vinzenz Ferrer* (Venedig) 1464-1468 V. Foppa: Fresken in der Portinari-Kapelle (Mailand)	
	1466 Memling: Triptychon des *Jüngsten Gerichts* (Danzig)
1468-1470 Zanetto Bugatto (?): Cagnola-Polyptychon (Gazzada)	
1471- um 1475 G. Bellini: Altar mit *Marienkrönung* (Pesaro) 1472- um 1474 P. della Francesca: *Altar mit Madonna und Heiligen* (Mailand)	um 1472 Memling: Portinari-Diptychon (New York) 1472-1473 Tod des Petrus Christus 1473 *Das Jüngste Gericht* von Memling auf dem Transport nach Italien von Piraten geraubt 1473-1474 Justus van Gent: *Die Kommunion der Apostel* (Urbino)
1474 Antonello: *Verkündigung* (Palazzolo Acreide) 1475 Leonardo: *Ginevra Benci* (Washington) 1475 Giovanni Bellini: *Der hl. Franziskus empfängt die Stigmata* (New York) 1475 Antonello: *Salvator Mundi* (London) 1475-1476 Antonello in Venedig: *Altar von San Cassiano* (Wien) 1476 Vincenzo Foppa: Brera-Polyptychon (Mailand) 1477 Bramante kommt in die Lombardei	1474 Hans Memling in Brügge
	1476- um 1477 Hugo van der Goes: Portinari-Triptychon
	1478 Memling: *Segnender Christus* (New York)
1480- um 1485 Bergognone: *Pietà* (Gazzada)	
	1482 Tod des Hugo van der Goes
	1483 Ankunft des Portinari-Triptychons in Florenz 1484 Memling: Moreel-Triptychon (Brügge)
	1487 Memling: Kleines Portinari-Triptychon (Florenz-Berlin)
1488-1490 Vincenzo Foppa: Polyptichon in Savona 1488-1494 Arbeit Bergognones in der Certosa di Pavia	
um 1490 Spanzotti: Triptychon (Galleria Sabauda, Turin) um 1490 Braccesco: *Verkündigung* (Louvre) 1490-1500 Jacopo de' Barbari malt für Maximilian in Deutschland	
	1491 Memling: Triptychon von Lübeck
	1494 Tod Memlings
	1498 Gerard David: *Das Urteil des Kambyses* (Brügge)
	1499 Gerard David: Sant'Andrea della Costa (Santa Margherita Ligure) 1500 Gerard David: *Virgo inter Virgines* (Rouen)
um 1505 Bergognone: Fresken im Chor von San Simpliciano (Mailand)	
	um 1506 Gerard David: Polyptychon für das ‚Monastero della Cervara (Genua)
1507 Andrea Solario geht in die Normandie	
	1508 Ankunft von Jan Gossaert, genannt Mabuse, in Rom 1509 Quentin Metsys: *Pietà* (Antwerpen)
1510 Vincenzo Foppa: *Pietà* (ehemals Berlin) 1515 Tod Vincenzo Foppas 1519 Mitarbeit A. Bensons in der Werkstatt von Gerard David in Brügge	

ANDERE LÄNDER		HISTORISCHE UND KULTURELLE EREIGNISSE	
		1384-1404	Philipp der Kühne beginnt die Vereinigung der Niederlande
1400- um 1425	Tätigkeit des ‚Meister von Boucicaut' genannten Miniaturmalers		
1413- um 1416	Brüder von Limburg: *Très Riches Heures du Duc de Berry* (Chantilly)		
		1415- um 1440	Ausbreitung der „Devotio moderna" in Holland
		1419	Ermordung von Johann I. Ohnefurcht
		1419-1467	Herrschaftszeit Herzog Philipps des Guten von Burgund, dem Mäzen van Eycks
1420- um 1430	Tätigkeit des ‚Meister von Bedford' genannten Miniaturmalers		
		1425	Der Musiker Gilles Binchois (1430-1460), der mit Dutuy die „Ars nova" geschaffen hat, tritt in die Dienste Philipps des Guten
		1426	Gründung der Universität Löwen
		1428	Erste holländische Ausgabe von „De Imitatione Christi" von Thomas a Kempis (um 1379–1471)
		1428	Philipp der Gute übernimmt die Grafschaften Holland und Zeeland
		1430	Philipp der Gute erwirbt Brabant mit der Hauptstadt Brüssel
1431	Alfons von Aragon schickt Luis Dalmau nach Flandern		
1435-1445	Tätigkeit von Konrad Witz zwischen Basel und Genf	1435-1437	König René von Anjou in Dijon
		1438-1442	König René von Anjou in Neapel
1443-1445	Jacomart Baço: Retabel für Santa Maria della Pace (Neapel)	1443-1458	Alfons von Aragon in Neapel
1444	Konrad Witz: *Der wunderbare Fischzug* (Genf)		
um 1445	Konrad Witz: *Kreuzigung* (Berlin)		
1445	Provenzalischer Meister: *Triptychon der Verkündigung von Aix*		
1446	Fouquet malt in Rom das Bildnis von Papst Eugen IV. (nicht mehr erhalten)		
1447	Jacomart Baço in Rom		
		um 1450	Erfindung des Buchdrucks
1451	Justus von Ravensburg: Fresko der *Verkündigung* in Santa Maria di Castello (Genua)		
1453	Enguerrand Quarton: *Marienkrönung* (Villeneuve-les-Avignon)	1453	Ende des Hundertjährigen Krieges
1455- um 1460	Fouquet: *Heures d'Etienne Chevalier* (Chantilly)		
1457	Enguerrand Quarton: *Pietà von Avignon* (Louvre)		
		1460	Gründung der ersten internationalen Börse in Antwerpen
1461	Froment: *Die Auferweckung des Lazarus* (Uffizien)		

ANDERE LÄNDER	HISTORISCHE UND KULTURELLE EREIGNISSE

	1466-1476 Galeazzo Maria Sforza Herzog von Mailand
	1467 Tod Philipps des Guten; Nachfolger: Karl
	  der Kühne, Herzog von Burgund
	
	1469 Beginn der Regierung von Lorenzo il Magnifico in
	  Florenz
	1471 König René von Anjou in der Provence

1476 Froment: *Der brennende Dornbusch* (Aix-en-Provence) 1477 Aufenthalt Berruguetes in Urbino	1476-1499 Ludovico il Moro in Mailand 1477 Schlacht von Nancy. Tod Karls des Kühnen. Hochzeit Maximilians von Österreich mit Maria von Burgund 1478 Verschwörung der Pazzi in Florenz
1480-1490 Juan de Borgoña arbeitet in Spanien um 1480 Anonymer burgundischer oder provenzalischer Meister: *Pietà* im Museo Civico in Turin	
	1482 Tod der Maria von Burgund: Beginn der Herrschaft des Hauses Habsburg über die Niederlande
1483 Berruguete arbeitet in Spanien	
	1488 Maximilian überträgt die Handelsprivilegien von Brügge an Antwerpen 1489 Mecheln: Erste internationale Postverbindung
1490-1492 Reise Dürers in die Niederlande um 1490 Triptychon von Bartolomeo Bermejo in Acqui	
	1492 Tod des Lorenzo il Magnifico 1492-1494 Erste Reise von Chr. Kolumbus: Entdeckung der Antillen
1494 Jean Hay: *Ecce Homo* (Brüssel) 1494-1495 Erster Aufenthalt Dürers in Venedig	1494 Vertreibung der Medici aus Florenz 1494 Karl VIII. von Frankreich in Italien
1496-1504 Juan de Flandes und Michel Sittow arbeiten am Polyptychon für Königin Isabella von Spanien	

1498-1499   Meister von Moulins: *Triptychon von Moulins*
1498   Josse Lieferinxe: *Polyptychon des hl. Sebastian* (Philadelphia
  – Baltimore – Leningrad – Rom)
1499   Berruguete: Passions-Retabel
	1497 „De Divina Proportione" von Luca Pacioli
	  (Venedig 1509)
	1498 Tod Savonarolas

	1500 Geburt Karls V. in Gent
1505 Zweiter Venedigaufenthalt Dürers 1506 Dürer: *Jesus und die Schriftgelehrten* (Lugano)	
1509 Juan de Borgoña: Fresken für die Kathedrale von Toledo 1510 Dürer: Die Kleine und die Große Passion	1509 Erasmus schreibt nach seiner Rückkehr aus Italien das „Lob der Torheit"

Namensregister